PETER L. OESTERREICH

# PHILOSOPHEN ALS POLITISCHE LEHRER

PETER L. OESTERREICH

# PHILOSOPHEN ALS POLITISCHE LEHRER

## Beispiele öffentlichen Vernunftgebrauchs

WISSENSCHAFTLICHE BUCHGESELLSCHAFT
DARMSTADT

Einbandgestaltung: Neil McBeath, Stuttgart.

Die Deutsche Bibliothek – CIP-Einheitsaufnahme

**Oesterreich, Peter Lothar:**
Philosophen als politische Lehrer: Beispiele öffentlichen Vernunftgebrauchs aus der Antike und dem deutschen Idealismus / Peter L. Oesterreich. – Darmstadt: Wiss. Buchges., 1994
ISBN 3-534-12110-4

Bestellnummer 12110-4


Gedruckt auf säurefreiem und alterungsbeständigem Werkdruckpapier
Satz: Setzerei Gutowski, Weiterstadt
Druck und Einband: Wissenschaftliche Buchgesellschaft, Darmstadt
Printed in Germany
Schrift: Linotype Times, 9.5/11

ISBN 3-534-12110-4

Für Andrea Grün-Oesterreich
zum Dank für Inspiration und Kritik

Ich verstehe aber unter dem öffentlichen Gebrauche seiner eigenen Vernunft denjenigen, den jemand als *Gelehrter* von ihr vor dem ganzen Publikum der *Leserwelt* macht. (I. Kant)

INHALT

## *II. Antike*

*III. Deutscher Idealismus*

# Vorwort

Mit dem vorliegenden Buch versuche ich, die ›Fundamentalrhetorik‹ und meine bisherigen Untersuchungen zum Thema ›Person und Rede in der Öffentlichkeit‹ auf dem konkreten Feld des Politischen fortzusetzen. Ausgangspunkt meiner Überlegungen ist dabei meine eigene Profession, die Philosophie. An einigen Beispielen soll gezeigt werden, wie maßgebliche Philosophen als politische Lehrer versuchen, die Vernunft mit der politischen Wirklichkeit zu vermitteln. Dabei wird die rhetorische Form ihres öffentlichen Vernunftgebrauches ausdrücklich berücksichtigt.

Die antiken Beispiele beginnen mit Parmenides, der als bahnbrechender ontologischer Denker zwar bekannt, dessen rhetorische und politische Züge aber bisher kaum gesehen wurden. Es folgt Gorgias von Leontinoi, dessen Aktivitäten auf dem Gebiet der Politik und Rhetoriktheorie unbestritten, aber immer noch mit dem Stigma des 'Sophistischen' belastet sind. Platon, der Urheber des antisophistischen Vorurteils, stellt dann das klassische Beispiel des politischen Lehrers dar, der sich in der politischen Welt engagiert und scheitert. Am Ende des antiken Teils soll sich zeigen, daß die beiden Römer Cicero und Quintilian mit ihrem Ideal des *orator perfectus* und *vir bonus* nicht nur als Epigonen der griechischen Philosophie und Rhetoriktheorie zu verstehen sind.

Die dann folgenden modernen Beispiele aus dem Deutschen Idealismus sollen auch seine Aktualität für die politischen Fragestellungen der Gegenwart belegen. Dabei mußten Hegel und seine marxistische Rezeption, die ein eigenes Buch erfordert hätten, ausgespart bleiben. So bieten Fichtes ›Reden an die deutsche Nation‹ mit dem Begriff der Sprachnation eine diskutable Antwort auf die aktuelle Frage 'Was ist Nation?'. Schellings konnaturales Denken eröffnet Perspektiven für ein neues Verhältnis von öffentlich-staatlichem Leben zur Natur. Ferner verdeutlicht der unorthodoxe ironische Idealismus Friedrich Schlegels die Möglichkeiten und Grenzen einer radikal liberalen und pluralistischen Gesellschaft, und schließlich dokumentiert sich in Nietzsches Aphorismen die Zerstörung öffentlicher Vernunft in Entwürfen *großer Politik*, in deren 'Machtberedsamkeit' sich das Problem der Maßlosigkeit postmetaphysischen Existierens bekundet.

Vielen Freunden und Kollegen habe ich für die zahlreichen Anregungen zu diesem Buch zu danken. Stellvertretend möchte ich Herrn Dipl.-Pol. Konrad S. Krieger, Herrn Dr. Georg Siegmann und Frau Priv.-Doz. Dr. Barbara Patzek nennen. Für zahlreiche inhaltliche Hinweise und die geduldige Erstellung des Manuskripts bin ich Sabine Rose und Temilo van Zantwijk zu großem Dank verpflichtet.

Essen, im Februar 1993

# I. ÖFFENTLICHE VERNUNFT: PHILOSOPHIEREN IN DER DIFFERENZ ZWISCHEN WAHRHEIT UND GLAUBWÜRDIGKEIT

Dieses Buch versammelt einige exemplarische Studien, die nicht dem rein schulmäßigen, sondern dem zivilen Sinn der Philosophie gewidmet sind. Im Zentrum steht dabei der Philosoph als politischer Lehrer, der den Vernunftanspruch inmitten der lebensweltlichen Öffentlichkeit vertritt.

Nicht jeder akademische *Lehrer politischer Theorie* ist in diesem Sinne schon ein *politischer Lehrer* und der hier angesprochene politische Charakter der Philosophie gründet nicht in einer rein akademischen Thematisierung politischer Inhalte. Er ergibt sich erst durch das Wagnis des Überganges philosophischer Lehrtätigkeit aus der Sphäre der Schulphilosophie in die der lebensweltlichen Öffentlichkeit. Die exemplarischen Analysen dieses Buches beziehen sich dementsprechend nicht nur auf die *politischen Inhalte*, sondern auch auf die *rhetorische Form* öffentlichen Vernunftgebrauches. Sie untersuchen unterschiedliche Stile exoterischen Philosophierens in der Nähe zur politischen Praxis, das mit seinen Ideen jeweils in die öffentliche Lebenswelt seiner Zeit hineinwirkt, sie verändern und gestalten will.

Unter dem öffentlichen Gebrauch der Vernunft verstehe ich das Auftreten der Philosophie unter den spezifischen Bedingungen der lebensweltlichen Öffentlichkeit. Die öffentliche Vernunft bewegt sich dabei in der *rhetorischen Differenz* zwischen philosophischer Wahrheit und lebensweltlicher Glaubwürdigkeit. Sie steht hier vor der schwierigen Aufgabe, ihre geistige Idealität allein durch das Mittel überzeugender Rede mit der gesellschaftlichen Realität zu vermitteln. Die rhetorische Differenz kennzeichnet dabei die Grundsituation der Philosophie in der politischen Welt, in der die Vernünftigkeit der geschichtlichen Wirklichkeit eben nicht *a priori* vorausgesetzt werden kann, sondern prinzipiell kontingent bleibt. Damit hat die öffentliche Vernunft jeweils das Geschäft zu übernehmen, inmitten einer Pluralität anderer Stimmen, konkurrierender Theoriegegner und irrationaler Mächte um freie Zustimmung für ihre theoretischen Überzeugungen zu werben. Die Philosophie wird dabei selbst politisch, zwar nicht im Sinne der unmittelbaren politischen Praxis, aber doch in der Weise einer theoriebegründeten symbolischen Politik, deren Überzeugungen und Deutungen Handlungsfolgen in der unmittelbaren politischen Praxis nach sich ziehen sollen.

Bei dieser öffentlichen Lehrtätigkeit verstärkt sich notwendig das rhetorische Moment der Philosophie, das schon ihrer rein akademischen Lehre innewohnt. Unter den Bedingungen öffentlichen Vernunftgebrauchs wird der Philosoph gewollt oder ungewollt ein *homo rhetorico-politicus*, und den auf Veränderung der Lebenswelt zielenden politischen Ideen korrespondiert die rhetorische Form seiner Sprache. Mit diesem Wagnis, sich auf das gefährliche Gebiet öffentlicher Redetätigkeit zu begeben, verbindet sich immer auch das Risiko des realen Scheiterns, der Verfremdung oder gar Selbstentfremdung. Insofern die Vernunft, um wirksam sein zu können, selbst persuasive Macht entwickeln muß, gerät sie in die Gefahr ihres Mißbrauches – der pseudorhetorischen Korruption; der bewußten oder unbewußten Verführung durch ihre eigenen persuasiven Strategien; schließlich der Depotenzierung von Philosophie zu Demagogie oder Ideologie.

Zur Selbstaufklärung der Philosophie über ihre Lage in der rhetorischen Differenz und die Bedingungen ihres öffentlichen Vernunftgebrauches seien im folgenden einige allgemeine Gedanken der Analyse konkreter Beispiele vorausgeschickt. Dabei geht es einerseits um die Kritik des immer noch unter vielen Philosophen weitverbreiteten rein theoretischen Selbst(miß)verständnisses, das zumeist mit einer rhetorikfeindlichen Haltung gepaart ist; andererseits um ein neues positives Selbstverständnis: Der Philosoph sollte sich explizit als das begreifen, was er – unabhängig von seinem subjektiven Bewußtsein – auf dem interpersonalen Gebiet der lebensweltlichen Öffentlichkeit objektiv ist, nämlich ein *homo rhetorico-politicus*.

Um die Gestalt des Philosophen als politischen Lehrers näher zu bestimmen, beginnt die folgende Einleitung mit einigen *Grundgedanken fundamentalrhetorischer Anthropologie*, die die generelle Situation von Personen und Rede in der lebensweltlichen Öffentlichkeit darlegen. Anschließend soll im Sinne der *rhetorischen Metakritik* die spezifische Präsenz der Rhetorik in der philosophischen Lehre herausgestellt werden. Schließlich wird drittens die problematische *Stellung der Philosophie in der politischen Welt*, die maßgeblich durch das Spannungsverhältnis von Wahrheit und Glaubwürdigkeit bestimmt ist, behandelt.

## 1. Homo Rhetoricus: Grundgedanken fundamentalrhetorischer Anthropologie

Die *Fundamentalrhetorik* versteht sich als eine regionale Anthropologie, die nicht das ganze Sein des Menschen, sondern die Seite seiner öffentlichen Existenz zum Gegenstand hat.[1] Demgemäß stellt sie nicht seine reine Denk-, sondern die öffentliche Redetätigkeit ins Zentrum ihrer Überlegungen. Sie will damit an die grundlegende antike Idee vom Menschen als redebegabtem und politischem Lebewesen *(zoon logon echon kai politikon)* anknüpfen und interpretiert *logos* nicht einseitig als methodisiertes inneres Denken, sondern als öffentlich wirkendes Wort oder lebendige Rede. Dabei geht es der Fundamentalrhetorik auch um die Aufhebung der geistesgeschichtlich wirksamen aber fragwürdigen Entfremdung von *ratio* und *oratio*, Vernunft und Rede, Philosophie und Rhetorik, die Beendigung der schon in der Antike beklagten „so unsinnige(n), nutzlose(n) und tadelnswerte(n) Trennung gleichsam zwischen Zunge und Gehirn, die dazu führte, daß uns die einen denken und die anderen reden lehrten".[2] Am Leitfaden der klassischen und modernen Rhetoriktheorie sowie der hermeneutischen Phänomenologie versucht sie eine ganzheitliche und lebensweltorientierte Personkonzeption zu gewinnen, durch die der Mensch als Wesen kreativer Redetätigkeit begriffen werden soll.

Gegenstand der Fundamentalrhetorik ist nicht speziell die Kunstrhetorik *(ars rhetorica)*, sondern das allgemein menschliche Phänomen des vernünftigen und überzeugenden Redenkönnens. Sie fragt

[1] Die Seite eines unverfügbaren privaten Fürsichsein des Menschen jenseits seiner öffentlichen Existenz stellt die Fundamentalrhetorik keineswegs in Frage. Andererseits widerspricht sie der theoretischen Tendenz, die öffentliche Existenz als grundsätzlich uneigentliche Außenseite des Menschen abzuqualifizieren und versucht, sie als eigenständige und eigengesetzliche Weise menschlichen Seinkönnens zu begreifen. Vgl. P. L. Oesterreich, Fundamentalrhetorik. Untersuchung zu Person und Rede in der Öffentlichkeit, Hamburg 1990, 91–142.

[2] M. T. Cicero, De oratore/Über den Redner, hrsg. v. H. Merklin, Stuttgart 1976, III 61.

somit primär nach den grundlegenden Möglichkeitsbedingungen der zumeist unüberdachten Redepraxis und nicht nach der Rhetorik als hochbewußt-artifizieller Kunst. Insofern aber die Kategorien der klassischen Rhetorik nicht willkürlich erfunden sind, sondern der gelingenden Redepraxis abgesehen wurden, entstammen sie der Lebenswelt und verweisen in gewisser Hinsicht auf sie zurück. Vermutlich besitzen sie einen heuristischen Wert und können als Leitfaden für die Findung der ursprünglichen Möglichkeitsbedingungen des lebensweltlichen Redenkönnens überhaupt dienen. Nietzsche hat in seiner ›Rhetorik-Vorlesung‹ (1874) diese Möglichkeit einer fundamentalrhetorischen Sinnvertiefung kunstrhetorischer Kategorien angedeutet. Er macht darauf aufmerksam, daß die Rhetorik kein beliebiges kulturelles Oberflächenphänomen sei, sondern das gesamte menschliche Sprachgeschehen durchdringe. Die Rhetorik als Kunst sei lediglich die bewußte Aneignung und Fortbildung der in der Sprache selbst liegenden unbewußten rhetorischen Kunst. „Es giebt gar keine unrhetorische ‚Natürlichkeit' der Sprache, an die man appelliren könnte: die Sprache selbst ist das Resultat von lauter rhetorischen Künsten."[3]

Die klassischen fünf großen Teilkünste *(quinque artes)* der Redekunst *(ars rhetorica)* sind erstens die Kunst der methodisch-topischen Gedankenfindung *(inventio)*; zweitens die Kunst der argumentativen Anordnung *(dispositio)*; drittens die Kunst der sprachlichen Gestaltung durch Tropen und Figuren *(elocutio)*; viertens die Gedächtniskunst *(memoria)* und fünftens schließlich die Kunst der wirksamen gestischen, mimischen und stimmlichen Ausführung *(actio)*.[4] Diese für das Redekunstwerk konstitutiven fünf Teilkünste wurden von der Schulrhetorik gelehrt und in rhetorischen Rollenspielen – den Suasorien und Kontroversien – eingeübt.[5] Aus fundamentalrhetorischer Sicht dokumentiert sich in diesen fünf großen Künsten ein zur bewußten Kunst gesteigertes lebensweltliches Können. In einer bestimmten Hinsicht ist jedermann ein Redner. So berichtet Quintilian, selbst Ungebildete und Barbaren brächten ähnliches hervor wie eine

[3] F. Nietzsche, Gesammelte Werke. Musarionausgabe, 23 Bde., München 1920–29, hier Bd. V, 298.

[4] „Omnis autem orandi ratio, ut plurimi maximique auctores tradiderunt, quinque partibus constat: inventione, dispositione, elocutione, memoria, pronuntiatione sive actione, utroque enim modo dicitur" (M. F. Quintilianus, Institutionis oratoriae libri XII/Ausbildung des Redners. Zwölf Bücher, hrsg. u. übers. v. H. Rahn, 2 Bde., Darmstadt 1972 u. 1975, III 3, 1).

[5] Zum Deklamationsbetrieb der römisch-kaiserzeitlichen Rhetorik s. M. Fuhrmann, Die antike Rhetorik, München/Zürich 1984, 66ff.

Einleitung, erzählten, bewiesen, widerlegten und trügen Bitten vor, die die Wirkung eines Epiloges hätten, wenn sie für sich zu sprechen hätten.[6] Nicht jeder ist also ein Orator, aber doch ein *homo rhetoricus*, der in zumeist unbewußter Redetätigkeit ein Selbst- und Weltbild ausbildet und vor sich und anderen vertritt. Die personale Identität und das ihr entsprechende Welt- und Seinsverständnis sind wesentlich das Resultat rhetorischer Deutung. Diese bedarf in der Regel gar nicht der Ausbildung von schulmäßigen Künsten und Kompetenzen, sondern entspringt dem spontanen allgemein-menschlichen Redevermögen. Zugehörig zu ihrer jeweiligen Lebenswelt treten Personen als Parteien einer öffentlichen Redepraxis auf. Mit, für und gegen andere erfinden, organisieren, formulieren sie vor dem Hintergrund konkurrierender Weltbilder situative Sinninterpretationen, die sie durch werbende und überzeugende Rede durchzusetzen versuchen. Jenseits der oft beträchtlichen Unterschiede der Reflexions- und Stilniveaus bildet dabei die Potenzenreihe des redezentrierten Erfinden-, Ordnen-, Gestalten-, Erinnern- und Aufführenkönnens die Fundamentalstruktur der menschlichen Person, die im folgenden erläutert werden soll.

### *a) Erfindenkönnen*

Die artifizielle *inventio* ist die Kunst des bewußt-methodischen Auffindens von topischen Gesichtspunkten für einen punktuellen Redeanlaß. Einen topischen Minimalkatalog enthält der oft zitierte Merkvers: Wer? Was? Wo? Mit welcher Hilfe? Warum? Auf welche Weise? Wann?[7]

Das fundamentale Erfinden dagegen bildet den permanenten existentiellen Prozeß der redezentrierten Findung des eigenen gesellschaftlichen Selbstes. Diese Er-findung des eigenen Selbstseinkönnens ist im Gegensatz zum Begriff von der autarken oder autonomen Subjektivität nicht absolut frei und im Unterschied zum Entwurf des 'je eigenen Selbstes' des klassischen Existentialismus nicht radikal individualistisch. Die lebensweltsituierte Personalität hat ihr Selbst- und Weltbild, ihre Überzeugungen und Entscheidungen inmitten der Öffentlichkeit im rhetorischen Streit mit konkurrierenden Deutungen

[6] M. F. Quintilianus, Institutionis oratoriae, II 17, 6.

[7] *Quis? quid? ubi? quibus auxiliis? cur? quomodo? quando?* Zur ausführlicheren Lehre von den Topoi als *sedes argumentorum* siehe: M. F. Quintilianus, Institutionis oratoriae, V 10, 20ff.

zu bewähren. Von vornherein beziehen sich die Entwürfe des *homo rhetoricus* nicht auf den subjektiven Innenraum des Selbstbewußtseins, sondern den der intersubjektiven Sphäre der gesellschaftlichen Öffentlichkeit. Diese wird neben sachlichen Peristasen wie z.B. widrigen oder günstigen Orts- oder Zeitumständen vor allem durch fünf personale Grundgesichtspunkte beherrscht: die Persontopoi der oratorischen, der klientelischen, der oppositionellen, der aliierten und der dezisionären Partei.

a) *Die oratorische Partei:* Die aktivste Rolle des gesellschaftlichen Selbst in der öffentlichen Situationswelt ist die des Redenden. Als Orator gestaltet der Mensch die rhetorischen Realprozesse seiner Lebenswelt z.B. als Politiker, Journalist, Hochschullehrer, Student, Wirtschaftsführer oder Gewerkschaftsmitglied. Als Autor und Initiator von existentiell-pragmatischen Sinndeutungen und Entscheidungen wirkt er in Redesituationen durch die Gesamtheit seiner konkreten Persönlichkeit *(ethos)*: sein Auftreten, seine sachliche Kompetenz und – manchmal – das von ihm leidenschaftlich vertretene Sinninteresse. Für, mit, gegen und vor anderen wirbt er für die von ihm vertretenen handlungsleitenden Überzeugungen. Insofern er durch seine rhetorische Deutung Lösungsmöglichkeiten für die problematisch gewordene Lebenswelt aufzeigt, eröffnet oder hält er für sich und andere Seinsmöglichkeiten gesellschaftlichen Existierens offen. Die Bewährung des Orators als Gestalter gemeinsamer Lebensform reichert wiederum dessen persuasive Persönlichkeitswirkung an und verdichtet sich zur persönlichen Autorität.

b) *Die klientelische Partei:* Dieser Modus personalen Seins ist gekennzeichnet durch Nicht-Redenkönnen. Die klientelische Partei braucht deswegen den Orator, der sich in einer existentiell bedeutsamen oder gar gefährlichen Situation für ihre jeweiligen Interessen einsetzt. Als derartig abhängiges und bedürftiges Seinkönnen ist die klientelische Partei gleichwohl auch für das Selbstverständnis des Orators konstitutiv. Das angemessene Sicheinsetzen für die Lebensmöglichkeiten der Klientel verlangt vom Orator ein umsichtiges und diszipliniertes Redeverhalten, das als verantwortliches *Sein für* sowohl blinde Rücksichtslosigkeit als auch übertriebene Fürsorge zu vermeiden hat.

c) *Die oppositionelle Partei:* Zu den konstitutiven Bedingungen der rhetorischen Situation gehört auch das persuasive Seinkönnen *gegen*. Dieses personalisiert sich in der jeweiligen Gegenpartei, die die rhetorischen Aktionen des Orators zu behindern, einzuschränken oder ganz zu verhindern sucht. Ihre gegen- oder widersinnerzeugende

Potenz hat nicht schon per se einen feindseligen oder gar diabolischen Charakter. Der Opponent ist in der Regel nicht bösartig, sondern repräsentiert die unaufhebbare Viel- und Andersdeutbarkeit der Lebenswelt. Durch sie gestaltet sich die rhetorische Situation grundsätzlich agonal und von ihr geht eine Beunruhigung aus, die die argumentativ 'faule Existenz' verhindert.

d) *Die alliierte Partei:* Unter dem Gesichtspunkt der verbündeten Partei zeigen sich jeweils diejenigen Personen, die von vorneherein das Sinndeutungsinteresse des Oratos teilen. Sie bilden mit ihm eine gegen die oppositionelle Partei gerichtete situative Überzeugungsgemeinschaft. Das alliierte Seinkönnen *mit* steht somit in einer Gegenwendung gegen das oppositionelle Seinkönnen *gegen*. Die Perspektive des alliierten 'Wir' bereichert den Orator um das Wissen der Grenzen des miteinander Möglichen und führt ihn auf den Weg konsensfähiger rhetorischer Situationsdeutungen.

e) *Die dezisionäre Partei:* Die dezisionäre Person ist der 'Situationsmächtige', der die Macht der Entscheidung besitzt. In der undeformierten rhetorischen Situation entscheidet sie nicht willkürlich, sondern frei, d.h. nach Maßgabe von Argumenten, die in der Rede des Orators und der Gegenrede der oppositionellen Partei vorgebracht werden. Die Macht des Entscheidenkönnens bleibt somit an das Vermögen des Zuhörenkönnens gebunden. Die dezisionäre Partei ist der Adressat aller Reden. Erst durch sie gewinnt die Redeaktion ihren Aufführungscharakter und die Redenden die Möglichkeit eines Reden- und Seinkönnens *vor*. Von einem realen rhetorischen Prozeß kann deshalb nur dann gesprochen werden, wenn nicht alle fünf genannten Persontopoi von derselben realen Person übernommen werden und es wenigstens eine reale personale Differenz zwischen der Rolle des Orators und der des Situationsmächtigen gibt.

Insgesamt bilden zwar die fünf Topoi der oratorischen, klientelischen, oppositionellen, alliierten und dezisionären Partei die grundlegenden personalen Seinsmöglichkeiten öffentlicher Existenz. Ausdrücklich sei aber darauf hingewiesen, daß die fünf personalen Topoi keine realen gesellschaftlichen Rollen bilden. Sie stellen vielmehr den allgemeinen Verstehenshorizont dar, der das permanente Sichentwerfen und Von-anderen-Entworfenwerden der öffentlichen Existenz immer schon ermöglicht und bestimmt. Die Differenz zwischen den idealen Persontopoi und der sie realisierenden individuellen Person wird deutlich, wenn man bedenkt, daß dieselbe konkrete Person durchaus mehrere Persontopoi verkörpern kann: Jemand, der sich vor Gericht selbst verteidigt, also für sich selbst spricht, realisiert mit seiner individuellen Person sowohl den oratorischen als auch den klientelischen Topos. Ihre ethisch-politische Relevanz läßt sich ferner durch folgende Beispiele andeuten: Wer nur in der Lage ist, den klientelischen Topos zu verkörpern, verbleibt in öffentlicher Unmündigkeit und ist auf die hilfreiche Anwaltschaft anderer angewiesen. Wem *a fortiori* jeder Zugang zur Realisation eines oder mehrerer Persontopoi verwehrt wird, verschwindet ganz aus dem Licht der Öffentlichkeit und ist als öffentliche Existenz vernichtet.

### *b) Ordnenkönnen*

Die rhetorische Teilkunst der *dispositio* betrifft die angemessene Anordnung der in der *inventio* gefundenen Elemente zu einem Redeganzen.[8] Der natürlichen Ordnung *(ordo naturalis)* nach sollte der Redeeröffnung *(exordium)*, zweitens die Erzählung *(narratio)*, drittens die Argumentation *(argumentatio)* mit Beweisführung *(confutatio)* und Widerlegung *(refutatio)* und schließlich viertens der rekapitulierende und affektisch gefärbte Redeabschluß *(peroratio)* folgen. Die Leistung der artifiziellen Disposition umfaßt die innerlich und äußerlich angemessene Durchsichtigkeit *(perspicuitas)* des Redekunstwerkes. Die 'wilde' Rhetorik der Lebenswelt, die sich nicht auf die Standardsituationen der klassischen Gerichts-, Beratungs- und Lobrede beschränkt, hält sich allerdings nicht an diese Dispositionsform des Redekunstwerkes. Ihre inartifiziellen Formen sind nicht das Ergebnis langfristiger bewußter Planung. Typisch für sie ist vielmehr die Radikalisierung des äußeren *decorum*, d.h. der Angemessenheit an die jeweilige Redesituation, der sie entstammen. Gegenüber den kunstrhetorischen Großformen mögen sie relativ ungeregelt oder fragmentarisch erscheinen. Aber gerade als solche sind sie das Produkt eines fundamentalen Ordnenkönnens, das inmitten und aus der Lebenswelt selbst heraus durch autopoietische Kraft existentielle Durchsichtigkeit und Klarheit schafft. Dieses dem öffentlichen Redenkönnen immanente Ordnenkönnen bringt durch seine Erzählungen, enthymematischen Beweisführungen, Vergrößerungen und Verkleinerungen, ethischen Wertungen und Bedeutsamkeitsperspektiven die symbolischen Ordnungen der geschichtlichen Lebenswelten hervor. Es begründet – ursprünglich und vor aller wissenschaftlichen Reflexion – sowohl die ganzheitliche Organisationsform des Welt-

[8] Vgl. M.F. Quintilianus, Institutionis oratoriae, IV 1, 1ff.

bildes als auch die vor seinem Hintergrund stattfindenden Situationsdeutungen. Durch die organisierende Kraft des fundamentalen Ordnenkönnens bildet der *homo rhetoricus* aus Einzelheiten auseinanderstrebender raumzeitlicher Ereignisse das Sinnganze einer durchsichtigen und topisch orientierten Lebenswelt.

### *c) Gestaltenkönnen*

Die Kunst der *elocutio* mit ihren Wort- und Gedankenfiguren und Tropen wie Metapher, Synekdoche, Metonymie und Ironie wird traditionellerweise als der „ureigenste Bereich der Rhetorik“[9] beurteilt. Die Rhetorik der Lebenswelt verzichtet aber in der Regel auf eine kunstvolle figurale Durchstilisierung ihrer Prosa und den Reiz einer von den normalen Redewendungen abweichenden poesienahen ästhetischen Überformung. Dennoch hat gerade auch diese inartifizielle Rhetorik ihre immanenten Gestaltungsmöglichkeiten. Denn Figuralität ist kein Privileg der Redekunst. So weist schon Quintilian darauf hin, daß insbesondere der häufigste und bei weitem schönste Tropus – die Metapher – auch in der relativ-natürlichen Redepraxis eine bedeutende Stellung einnimmt. Auch dort wirke sie erfrischend und strahlend.[10] Die vitalisierende und erkenntnisfördernde Wirkung besitzt sie sowohl in alltäglichen wie kunstrhetorischen Redezusammenhängen. Bei den Ungeschulten bleibt ihr häufiger Gebrauch aber unbewußt. Dies trifft sich mit der modernen Feststellung, daß die Metapher die alltägliche Sprache und Gedankenführung durchdringt und entscheidenden Anteil bei der Formung kultureller Identität besitzt. So ist es z.B. ein signifikanter Unterschied, ob Argumentationsvorgänge metaphorisch als ‘Kampf’ oder ‘Spiel’ dargestellt werden. Die Metapher gehört – wie G. Vico im Blick auf das mythologische Weltbild der Antike gezeigt hat – zur Ordnung der ‘poetischen Logik’. Sie belebt Naturkörper mit Sinnen und Leidenschaften und vermag so elementare Naturphänomene (Blitz und Donner) zu handelnden Göttergestalten (Zeus) zu personifizieren. „So wird jede auf diese Art gemachte Metapher zu einem kleinen Mythos.“[11] Auch die modernen

[9] H. F. Plett, Rhetorik der Affekte. Englische Wirkungsästhetik im Zeitalter der Renaissance, Tübingen 1975, 18.

[10] M. F. Quintilianus, Institutionis oratoriae, VIII 6, 4.

[11] G. B. Vico, Die neue Wissenschaft von der gemeinschaftlichen Natur der Nationen, hrsg. v. F. Fellmann, Frankfurt a. M. 1981, 69.

Lebensweltbilder dürften wohl nicht nur als Produkte der rationalen, sondern auch der imaginativen Logik angesehen werden. Auch sie enthalten neben begrifflichen Momenten die bildhaft-geschichtlichen Elemente phantasiegeschaffener Universalien oder kleiner Mythologien. Selbst philosophische Texte kommen in der Regel nicht ohne eine leitende – z.B. organische oder mechanische – „Hintergrundmetaphorik“[12] aus. Eine noch elementarere Metaphorik besteht darin, daß sich der Wortschatz der Alltagssprache zu einem großen Teil aus sogenannten ‘verblaßten’ oder ‘eingebürgerten’ Metaphern, die als solche nicht mehr erkannt werden, speist. Schließlich scheint das Wesen der Sprache selbst meta-phorischen Charakter zu besitzen. Als der – wie Fichte sagt – „wahre gegenseitige Durchströmungspunct der Sinnenwelt und der der Geister“[13] geschieht in der Sprache die ständige Übertragung, Übersetzung und Rückübertragung des Sinnlichen ins Geistige.

Diese ‘unbewußte Kunst’ metaphorischer Rede ist ein Teil des fundamentalen Gestaltenkönnens, das schon der lebensweltlichen Rhetorik vor jeder figuralen Stilisierung ihre eigene Ausdruckskraft und Plastizität verleiht. Dabei bezieht sich das metaphorische Gestaltenkönnen auf drei Ebenen persuasiver Wirksamkeit: des Belehrens *(docere)*, des Erfreuens *(delectare)* und des emotionalen Bewegens *(movere)*.[14] Die Metapher erlaubt nämlich erstens – wie schon Aristoteles sagt – die Erkenntnis des Ähnlichen (“to homoion theorein”).[15] Ihre imaginative Logik läßt durch Ähnlichkeitsbeziehungen *(similitudines)* zwischen unterschiedlichen Seinsbereichen (z.B. Belebtem und Unbelebtem) analoge Seinsstrukturen sichtbar werden. Zweitens wirkt die Metapher so ‘erfrischend’ und ‘erfreulich’, weil sie die analogen Seinsbeziehungen überraschend und bildhaft vergegenwärtigt. Aufgrund ihres enargetischen Charakters vermag sie die *analogia entis* unmittelbar ‘vor Augen zu führen’. Ihre bildhafte Evidenz entfaltet drittens eine *pathos*-wirksame energetische Kraft.[16] Größte Energie und Vitalität besitzen dabei die bewegten Bilder *(imagines agentes)*

[12] Vgl. H. Blumenberg, Paradigmen zu einer Metaphorologie, in: Theorie der Metapher, hrsg. v. A. Haverkamp, Darmstadt 1983, 285–315, hier 290ff.

[13] J. G. Fichte, Werke, hrsg. v. I. H. Fichte, 11 Bde., Bonn 1834/35 u. Berlin 1845/46, repr. Berlin 1971, Bd. VII, 326.

[14] Zur Funktionalität der Metapher vgl. H. F. Plett, Einführung in die rhetorische Textanalyse, Hamburg [8]1991, 79f.

[15] Aristoteles, De arte poetica liber, hrsg. v. R. Kassel, Oxford 1965, 1459a.

[16] Aristoteles, Rhetorik, hrsg. u. übers. v. G. Sieveke, München 1980, 1411b.

der beseelenden Metaphern, deren Kraft den Zuhörer unmittelbar zu ergreifen vermag. Durch das *evidentia*-Prinzip des plastischen Gestaltenkönnens kann die Rede ferner die Dinge vor das geistige Auge des Zuhörers führen und den Zuhörer gleichsam zum Zuschauer machen. Ihre imaginative Logik steigert dann das *Reden über* in ein präsentierendes *Reden von*, durch das die Dinge eine eigene symbolische Realität jenseits des bloß physischen oder rein intelligiblen Universums bekommen können.

Meist nicht in der Weise auffälliger Figürlichkeit sondern durch unsensationelle plastische Redegestaltung wirkt die Logik der Phantasie immer schon in der Alltäglichkeit. Die plastische Gestaltung der Rede ermöglicht dabei personale Identitätsbildung durch bildhafte Vergegenwärtigung vor dem inneren Sinn und nicht – wie bei den elektronischen Medien – vor dem äußeren Auge. Gerade die Rhetorik der Lebenswelt enthält neben den reinrationalen Strukturen bildhaft-gegenwärtige Universalien, die sich zu leitenden topischen Vor- und Gegenbildern und paradigmatischen Geschichten des inneren symbolischen Universums zusammenschließen können.

### *d) Erinnernkönnen*

Die Kunst der *memoria* führt zur Steigerung der Gedächtniskraft durch den methodisch-bewußten Aufbau eines Kunstgedächtnisses *(memoria artificialis)*, das dann als 'Schatzkammer der Beredsamkeit' *(thesaurus eloquentiae)*[17] jederzeit verfügbar ist. Es besteht aus einer künstlichen Gedächtnisarchitektur, die aus zahl- und abwechslungsreichen Merkörtlichkeiten *(loci)* und einprägsamen Merkbildern *(imagines)* aufgebaut wird.[18] Die Rhetorik der Lebenswelt stutzt sich dagegen auf das natürliche Gedächtnis, das keiner besonderen mnemotechnischen Ausbildung bedarf. Dessen ungeachtet vermag es imaginative und intelligible Realitäten ungestützt von der unmittelbaren sinnlichen Wahrnehmung zu erinnern und gegenwärtig zu halten. Dieses fundamentale Erinnern ist grundlegend für jede Zeichen- und Symbolkonstitution und damit für die menschliche Kultur überhaupt. In rhetorischer Hinsicht ermöglicht es nicht nur im Verlauf des Redens und Hörens das Präsenthalten des schon Gesagten und schließlich des

[17] M. F. Quintilianus, Institutionis oratoriae, XI 2, 1.

[18] M. F. Quintilianus, Institutionis oratoriae, XI 2, 21f.; siehe hierzu: H. Blum, Die antike Mnemotechnik, Hildesheim/New York 1969.

jeweiligen Redeganzen, sondern auch die Erfindung der Rede selbst. Das inartifizielle Gedächtnis, das der Rhetorik der Lebenswelt zugrundeliegt, besteht allerdings nicht in einer künstlichen Gedächtnisarchitektur, sondern in topischen Weltbildern. Das fundamentale Erinnernkönnen leistet das Zusammen-gegenwärtig-Halten der imaginativen und rationalen Strukturen des Lebensweltbildes, auf das sich das Erfindenkönnen beziehen können muß. Es produziert somit eine inartifizielle 'Schatzkammer der Beredsamkeit', der sowohl das hintergründige Selbst- und Weltverständnis als auch die einzelne Rede und ihr schweigend Mitgesagtes entnommen ist.

### *e) Ausführenkönnen*

„Demosthenes wurde einst gefragt, welches das erste und wichtigste Erfordernis der Beredsamkeit sei; er antwortete darauf, nach dem Zeugnisse des Cicero und des Quintilian: es sei der Vortrag (– also die *actio* –). Auf die Frage, welches das zweite Hauptstück der Redekunst sei, antwortete er abermals: der Vortrag; auf die Frage, welches das dritte, gab er dieselbe Antwort."[19] Dieses Zitat Adam Müllers aus seinen ›Zwölf Reden über die Beredsamkeit und deren Verfall in Deutschland‹ (1812) belegt, welch große Bedeutung die Rhetoriktheorie der Kunst der *actio*, d.h. den leibhaften Ausführungen des Redners vor seinem Publikum von Anfang an zugemessen hat. Quintilian schreibt im Zusammenhang mit seiner Erwähnung der Demosthenes-Anekdote: „Ja, ich möchte behaupten, daß selbst eine mittelmäßige Rede, die sich durch die mitreißende Kraft des Vortrags empfiehlt, mehr Eindruck hinterlassen wird als die beste, der diese Empfehlung fehlt."[20] Die *Actio* besitzt als redeentscheidende Realisation und gleichsam 'Inkarnation' des erfundenen, dispositional geordneten, elokutionär gestalteten und memorial zusammengehaltenen Sinnes „etwas ganz Erstaunliches an Kraft und Macht".[21] Keine Beweisführung sei so stark, daß sie nicht durch den persönlichen Einsatz des Redners unterstützt werden müßte. Auch die Gefühlswirkungen würden matt werden, wenn sie nicht durch das Mienenspiel und nahezu alles in der Körperhaltung ihr Feuer erhielten. Daher ergäbe sich

[19] A. Müller, Zwölf Reden über die Beredsamkeit und deren Verfall in Deutschland. Gehalten zu Wien im Frühlinge 1812, Stuttgart 1983, 78.

[20] M. F. Quintilianus, Institutionis oratoriae, XI 3, 5.

[21] M. F. Quintilianus, Institutionis oratoriae, XI 3, 2.

die optimale Gesamtwirkung, wenn die Bedeutung der Worte durch die Ausdruckskraft der Stimme unterstützt und diese wiederum durch die nonverbale 'Eloquenz' der Gebärde und Körperbewegung verstärkt werde. Die Vortragskunst der klassischen Rhetorik bestand deshalb in der systematischen Schulung der Stimme *(vox)*, des Mienenspiels *(vultus)*, der Handbewegungen *(gestus)* und der Körperhaltung *(habitus corporis)*.[22]

Dabei ist auch die Kunst der *actio*, die den Redner in die Nähe des Schauspielers rückt, eine artifizielle Steigerung und bewußte Formung des lebensweltlichen Ausführenkönnens. Schon die unspektakuläre alltägliche Lebenswelt stellt ein Feld personaler Interaktion dar, für die die cartesianische Dichotomie von *res cogitans* und *res extensa* erfahrungsgemäß nicht zutrifft. In der gesellschaftlichen Öffentlichkeit von Schule, Beruf und kulturellem Leben begegnen sich konkrete Personen in ihrer leib-seelisch-geistigen Totalität, deren leibsymbolische Artikulation in der Regel nicht eintrainiert ist. Die Gefühle haben z. B. – so Quintilian – von sich aus schon die Tendenz, sich körperlich zu objektivieren und natürlicherweise hervorzubrechen.[23] Intuitiv gestalten ferner Personen ihre situativen Rollen, passen ihre relativ-natürliche *actio* den Umständen der Redesituation an und reagieren während der Rede spontan auf ihre Veränderung. Durch das fundamentale Auftreten- und Ausführenkönnen ist ihre innere Subjektivität mit der äußeren Objektivität zur konkreten Einheit öffentlich auftretender Personen vermittelt.

Die bisher genannten Potenzen der menschlichen Grundstrukturen, das redezentrierte Erfinden-, Ordnen-, Gestalten- und Erinnernkönnen, zielen auf das Ausführenkönnen und erlangen im manifesten leibsymbolischen Interaktionsgeschehen der Lebenswelt erst ihre objektive Realität. Der Ort der eigentlichen Bewährung und Wirklichkeit des *homo rhetoricus* ist die lebensweltliche Öffentlichkeit. Diese fundamental-rhetorische Betonung der konstitutiven Lebensweltzugehörigkeit bedeutet allerdings keine Rückkehr zur kunstrhetorischen Vorstellung des jederzeit situationsbeherrschenden und stets siegreichen Orators. Gerade in den rhetorischen Situationen der pluralistischen Lebenswelt, in deren rhetorischem Interaktionsgeschehen konkrete Personen leibhaft und persönlich mit-, für-, vor- und gegeneinander auftreten, gibt es in der Regel keine absolute Dominanz einer Partei. Das Zusammentreffen freier Fremdexistenzen enthält

22 M. F. Quintilianus, Institutionis oratoriae, XI 3, 14ff.

23 M. F. Quintilianus, Institutionis oratoriae, XI 3, 61.

ein prinzipielles Andersseinkönnen, an dem die souveräne Herrschaft planender Subjektivität endet. Angesichts objektiver Fremdwirklichkeit der gesellschaftlichen Realität können die vorher gemachten subjektiven Vorstellungen und Redeplanungen jederzeit scheitern. Adam Müller hat diese Unkalkulierbarkeit der Wirkung eigener Redetätigkeit in der gesellschaftlichen Öffentlichkeit mit der Situation eines jungen Mädchens verglichen, das mit einer deplazierten Garderobe eine Abendgesellschaft betritt. „... der Mut, die Zuversicht, die Vorstellung von dem Eindruck, von der bestimmten Wirkung, die sie machen werde, das ganze idealische Gebilde einsamer Selbstgefälligkeit verschwindet vor der völlig unerwarteten, völlig unberechneten Wirklichkeit."[24] Dieses Moment des Andersseinkönnens, des Unberechenbaren und Unerwarteten bestimmt als wesentliches Moment geschichtlicher Wirklichkeit auch das fundamentale Redenkönnen des *homo rhetoricus* und bleibt eine ständige Herausforderung und Bewährungsprobe für seine gesamte Rede- und Lebenstätigkeit.

Die für das Selbstverständnis der Philosophie relevante Konsequenz der fundamentalrhetorischen Anthropologie liegt in der vielleicht überraschenden Einsicht, daß der Philosoph in einer lehrenden Rede- und Schreibpraxis selbst eine spezifische Ausprägung des *homo rhetoricus* darstellt. Dabei mag die Präsenz der Rhetorik in der unmittelbaren Redepraxis von philosophischen Seminaren und Vorlesungen schwer zu bezweifeln sein. Wie steht es aber mit der schriftlichen Überlieferung der Philosophiegeschichte? Die philosophischen Klassiker sind nicht mehr in der unmittelbaren *actio* einer zeitgenössischen Lehrtätigkeit gegenwärtig. Dennoch lassen sich auch die maßgeblichen Texte der Philosophiegeschichte *in toto* nicht als Produkte 'purer' Vernunft verstehen. Das rein noetische oder dianoetische Verständnis von Philosophie ist zwar nicht falsch, aber unvollständig, weil es die Bedingungen der sprachlichen Vernunftpraxis in der akademischen und lebensweltlichen Öffentlichkeit vernachlässigt. Das konkrete Philosophieren läßt sich dagegen adäquat durch die fundamentalrhetorisch entwickelte fünfstellige Potenzstruktur des im *homo rhetoricus* personalisierten Geistes beschreiben. Dabei sind die intuitive Gedankenfindung der philosophischen *inventio*, die diskursive Begriffsbildung der *dispositio*, das historische Bewußtsein der *memoria*, das Moment der sprachlichen Gestaltung der *elocutio* und die mündliche und schriftliche Veröffentlichung der *actio* zuzuordnen. Gedankliches Erfindenkönnen muß sich mit begrifflichem Ordnen-

[24] A. Müller, Zwölf Reden über die Beredsamkeit, 79.

können, sprachlichem Gestaltenkönnen, historischem wie systematischem Erinnernkönnen und schriftlichem Ausführenkönnen vereinigen, um ein philosophisches Werk hervorzubringen. Auch philosophische Klassiker zeigen demnach die Züge rhetorischen Handlungsstils. Diese Präsenz des rhetorischen Momentes in der Philosophie soll in den folgenden Ausführungen zur *rhetorischen Metakritik* philosophischer Texte verdeutlicht werden.

## 2. Die Gegenwart der Rhetorik in der Philosophie

Sprache ist auch der *Mittelpunct des Misverstandes der Vernunft mit ihr selbst.*[1]

Aufgrund des geschichtlichen Streitverhältnisses von Philosophie und Rhetorik ist es nicht selbstverständlich, die philosophische Lehre als Aktionsfeld des *homo rhetoricus* und die philosophischen Texte als Produkte des vernunftgeleiteten rhetorischen Geistes zu begreifen. Das polemisch gegen die Rhetorik gerichtete reintheoretische Selbstverständnis von Philosophie, das tendenziell seit Platon die Philosophiegeschichte beherrscht, verstellt oft bis heute die Einsicht in ihr eigenes rhetorisches Moment. Allerdings enthält die sprachphilosophische Wendung des zwanzigsten Jahrhunderts auch eine entgegengesetzte Tendenz zur Rehabilitierung der Rhetorik. Besonders die sogenannte 'Topik-Renaissance' der fünfziger Jahre hat auch auf seiten der Philosophie viele ungerechtfertigte Vorurteile abgebaut und ein bis heute sich steigerndes Interesse am Rhetorikthema geweckt.[2] Es war vor allem Ch. Perelmans überzeugender Aufweis des spezifisch argumentativen Charakters der Rhetorik, der die spätestens seit Ramus gültige Reduzierung auf Stilistik und *elocutio* aufhob und sie für Philosophen wieder akzeptabel machte.[3] Wirksam wurden auch die schon in den dreißiger Jahren einsetzenden unermüdlichen Bemühungen E. Grassis um die Aktualität und den Philosophiecharakter des rhetorischen Sprachhumanismus.[4] Ein wichtiger Durchbruch des Rhe-

[1] J. G. Hamann, Metakritik über den Purismum der Vernunft, in: Schriften zur Sprache, hrsg. v. J. Simon, Frankfurt a. M. 1967, 224.

[2] Einen kritischen Überblick über die sogenannte 'Topik-Renaissance' vermittelt H. Kuhn, Aristoteles und die Methode der politischen Wissenschaft, in: Rehabilitierung der praktischen Philosophie, hrsg. v. M. Riedel, Bd. II, Freiburg i. Br. 1974, 261–290.

[3] Ch. Perelman/L. Olbrechts-Tyteca, Traité de l'argumentation, Paris 1958.

[4] Eine prägnante Zusammenfassung seiner rhetorikaffinen Interpretation des Humanismus und einen Überblick über seinen philosophischen Werdegang hat E. Grassi vorgelegt in: Einführung in philosophische Probleme des Humanismus, Darmstadt 1986.

torikthemas gelang schließlich mit der u.a. von H.-G. Gadamer, K. Dockhorn, O. Pöggeler und K.-O. Apel öffentlich geführten und dokumentierten Diskussion über das problematische Verhältnis von Philosophie, Hermeneutik und Rhetorik.[5] Diese „Trendwende“[6] in der Beurteilung der Rhetorik hat sich inzwischen wenigstens bei den über den Forschungsstand informierten Philosophen weitestgehend durchgesetzt und das polemisch verzerrte Rhetorikverständnis nachhaltig korrigiert. „Die Verleumdung der Rhetorik“[7] zu beklagen, besitzt inzwischen selbst für Philosophen einen topischen Charakter. Die gelungene Einführung des Rhetorikthemas in die Philosophie hat sich zweifellos für die historische Forschung fruchtbar ausgewirkt. So liegen inzwischen eine ganze Reihe von aufschlußreichen Arbeiten über die rhetoriktheoretischen Positionen philosophischer Klassiker und die wissenschaftsgeschichtlichen Auseinandersetzungen zwischen Philosophie und Rhetorik vor.[8] In methodischer und systemati-

[5] H.-G. Gadamer, Rhetorik, Hermeneutik und Ideologiekritik. Metakritische Erörterungen zu ›Wahrheit und Methode‹, in: Kleine Schriften I, Tübingen 1967, 113–130; K. Dockhorn, Rez. von H.-G. Gadamer: Wahrheit und Methode, in: Götting. Gel. Anz. 218 (1966) 169–206; O. Pöggeler, Dialektik und Topik, in: Hermeneutik und Dialektik. Aufsätze II, hrsg. v. R. Bubner, K. Cramer u. R. Wiehl, Tübingen 1970, 273–310; K.-O. Apel, Die Idee der Sprache in der Tradition des Humanismus von Dante bis Vico, in: Archiv für Begriffsgeschichte, Bd. 8, Bonn 1963.

[6] „Die Philosophie hat die Rhetorik längst als Verbündete für sich reklamiert bei der Verteidigung eines Vernunftanspruchs, dessen Grenzen nicht durch die Grenzen wissenschaftlicher Methodologie restriktiv abgesteckt werden. Und die Rhetorik – soweit sie sich nicht als Sozialtechnologie einer neuen Sophistik versteht – hat längst in ihren philosophischen Verächtern die Verfechter ihres genuinen Frageinteresses erkannt. Trendwende in der Tat!“ (J. Kopperschmidt, Rhetorica. Aufsätze zur Theorie, Geschichte und Praxis der Rhetorik, Hildesheim/Zürich/New York 1985, ix/x.)

[7] St. Toulmin, Die Verleumdung der Rhetorik, in: Neue Hefte für Philosophie 26 (1986), 55–68.

[8] Um nur einige Beispiele zu nennen: J. M. Hackett, Moral Philosophy and Rhetoric in Roger Bacon, in: Philosophy and Rhetoric 20 (1987), 18–40; M. Cahn, Kunst der Überlistung. Studien zur Wissenschaftsgeschichte der Rhetorik, München 1986; Th. Buchheim, Die Sophistik als Avantgarde normalen Lebens, Hamburg 1986, H. Niehues-Pröbsting, Überredung zur Einsicht. Der Zusammenhang von Philosophie und Rhetorik bei Platon und in der Phänomenologie, Frankfurt a. M. 1987; G. K. Mainberger, Rhetorica I: Reden mit Vernunft. Aristoteles, Cicero, Augustinus u. Rhetorica II: Spiegelungen des Geistes. Sprachfiguren bei Vico und Lévi-Strauss, Stuttgart-Bad

scher Hinsicht erbrachte dagegen die Rehabilitierung der Rhetorik für die Philosophie keine mit der historischen Forschung vergleichbare Innovation. Die Rhetorik konnte sich weder theoretisch als philosophische Disziplin konstituieren noch – etwa wie Logik und Hermeneutik – akademisch etablieren.

Meine folgenden Ausführungen beabsichtigen, unter dem Titel ›Rhetorische Metakritik der Philosophie‹ eine bisher nur angedeutete systematische Konsequenz der neuen Rhetorikforschung für die Philosophie programmatisch zu formulieren. Dabei geht es mir nicht um eine externe Sprachkritik oder 'Dekonstruktion' philosophischer Klassiker, sondern um ein auch in methodischer Hinsicht produktives und adäquates Selbstverständnis öffentlich existierender Philosophie. Im Rahmen rhetorischer Metakritik soll die europäische Tradition der 'klassischen Rhetorik' eine neue zeitgemäße analytische Anwendungsmöglichkeit gewinnen und die philosophische Rationalität rhetorisch erweitert und sprachmetakritisch reformiert werden. Meine Überlegungen beginnen mit der Kurzcharakteristik, durch die die rhetorische Metakritik vorerst nur in ihrem kritisch-analytischen Sinn, d.h. als Interpretationsmethode, die die immanente Rhetorik philosophischer Texte aufdeckt, vorgestellt werden soll.

### *a) Die rhetorische Metakritik philosophischer Redetexte*

Die Idee der rhetorischen Metakritik setzt mit einer Entscheidung für eine möglichst unspektakuläre und objektive Betrachtungsweise des Phänomens 'Philosophie' ein. Philosophie ist primär zugänglich als eine in der Öffentlichkeit kultureller Lebenswelt anzutreffende Redepraxis, die prinzipiell an mündliche oder schriftliche Textualität gebunden ist. Diese Sicht der Philosophie als objektives und öffentliches Phänomen bricht mit der Tradition der mentalistischen Philosophie und ihren methodischen Aporien des privilegierten Zugangs.[9] Die Evidenz der behaupteten Redezentriertheit und Textgebundenheit der Philosophie bedarf keiner künstlichen Einstellung oder bega-

Cannstatt 1987 u. 1988; S. IJsseling, Rhetorik und Philosophie. Eine historisch-systematische Einführung, Stuttgart-Bad Cannstatt 1988.

[9] Zur Kritik der sprachanalytischen Philosophie G. Ryles am bewußtseinsimmanenten Ansatz der neuzeitlichen Transzendentalphilosophie s. P.L. Oesterreich, Person und Handlungsstil. Eine rhetorische Metakritik zu Gilbert Ryles ›The Concept of Mind‹, Essen 1987.

bungsabhängiger *intellektueller Anschauung*. Sie stellt sich vielmehr ohne weiteres für Philosophen und Nichtphilosophen bei Betrachtung des in der kulturellen Lebenswelt real existierenden Philosophierens ein. Philosophische Praxis präsentiert sich als orationales Geschehen des schulischen Unterrichtens, der universitären Lehre oder des öffentlichen Lebens. Sie vollzieht sich als Interpretation von Wiedergebrauchstexten, den 'philosophischen Klassikern'. Sie manifestiert sich in Voten und Vorträgen von Kolloquien und Fachkongressen, in der schriftlichen Textproduktion von Aufsätzen und Büchern und ihrer kritischen Rezeption in entsprechenden Rezensionen. Was liegt näher als eine Selbstbesinnung der Philosophie auf diese, ihre eigene textgebundene Rationalität und Redepraxis?

Für eine methodisch gesicherte Durchführung einer kritischen Reflexion der eigenen Textrealität bieten sich für den Philosophen auf den ersten Blick die schon eingeführten Mittel philosophischer Hermeneutik oder Logik an. Unter dem Anspruch einer vollständigen Textanalyse erweist sich allerdings das Instrumentarium der klassischen oder modernen Logik, durch das nur formale Teilaspekte der konkreten Texttotalität philosophischer Rede darstellbar sind, als unzureichend. Auch die 'philosophische Hermeneutik' kann als allgemeine – und zudem am Kunstwerk orientierte – Theorie nicht die notwendigen technischen Mittel zu einer präzisen und vollständigen Analyse zur Verfügung stellen.[10] Am ehesten geeignet erscheint dagegen das kategoriale Instrumentarium der traditionell für Redetexte *in toto* zuständigen *ars rhetorica*. Tatsächlich stellt die klassische Rhetorik ein reichhaltiges Arsenal von Kategorien zur Verfügung, durch das sich z.B. sowohl die sachlogische Argumentation als auch die figurale Gestaltung und die persuasive Intentionalität philosophischer Rede erfassen lassen. Damit erscheint unter der Aufgabenstellung einer präzisen und vollständigen Reflexion der eigenen Redepraxis ein Rückgriff der Philosophie auf die Mittel der klassischen Rhetorik geboten.[11]

[10] Gemeint ist die Orientierung der philosophischen Hermeneutik H.-G. Gadamers an der 'Ontologie des Kunstwerkes': Wahrheit und Methode. Grundzüge einer philosophischen Hermeneutik, Tübingen [4]1975, 97ff.

[11] Ein – wenn auch sachlich nicht befriedigender – Versuch einer Aktualisierung der klassischen Rhetorik in argumentationstheoretischer Hinsicht findet sich in: Rhetoric and Praxis: The Contribution of Classical Rhetoric to Practical Reasoning, hrsg. v. J. D. Moss, Washington D. C. 1986. Für die rhetorische Metakritik gibt es m.E. bisher keine Alternative zu den bereichsdek-

Im Rahmen dieser beabsichtigten metakritischen Selbstinterpretation der Philosophie erfährt allerdings auch die traditionelle Rhetorik eine methodische Wendung, die bereits in der modernen Textwissenschaft thematisiert und vollzogen ist. Gemeint ist die methodische Umwidmung der Rhetorik von einer Technik der Textproduktion zu einer der Textinterpretation. So schreibt H. F. Plett:

> Der antike Theoretiker beantwortete die Frage: Was ist Rhetorik? mit dem bündigen Diktum: „ars bene dicendi" – die Kunst des guten Redens (bzw. Schreibens). Eine textwissenschaftliche Rhetorik sollte eine „ars bene interpretandi" – eine Technik des guten Analysierens sein.[12]

Die beabsichtigte Reaktivierung rhetorischer Kategorien im Sinne einer Metakritik philosophischer Redetexte kann sich dabei nicht auf eine elokutionäre Stilanalytik beschränken, sondern muß aus dem Gesamtrepertoire der *quinque artes* schöpfen. Denn der spezifisch argumentative Charakter philosophischer Rede verlangt – bei aller Berechtigung elokutionärer Untersuchungen z. B. der metaphorischen Perspektivierung – genaue Analysen ihrer inventiven und dispositionellen Struktur, z. B. des Problemstandes (*status)*, ihrer spezifischen Topik oder ihrer refutativen und konfutativen Argumentationslinien. Ferner werden bei der Feinanalyse des Gedankenstils eines Philosophems die *figurae sententiae*, die bei rhetorischen Stilanalysen von Sprachkunstwerken oft vernachlässigt werden konnten, in den Vordergrund rücken. Zusammengefaßt bildet die rhetorische Metakritik in dem thematisierten technischen Sinn eine Interpretationsmethode, die die Texte philosophischer Rede mit den analytisch verwandten Mitteln der klassischen Rhetorik erschließt. Ihre Zuständigkeit in Hinsicht auf ihren Gegenstandsbereich ist grundsätzlich infinit und bezieht sich prinzipiell auf alle bereits vorliegenden, gegenwärtig produzierten und zukünftigen Texte der Philosophiegeschichte. Da die Texte selbst der philosophischen Klassiker in ihrer rhetorischen Struktur *terra incognita* sind, ergibt sich für die rhetorische Metakritik der Philosophie gerade heute eine – durch den einzelnen Forscher gar nicht zu bewältigende – Aufgabe: die Revision der gesamten philosophischen Texttradition. Vermutlich könnten die historisch orientierten Einzelanalysen auch zu einem systematischen Ergebnis führen: einer Typologie philosophischer Rede, die als Topologie philosophischer Vernunft inter-

kenden, lebensweltnahen, geschichtlich bewährten und terminologisch relativ ausgereiften Kategorien der klassischen Rhetorik.

[12] H. F. Plett, Einführung in die rhetorische Textanalyse, 4.

pretiert werden könnte. Die sich nun anschließenden Überlegungen versuchen, eine erste heuristische Hypothese zu einer solchen Typologie vorzustellen.

### *b) Die performative Widersprüchlichkeit rhetorikrepugnanter Philosophie*

Die Überlegungen zu einer Typologisierung philosophischer Texte beginnen mit einem Stück antiker Metakritik. Es handelt sich um eine Replik aus dem in Sachen Philosophie *versus* Rhetorik wohl wirkungsmächtigsten Text: Platons ›Gorgias‹. Bekanntlich gelingt es Platon hier, die sophistische Rhetorikbewegung wissenschaftlich und ethisch zu destruieren. Die glaubwürdige Theoriekarikatur in der plastischen *sermocinatio* des Sokratischen Dialoges machte diese philosophische Rede zu einem Grundtext der rhetorikrepugnanten Philosophietradition. Der Rhetorik wird sowohl der *theoria*- als auch der *techne*-Charakter grundsätzlich abgesprochen. Sie besitze prinzipiell kein Sachwissen, sondern sei lediglich ein ‘Kunstgriff der Überredung’, durch den der selbst unwissende Redner das Ansehen gewönne, mehr zu wissen als die Wissenden.

> Sokrates: Verhält sich nun nicht auch gegen die andern Künste insgesamt der Redner ebenso und die Redekunst? Die Sachen selbst braucht sie nicht zu wissen, wie sie sich verhalten, sondern sie muß nur einen Kunstgriff der Überredung ausgefunden haben, so daß sie das Ansehen bei den Nichtwissenden gewinnt, mehr zu wissen als die Wissenden.[13]

Durch zusätzliche Analogisierung mit der als Heilkunst sich verkleidenden „kochkundigen Schmeichelei“ wird die sophistische Rhetorik auch ihrer ethischen Ansprüche entkleidet und der Lächerlichkeit preisgegeben.

> In die Heilkunst also, wie gesagt, verkleidet sich die kochkundige Schmeichelei, in die Turnkunst aber auf eben die Weise die putzkundige, die gar verderblich ist und betrügerisch, unedel und unanständig, [...] Um nun nicht weitläufig zu werden, will ich es dir ausdrücken wie die Meßkünstler, [...], nämlich daß wie die Putzkunst zur Turnkunst, so die Kochkunst zur Heilkunst, oder vielmehr so, wie die Putzkunst zur Turnkunst, so die Sophistik zur Gesetzgebung, und wie die Kochkunst zur Heilkunst, so die Redekunst zur Rechtspflege.[14]

[13] Platon, Gorgias 459 b f., zitiert nach Platon, Werke in acht Bänden, hrsg. v. G. Eigler, Darmstadt $^{2}$1990, Bd. II.

[14] Platon, Gorgias 465 b.

Diese polemische Dissoziation von Philosophie und Rhetorik wird von Cicero in ›De oratore‹ folgendermaßen kommentiert: Platon sei selbst der weitaus wirkungsvollste und eloquenteste Redner. Im ›Gorgias‹ habe er sich gerade „mit seinem Spott über die Redner selbst als Meister der Beredsamkeit erwies(en)“.[15] Cicero führt hier zwei Grundoperationen rhetorischer Metakritik vor. Erstens wird ein Text der Philosophiegeschichte als Rede eingestuft und kritisiert. Zweitens wird der Widerspruch zwischen dem rhetorikrepugnanten Inhalt (Kritik und Zurückweisung der Rhetorik) und der rhetorikaffinen Form (persuasive Parteirede Platons gegen die konkurrierende Sophistik) freigelegt. Ciceros metakritisches Retorsionsargument deckt bei Platon einen durchgängigen Widerspruch im Vollzug auf, der die rhetorikfeindliche Philosophie des ›Gorgias‹ im ganzen belastet. Dieser Selbstwiderspruch ist ferner persuasionspragmatisch unvermeidlich, da selbst die inhaltlich antirhetorische Philosophie den rhetorischen Performanzbedingungen unterworfen bleibt.[16] Um überzeugen zu können, muß sie die Rhetorik mit rhetorischen Mitteln bekämpfen.

Mit dem ›Gorgias‹ gelang Platon das Musterbeispiel einer antirhetorischen Philosophie, die zwar mit einem unvermeidlichen performativen Selbstwiderspruch belastet ist, aber trotzdem wirkungsgeschichtlich erfolgreich bleibt. Der von Cicero bemerkte Widerspruch bleibt – so beweist die Wirkungsgeschichte – für die meisten inhaltsfixierten Rezipienten anscheinend verborgen. Dem kritischen Leser erscheint dagegen diese Verbergung der rhetorischen Form durch den extrem rhetorikrepugnanten Inhalt als fragwürdig-strategische Ironie: Durch die vordergründige, aggressive Simulation rhetorikfeindlicher Positionen wird die eigene persuasive Struktur und Intention dissimuliert.[17] Bemerkenswerterweise konnte sich der in Sophistik und Sprach-

[15] „... in oratoribus inridendis ipse esse orator summus videbatur“ (M. T. Cicero, De oratore, I 47).

[16] Der performative Selbstwiderspruch liegt nicht auf der semantischen, sondern der pragmatischen Ebene rhetorikrepugnanter Philosophie. Der propositionale Gehalt ihrer Aussagen wird durch die persuasive Form ihres eigenen Redehandelns widerlegt. Zu den unterschiedlichen Niveaus performativer Widersprüche siehe: V. Hösle, Die Krise der Gegenwart und die Verantwortung der Philosophie. Transzendentalpragmatik, Letztbegründung, Ethik, München 1990, 176ff.

[17] Die für den Metakritiker auffällige persuasionsstrategische Ironie (Opposition der rhetorikrepugnanten Semantik und der rhetorikaffinen Pragmatik) ist von der ebenfalls für die rhetorische Textkritik relevanten, aber rein binnensemantisch-kontextuellen Ironie (Opposition von ‘literal meaning’ and

humanismus repräsentierte symmetrische Redetypus philosophiegeschichtlich nicht gegen den asymmetrisch-ironischen Prototyp durchsetzen. In der Regel siegreich blieb die verborgene Strategie. Diese relative Erfolglosigkeit der offen persuasiven Philosopheme und der Philosophen mit explizitem rhetorischen Selbstverständnis stellt allerdings für den Rhetoriker kein Rätsel dar. Denn gerade um mit Erfolg reden und überzeugen zu können, muß rhetorische Kunst sich verbergen: *ars est celare artem.*[18] Dieses gilt auch für die philosophische Rede. Die positive Thematisierung des Rhetorischen in einem Text erschwert dessen Glaubwürdigkeit und Geltung, indem sie eine Aufmerksamkeitsumstellung beim Leser provoziert. Die naive Fixierung auf den Redegehalt verwandelt sich in eine kritische Reflexion auf die Redeweise. Die wahrgenommene Künstlichkeit des Textes schlägt als Geltungsrelativierung auf den Redegehalt zurück: Der Schein fragloser Geltung, die die naive inhaltsfixierte *intentio directa* des Lesers beherrschte, wird durchschaut und zerstört. Diese Geltungsrelativierung wird durch die Wahl des asymmetrischen rhetorikrepugnant/rhetorikaffinen Typus in der Regel verhindert. Die Zurückweisung des Rhetorischen auf der Inhaltsebene und die Behauptung eines redeunvermittelten Wissensbezuges zu den 'Sachen selbst' läßt die inhaltsfixierte Haltung des naiven Rezipienten ungestört und weckt nicht die kritische Aufmerksamkeit für die persuasive Form und Intention des jeweiligen Philosophems. Gemäß dem rhetorischen Kunstverbergungspostualt läßt sich formulieren: Je verborgener ihre rhetorische Strategie ist, desto erfolgreicher behauptet sich in der Regel die jeweilige Philosophie. Die Vorherrschaft des asymmetrischen Typus läßt sich als Konsequenz des Kunstverbergungspostulates *(celare artem)* plausibel erklären: Allgemein gesprochen schwächt die kritische Reflexion auf die Technik der Redeherstellung ihre persuasive Mächtigkeit. Nicht Gorgias, der offen die Macht der Redekunst preist, sondern Platon, der sie hinter der rhetorikrepugnanten Aussage verborgen wirken läßt, ist – wie Cicero konsequent kommentiert – der bessere Redner. Damit soll nicht behauptet werden, daß die in der Regel dominante antirhetorische Philosophietradition ein insinuatorisches Produkt professioneller Rhetoriker sei, die nun durch rhetorische Metakritik überführt werden müßten. Die Frage, ob die in einem

'contextual meaning') zu unterscheiden. Zur kontextuellen Ironie in philosophischen Texten siehe: H. H. Lang, Philosophy as Text and Context, in: Philosophy and Rhetoric 18 (1985), 158–170.

[18] Vgl. M. F. Quintilianus, Institutionis oratoriae, IV 1, 9 und 56ff.

philosophischen Text bekundete Arhetorizität einem naiven Selbstmißverständnis entspringt oder ein absichtliches Verbergen der persuasiven Strategie darstellt, ist kein primäres Problem rhetorischer Metakritik. Ihr geht es in erster Linie nicht um das subjektive Bewußtsein des Philosophen, sondern um die Philosophie in der objektiv-öffentlichen Gestalt textmanifester Redepraxis. Selbstverständlich können Philosophen, die keinerlei schulrhetorische Ausbildung genossen haben und sich im besten Glauben an ihre eigene Arhetorizität befinden, hochpersuasive Texte gelingen. Das objektiv Gesagte übertrifft dann das subjektiv Gemeinte. In der Analyse seines Redetextes versteht in diesen Fällen der Metakritiker den philosophischen Autor besser als dieser sich selbst. Demnach steht zu erwarten, daß sich der größte metakritische Erkenntnisertrag bei Untersuchungen gerade asymmetrischer, d.h. inhaltlich rhetorikrepugnanter und formal rhetorikaffiner Texte ergeben wird. Vorrang besitzt somit die kritische Sichtung gerade der stilistisch unauffälligen oder vordergründig extrem rhetorikrepugnanten Texte der Philosophiegeschichte. Deren – unter einem arhetorischen Schein – verborgene persuasive Strukturen verlangen in erster Linie die metakritische Sichtung.

Die Platonkritik Ciceros erbrachte das grundsätzliche metakritische Retorsionsargument gegen den rhetorikrepugnanten Philosophietypus, der durch einen unvermeidlichen performativen Widerspruch belastet ist. Die Grundunterscheidung zwischen rhetorikaffiner und rhetorikrepugnanter Philosophie bedarf allerdings noch weiterer Erläuterung. Ein Text, an dem sich die vielsinnige Thematisierung des Rhetorischen gut demonstrieren läßt, ist M. Heideggers ›Sein und Zeit‹.

### *c) Martin Heideggers ›Sein und Zeit‹: Die Abwertung der Öffentlichkeit als Ort des Geredes*

In den § 29, 30 und 40 von ›Sein und Zeit‹, die die Analysen von *Furcht, Angst, Stimmungen* und *Befindlichkeit* enthalten, gibt Heidegger eine existenzial-ontologische Interpretation der aristotelischen *Rhetorik*. Heidegger stellt das Verhältnis von Existenzialontologie, Schulrhetorik und aristotelischer *Rhetorik* folgendermaßen dar:

> Es ist kein Zufall, daß die erste überlieferte systematisch ausgeführte Interpretation der Affekte nicht im Rahmen der „Psychologie“ abgehandelt ist. Aristoteles untersucht die *pathe* im zweiten Buch seiner ›Rhetorik‹. Diese muß – entgegen der traditionellen Orientierung des Begriffs der Rhetorik an

so etwas wie einem „Lehrfach" – als erste systematische Hermeneutik der Alltäglichkeit des Miteinanderseins aufgefaßt werden.[19]

Heidegger nimmt hier in differenzierter Weise zur überlieferten Rhetorik Stellung. Im Sinne einer Existenzialontologie akzeptiert er einerseits mit der aristotelischen *pathe*-Lehre einen Teil der klassischen Rhetorik und weist andererseits die schulrhetorische Tradition zurück. Die aristotelische *Rhetorik* wird hier nicht primär als Rhetoriklehrbuch, sondern als ein grundlegendes philosophisches Werk verstanden. Im Gegensatz zu den eher persuasionstechnisch ausgerichteten Abhandlungen von Psychologie und Schulrhetorik enthält sie in den Augen Heideggers eine genuin ontologische Interpretation menschlicher Gefühle. Die *Stimmungen* sind demnach Grundweisen des menschlichen Daseins und bestimmen ursprünglich welthaftes Seinsverständnis. Durch diese vertiefende existenzial-ontologische Interpretation soll das philosophisch-theoretische Rhetorikverständnis von den Überlagerungen der schulrhetorisch-technisch ausgerichteten Tradition befreit werden.

Unter diesem ‘archäologischen’ Gesichtspunkt erscheint die aristotelische *Rhetorik* als eine erste systematische Analyse der lebensweltlichen Öffentlichkeit, der ‘Alltäglichkeit des Miteinanderseins’. Diese vorwissenschaftliche Erfahrungswelt wird von Heidegger u. a. in § 27 als eine Sphäre des „alltäglichen Selbstseins" oder des „Man-selbst" beschrieben. Als *Öffentlichkeit* bestimmt, regelt sie demnach „zunächst alle Welt- und Daseinsauslegung". Die lebensweltliche Öffentlichkeit in ihrer jeweiligen Gestimmtheit ist ferner auch die eigentliche Wirkungssphäre des Redners.

> Die Öffentlichkeit als die Seinsart des Man ... hat nicht nur überhaupt ihre Gestimmtheit, sie braucht Stimmung und „macht" sie für sich. In sie hinein und aus ihr heraus spricht der Redner. Er bedarf des Verständnisses der Möglichkeiten der Stimmung, um sie in der rechten Weise zu wecken und zu lenken.[20]

An dieser Stelle tritt Heideggers ambivalente Aristoteles-Rezeption hervor. Einerseits übernimmt sie die redner- und theoriezentrierte Deutung des Rhetorikphänomens. Die gelingende rhetorische Praxis gründet demnach in dem ‘theoretischen’ Vermögen des Redners, die doxalen Wandlungsmöglichkeiten seines Publikums zu übersehen. In diesem Sehenkönnen, das das jeweils Glaubwürdige und

[19] M. Heidegger, Sein und Zeit, Tübingen [12]1972, 138.
[20] M. Heidegger, Sein und Zeit, 138f.

Überzeugende erblickt und erkennt, gründet das auf Dauer erfolgreiche Redenkönnen.[21] Auf der anderen Seite verkürzt Heidegger die aristotelische Rhetoriktheorie. Mit der Vorstellung von der stimmungsgemäßen Verfassung der Öffentlichkeit rückt das Pathosmoment von Rhetorik einseitig in den Mittelpunkt.[22] Konsequent beschränkt sich in ›Sein und Zeit‹ die explizite Rezeption der aristotelischen Rhetorik auf die *pathe*-Lehre.

Innerhalb der Grenzen dieser existenzialontologischen Pathosrhetorik bestimmt Heidegger die *Öffentlichkeit* als einen Ort ontologischer Verdunkelung.[23] Das Rhetorikphänomen – die Rede in der Öffentlichkeit – definiert sich in seinem unverwechselbaren Sprachstil, den Adorno polemisch als „Jargon der Eigentlichkeit"[24] bezeichnet hat, als *Gerede*. Dabei gehören Heideggers Ausführungen zur *Öffentlichkeit* in ›§ 27. Das alltägliche Selbstsein und das Man‹ sicherlich nicht in die Reihe der parteilichen Karikaturen lebensweltlicher Öffentlichkeit im Sinne der Selbstbehauptung spekulativer Philosophie. Im Gegenteil unterziehen sie ein lange vernachlässigtes Phänomengebiet einer ernsthaften existenzialontologischen Analyse und bilden einen wichtigen Beitrag zur Philosophie der Lebenswelt. In Hinsicht auf die Wahrheitsproblematik erfährt allerdings die *Öffentlichkeit* im allegorischen Licht der topischen Licht-Dunkel-Polarität eine negative Aspektuierung:

> Abständigkeit, Durchschnittlichkeit, Einebnung konstituieren als Seinsweisen des Man das, was wir als „die Öffentlichkeit" kennen ... Die Öffentlichkeit verdunkelt alles und gibt das so Verdeckte als das Bekannte und jedem Zugängliche aus.[25]

Das Oxymoron einer „verdunkelten Öffentlichkeit" formuliert die ironisch-täuschende Seinsweise des gesellschaftlichen Miteinanderseins. Das Täuschende des öffentlichen Existierens wird von Heidegger als eine Verschränkung von dissimulatorischer Zurücknahme und gegenläufiger simulatorischer Präsentation beschrieben. Das phä-

[21] Zur Bestimmung der Rhetorik als 'theoretische' Dynamis vgl. Aristoteles, Rhetorik, 1355b, 25f.

[22] Diese Betonung des Pathosmomentes verbindet nach dem Urteil K. Dockhorns die Rhetorikrezeption von Heidegger und Schleiermacher. K. Dockhorn, Rez. v. H.-G. Gadamer, 186.

[23] Siehe: M. Heidegger, Sein und Zeit: § 27. Das alltägliche Selbstsein und das Man, 126ff.

[24] Th. W. Adorno, Jargon der Eigentlichkeit. Zur deutschen Ideologie, in: Gesammelte Schriften, hrsg. v. R. Tiedemann, 20 Bde., Bd. VI, Frankfurt a. M. ²1977.

[25] M. Heidegger, Sein und Zeit, 127.

nomenale Sein „der Sachen selbst“ werde nicht nur verdunkelt *(dissimulatio)*, sondern zugleich so verdeckt, daß es als etwas erscheint, was es gerade *nicht* ist *(simulatio)*, nämlich das „Bekannte und jedem Zugängliche“. Durch dieses Doppelspiel defensiver und offensiver Vorstellung erscheint die *Öffentlichkeit* als pervertierte Wahrheit. Der metaphysische und theologische Topos von der Scheinbarkeit welthaft-gesellschaftlichen Existierens wird hier erneut realisiert.

Auch die einzelnen Bestimmungsmomente des öffentlichen Daseins – die *Abständigkeit*, die *Durchschnittlichkeit* und *Einebnung* – scheinen nicht nur der Epoche „überparteilicher“ phänomenologischer Deskription und ihrem geschichtlich unvermittelten Bezug zu „den Sachen selbst“ zu entstammen. Zu deutlich tragen sie die Züge des Zeitgeistes der nach dem Ersten Weltkrieg üblichen Massenkultur-, Zivilisations- und Demokratiekritik. So wird z.B. die gesell schaftliche Selbstdefinition und Identitätsbildung, die sich im personalen Umfeld von Freunden, Klienten und Gegnern bzw. Feinden, d.h. „mit, für und gegen die Andern“ abspielt, als *Botmäßigkeit* und *Herrschaft der Anderen* ausgelegt. In der Tradition der neuzeitlichen Subjektivitätsphilosophie und ihrer Betonung des Autonomiemotivs steht ferner Heideggers Deutung der transautonomen Existenzbedingungen moderner technischer Zivilisation als anonyme und depersonalisierende Macht des *Man*.

> In der Benutzung öffentlicher Verkehrsmittel, in der Verwendung des Nachrichtenwesens (Zeitung) ist jeder Andere wie der Andere. Dieses Miteinandersein löst das eigene Dasein völlig in die Seinsart „der Anderen“ auf, so zwar, daß die Anderen in ihrer Unterschiedlichkeit und Ausdrücklichkeit noch mehr verschwinden. In dieser Unauffälligkeit und Nichtfeststellbarkeit entfaltet das Man seine eigentliche Diktatur.[26]

Auch das diese negative Perspektivierung der *Öffentlichkeit* bedingende Positivbild deutet sich im Text an. Aufschlußreich ist in dieser Hinsicht die folgende stark stilisierte Passage, die die existenzialen Momente der *Durchschnittlichkeit* und *Einebnung* eindringlich darstellt.

> Jeder Vorrang wird geräuschlos niedergehalten.
> Alles Ursprüngliche ist über Nacht als längst
> bekannt geglättet.
> Alles Erkämpfte wird handlich.
> Jedes Geheimnis verliert seine Kraft.[27]

[26] M. Heidegger, Sein und Zeit, 126.
[27] M. Heidegger, Sein und Zeit, 127.

Die auffällige Stilisierung dieser Passage entsteht syntaktisch durch den viergliedrigen Parallelismus parataktisch gefügter Sätze. Antithese und universale Urteilsqualität verleihen ihnen semantisch Spannkraft und Prägnanz. Der hier schlaghaft ausgedrückte Verfall traditioneller Werte aus dem archaisch-aristokratisch-sakralen Bereich – 'der Vorrang', 'das Ursprüngliche', 'das Erkämpfte', 'das Geheimnis' – besitzt in pragmatischer Hinsicht ethos- und pathoswirksame Qualitäten. Diese kleine Textstelle bildet ein gutes Beispiel für die ›Sein und Zeit‹ durchziehende Pathosrhetorik der Eigentlichkeit und Ursprünglichkeit, die vor aristokratisch-sakralem Werthintergrund das Phänomen der modernen demokratischen Öffentlichkeit als ein unvermeidliches existenziales Entfremdungs- und Verfallsmoment des In-der-Welt-Seins deutet.

Ein weiteres öffentlichkeitsungünstiges Gedankenmotiv ist der auch von Heidegger behauptete „aristokratische" Anspruch der Philosophie auf einen privilegierten Zugang zu den ontologisch relevanten Sachverhalten. Schon Platon hatte im ›Gorgias‹ den Rhetoren und ihrer Öffentlichkeit den Wissensbezug zu den 'Sachen selbst' abgesprochen. Ähnlich betont nun Heidegger, daß die herrschende Welt- und Daseinsauslegung der Öffentlichkeit eben „nicht auf Grund eines ausgezeichneten und primären Seinsverhältnisses zu den ‚Dingen'"[28] bestehe. Ihre täuschenden Geltungsansprüche entsprängen lediglich einem Nicht-Eingehen *auf die Sachen* und ihrer Unempfindlichkeit „gegen alle Unterschiede des Niveaus und der Echtheit".[29] Voraussetzung für diese negative Beurteilung ist der Einfluß der griechischen Ontologie und Erkenntnistheorie auf die Phänomenologiekonzeption Heideggers, den dieser ausdrücklich in ›§ 7. Die phänomenologische Methode der Untersuchung‹ zugesteht. Die von Heidegger auch wissenschaftstheoretisch vertretenen Ansprüche von *Eigentlichkeit* und *Echtheit* führen zur erkenntnistheoretischen Präferenz des schon von Platon vertretenen eidetischen Visualismus und seiner Hypothese eines unmittelbaren Sachbezuges. Heideggers Phänomendefinition behauptet dementsprechend eine vorsprachliche Evidenz des Seienden. Dieses sei „*das Sich an ihm Zeigende*, das Offenbare".[30] Hier realisiert sich wieder eine für die rhetorikrepugnante Philosophietradition typische Gedankenfigur: die einseitige Betonung eines scheinbar unmittelbaren Sachbezuges *(res)* unter Vernach-

[28] Ebd.

[29] Ebd.

[30] M. Heidegger, Sein und Zeit, 28.

lässigung sprachlicher Deutungsleistung *(verbum)*.[31] Ebenso konventionell ist die sich anschließende Unterscheidung zwischen einem wahrheitsfähigen epistemischen *Logos* und den bloß doxalen und mehr oder weniger täuschenden Redeweisen der vorwissenschaftlichen Lebenswelt. In ›Sein und Zeit‹ realisiert sich diese topische Differenz als Unterschied zwischen der phänomenologischen Wissenschaftssprache, die sich „aus der Sachheit"[32] der zu beschreibenden Phänomene bestimmt und andererseits der verfremdenden Rede in der Öffentlichkeit, der als *Gerede* angeblich jeder originäre Sachbezug verlorengegangen ist.

Das *Gerede* ist nach Heidegger nämlich durch die Trennung von Sachbezug *(Worüber der Rede)* und sprachlicher Formulierung *(Geredetes)* gekennzeichnet. „Man versteht nicht so sehr das beredete Seiende, sondern man hört schon nur auf das Geredete als Solches."[33] Auch der *Mitteilungscharakter* von *Rede* erscheint im *Gerede* denaturiert.

> Die Mitteilung „teilt" nicht den primären Seinsbezug zum beredeten Seienden, sondern das Miteinandersein bewegt sich im Miteinanderreden und Besorgen des Geredeten.[34]

Schließlich verfremdet sich auch der *Bekundungscharakter* der Rede in der Durchschnittlichkeit der Alltäglichkeit von einem Sichaussprechen zum bloßen Aussprechen, dem Weiter- und Nachreden. In Heideggers Perspektive pervertiert somit die Rede in der depersonalisierenden Öffentlichkeitssphäre des *Man* zur alleserfassenden und zugleich sachfremden *actio* des *Geredes*.

> Das Geredete als solches zieht weitere Kreise und übernimmt autoritativen Charakter. Die Sache ist so, weil man es sagt. In solchem Nach- und Weiterreden, dadurch sich das schon anfängliche Fehlen der Bodenständigkeit zur völligen Bodenlosigkeit steigert, konstituiert sich das Gerede.[35]

Auffällig ist hier das agrarische Metaphernfeld (Bodenständigkeit, Bodenlosigkeit), das die Rede in der Öffentlichkeit negativ perspektiviert. Es setzt sich fort in Formulierungen wie „Das Gerede, . . ., ist die

[31] Vgl. E. Grassi, Einführung in philosophische Probleme des Humanismus, 18 ff.

[32] M. Heidegger, Sein und Zeit, 35.

[33] M. Heidegger, Sein und Zeit, 168.

[34] Ebd.

[35] Ebd.

Seinsart des entwurzelten Daseinsverständnisses".[36] Es tritt ferner in Kombination mit theologischer Topik (Versuchung und Weltverfallenheit) auf:

> Wenn aber das Dasein selbst im Gerede und der öffentlichen Ausgelegtheit ihm selbst die Möglichkeit vorgibt, sich im Man zu verlieren, der Bodenlosigkeit zu verfallen, dann besagt das: das Dasein bereitet ihm selbst die ständige Versuchung zum Verfallen. Das In-der-Welt-Sein ist an ihm selbst *versucherisch*.[37]

Insgesamt lassen schon diese wenigen metakritischen Anmerkungen einen vierfachen Rhetorikbezug von ›Sein und Zeit‹ sichtbar werden. Thematisiert wird die Rhetorik in ihrem phänomenalen, technischen und theoretischen Sinn. Die vierte unausdrückliche Dimension ist die metakritisch nachweisbare innere Rhetorizität des Textes:

a) Die Redepraxis in der Öffentlichkeit wird zwar von Heidegger als ein 'positives' Phänomen im Sinne der Existenzialontologie angesetzt und behandelt. Aber als *Gerede* wird das Rhetorikphänomen grundsätzlich als eine denaturierte und unauthentische Redeweise definiert und im Gegensatz zum epistemischen *Logos* der Phänomenologie als doxaler Pseudologos deklassifiziert. Damit bleibt die Perspektive für die Konzeption eines öffentlichen Vernunftgebrauchs in ›Sein und Zeit‹ prinzipiell verstellt.

b) Die *ars rhetorica*, das technische Verständnis der Schulrhetorik, wird im Kontrast zu den ursprünglichen Einsichten der philosophischen Rhetorik (des Aristoteles) als ein wissenschaftsgeschichtliches Verfalls- und Verdeckungsphänomen kritisiert und zurückgewiesen.

c) Mit der Akzeptation der aristotelischen *pathe*-Lehre für den Aufbau seiner Existenzialontologie rezipiert Heidegger nicht nur einen Teil der klassischen Rhetorik, sondern macht auf ihr philosophisch-theoretisches Sinnpotential aufmerksam.

d) In metakritischer Hinsicht erweist sich allerdings ›Sein und Zeit‹ als eindeutig rhetorikrepugnant. Die philosophische Pathosrhetorik der Eigentlichkeit und Ursprünglichkeit wird im Text nicht thematisiert und offengelegt. Im Gegenteil wird sie durch das dem eidetischen Visualismus entstammende Theorem eines privilegierten geschichts- und redeunvermittelten Sachbezuges der *Phänomeno*-logie überspielt.

›Sein und Zeit‹ stellt insgesamt einen rhetorikrepugnanten Text dar,

[36] M. Heidegger, Sein und Zeit, 170.

[37] M. Heidegger, Sein und Zeit, 177.

in dem sich die rhetorische Irreflexibilität mit der Einsichtslosigkeit in eine Konzeption öffentlicher Vernunft verbindet. Aber im Gegensatz zu extremen Positionen, die das Rhetorische auf allen Sinnebenen negieren, kann Heideggers Philosophie aufgrund ihrer existenzialontologischen Transformation eines Teils der aristotelischen Rhetorik als ein gemäßigt rhetorikrepugnanter Text bezeichnet werden.

Auch bei der Klasse der rhetorikaffinen Texte wird der Metakritiker – konfrontiert mit der Textwirklichkeit – zu weiteren Differenzierungen gezwungen werden. So gibt es z.B. Philosopheme, die ihre persuasive Strategie offenlegen und explizieren, ohne sie nominell mit der Rhetorik und ihrer Tradition zu identifizieren. Ein Beispiel dafür ist Gilbert Ryles Hauptwerk ›Der Begriff des Geistes‹.[38]

### *d) G. Ryles ›Der Begriff des Geistes‹: Anonyme rhetorikaffine Philosophie*

Die persuasive Strategie seiner Philosophie stellt G. Ryle in der ›Einleitung‹ dar, die innerhalb des Geamttextes von ›Der Begriff des Geistes‹ die Stellung eines Exordiums einnimmt. Schon der erste Abschnitt nennt die Zielvorstellung und die Argumentationsebene der Abhandlung. In philosophisch-allgemeiner Fragestellung *(quaestio infinita)* und auf der Ebene theoretischer Neudefinition *(status definitionis)* soll das Thema 'menschlicher Geist' behandelt werden.[39]

> Die folgenden Untersuchungen könnten mit gewissen Vorbehalten als eine Theorie des Geistes oder der Seele bezeichnet werden. Sie liefern aber keine bisher unbekannten Tatsachen über die Seele ... Die philosophischen Überlegungen, aus denen dieses Buch besteht, sollen unsere Kenntnisse vom Geist oder der Seele nicht vermehren, sondern die logische Geographie dieses Wissens berichtigen.[40]

Die Ankündigung, der Text ›Der Begriff des Geistes‹ enthalte keine empirische Wissensakkumulation, sondern beabsichtige die kritische Reformulierung einer ganzen logischen Topographie, erfüllt die exordiale Aufgabe, die Lernbereitschaft des Lesers zu wecken *(iudicem*

[38] G. Ryle, Der Begriff des Geistes, übers. v. K. Baier, Stuttgart 1978.

[39] Zu den gebrauchten rhetorischen Fachtermini s.: H. F. Plett, Einführung in die rhetorische Textanalyse, u. H. Lausberg, Handbuch der literarischen Rhetorik. Eine Grundlegung der Literaturwissenschaft, 2 Bde., München ²1960.

[40] G. Ryle, Der Begriff des Geistes, 3.

*docilem parare)*. Die Betonung einer öffentlichen Bedeutung der philosophischen Kritik, die die Wissensüberzeugungen des Philosophen und seiner nicht unbedingt fachphilosophischen Leser betrifft (unsere Kenntnisse vom Geist oder der Seele), erzeugt den Eindruck gemeinsamer Betroffenheit und besitzt aufmerksamkeitserregende Funktion *(iudicem attentum parare)*. Die Leitmetapher „logische Geographie" schafft eine zusätzliche publikumswirksame Evidenz.

Zur Beschreibung seiner eigenen philosophischen Rolle greift Ryle ferner auf die topische Opposition *Logos versus Mythos* zurück. Er selbst stilisiert sich zum mythenkritischen Aufklärer und stellt seine Theoriegegner als Anhänger des cartesianischen Mythos dar. Vor seinem rationalistischen Leserpublikum läßt er damit seine theoretische Unternehmung als eine von vorneherein akzeptable Angelegenheit *(causa honesta)* erscheinen, die das traditionelle Aufklärungsgeschäft der Philosophie weiter fortzuführen versucht. Diese Verwendung der Logos/Mythos-Opposition erfüllt zwar auf der einen Seite die pragmatische Absicht der Sympathiewerbung *(iudicem benevolem parare)*. Auf der anderen Seite erfordert die polemisch-metaphorische Wortverwendung von 'Mythos' weitere semantische Präzisierung.

> Ein Mythos ist natürlich kein Märchen. Er ist die Darstellung von Tatsachen, die zu einer bestimmten Kategorie gehören, in einer zu einer andern Kategorie gehörigen Ausdrucksweise. Wenn man einen Mythos zerstört, leugnet man daher keine Tatsachen, sondern stellt sie um. Eben das soll hier versucht werden.[41]

Der Mythos/Logos-Gegensatz bedeutet hier keine externe Opposition der Philosophie gegen die archaische Weltanschauung der Götter- und Heldengeschichten, sondern hat sich in eine philosophieimmanente Differenz verwandelt. 'Mythos' bedeutet demnach eine zu unrecht geltende Theorieposition, die einen fundamentalen Kategorienfehler enthält. 'Logos' steht dagegen für die 'Entmythologisierung' von Philosophemen, d. h. hier die Aufdeckung des Kategorienfehlers der cartesianischen Bewußtseinsphilosophie und die entsprechende Berichtigung der Theorie des menschlichen Geistes.

Ryle thematisiert aber nicht nur diesen metaphorischen Bedeutungswandel der topischen Mythos/Logos-Opposition, sondern legt auch seine eigene differenzierte Argumentationsstrategie dar. Erwartungsgemäß liegt bei einem philosophischen Text der Schwerpunkt auf der logischen Sachargumentation, in diesem Fall auf den *reductio*

[41] G. Ryle, Der Begriff des Geistes, 4f.

*ad absurdum*-Argumenten, die zur Widerlegung des 'cartesianischen Mythos' führen sollen.

Die Hauptargumente dieses Buches sollen daher zeigen, warum gewisse Arten von Verwendungen der Begriffe von geistigen Vermögen und Vorgängen Verstöße gegen logische Regeln sind. Ich verwende Beweise der Form der *reductio ad absurdum*, sowohl um die vom cartesischen Mythos stillschweigend empfohlenen Verwendungen auszuschalten als auch um anzuzeigen, zu welchen logischen Typen die entsprechenden Begriffe eigentlich gehören.[42]

Allerdings beschränkt sich Ryle nicht auf den Gebrauch logischer Sachargumente. Er verfolgte eine mehrdimensionale Argumentationsstrategie, die neben dem Einsatz von streng logischen auch den von konzilianten Argumenten vorsieht.

Ich betrachte es jedoch als zulässig, gelegentlich auch Argumente von geringerer Strenge zu verwenden, besonders dann, wenn es zweckdienlich erscheint, den Leser zu beschwichtigen oder einzugewöhnen.[43]

Diese konzilianten – beschwichtigenden und eingewöhnenden – Argumente beziehen sich auf die pathischen und ethischen Einstellungen und Überzeugungen des Leserpublikums. Sie sollen den emotionalen und moralischen Widerstand abschwächen, der bei einem radikalen Angriff auf ein topisch geltendes Zentraltheorem neuzeitlicher Bewußtseinsphilosophie zu erwarten ist. Die von Ryle hier vorgestellte kombinatorische Argumentationsstrategie entspricht der dreidimensionalen Konzeption der klassischen Rhetorik, die diese Verbindung von sachlogischen, ethischen und pathischen Argumenten empfiehlt.

Diese mehrzügige Argumentationsstrategie paßt ferner zur ausdrücklichen pragmatisch-persuasiven Intentionalität von ›Der Begriff des Geistes‹.

Philosophie besteht darin, Kategoriengewohnheiten durch Kategoriendisziplin zu ersetzen. Wenn also versöhnende Überredung den Schmerz der Trennung von eingefleischten intellektuellen Gewohnheiten lindert, dann stützt sie zwar nicht die strengen Beweise, aber sie kann doch den Widerstand gegen sie vermindern.[44]

Dem hier bekundeten Selbstverständnis gemäß geht die Philosophie nicht in der sachlogischen Demonstration auf, sondern zielt darüber hinaus auf die Änderung der intellektuellen Haltungen und

[42] G. Ryle, Der Begriff des Geistes, 5.
[43] Ebd.
[44] Ebd.

Überzeugungen ihrer Adressaten. Ryle entwirft hier ausdrücklich eine personorientierte und bildende Philosophie, deren persuasive Intentionalität auch Momente des *movere* und *delectare* zur Unterstützung des *docere* zuläßt. In den Prozessen der Berichtigung fehlerhafter intellektueller Haltungen durch logische Disziplinierung haben auch die ethos- und pathosbezogenen konzilianten Argumente ihren legitimen Platz.

Bezeichnend für die selbstkritische Einstellung Ryles ist auch das Eingeständnis seiner eigenen Parteilichkeit und Betroffenheit.

> Einige Leser werden vielleicht denken, der Ton dieses Buches sei unnötigerweise polemisch. Vielleicht beruhigt es sie zu hören, daß ich den Annahmen, gegen die ich am heftigsten zu Felde ziehe, einst selbst zum Opfer gefallen bin. Ich versuche hier hauptsächlich, gewisse Ordnungsmängel aus meinem eigenen System zu entfernen. Erst in zweiter Linie hoffe ich, andern Theoretikern beim Erkennen unserer Krankheit zu helfen und mit meiner Medizin zu nützen.[45]

Geschickterweise verbindet Ryle hier das Eingeständnis seiner Parteilichkeit mit einer entschuldigenden Refutation, die mögliche Einwände wegen seines polemischen Stils vorwegnehmend entschärft. Durch die begleitende therapeutische Allegorese wird noch einmal der persuasive Sinn von ›Der Begriff des Geistes‹ versinnbildlicht. Der Philosoph erscheint als ein sich selbst heilender Arzt und potentieller Therapeut seiner gesellschaftlichen Lebenswelt, der philosophische Text als die notwendige Medizin.

Ryles Einleitung zu ›Der Begriff des Geistes‹ zeichnet sich insgesamt u. a. durch die pünktliche Erfüllung der Exordialtopik, die evidente Geographie- und Therapiemetaphorik und die geschickte Refutationstechnik als ein rhetorisch regelgerecht geformtes Textstück aus. Darüber hinaus machen die Explikation der öffentlichkeitsbezogenen therapeutischen Strategie, die Thematisierung des mehrdimensionalen Argumentationsstils und das Eingeständnis der polemisch-persuasiven Parteilichkeit es auch im metakritischen Sinne zu einem strukturell rhetorikaffinen Philosophem. Allerdings wird dieser rhetorische Charakter nicht direkt beim Namen genannt und bleibt auch im anschließenden Haupttext anonym. Ob Ryle absichtlich den für den Philosophen problematischen Namen 'Rhetorik' meidet oder sich der strukturellen Rhetorikaffinität seines Hauptwerkes gar nicht bewußt ist, sei dahingestellt.[46]

[45] Ebd.

[46] Eine unbewußte strukturelle Rhetorikaffinität wäre aufgrund des in Eng-

### *e) Die Selbstaufklärung der Philosophie über ihr immanentes rhetorisches Moment*

Die kritische Aufdeckung des rhetorischen Momentes der klassischen Texte, des unvermeidlichen performativen Widerspruchs der rhetorikrepugnanten Position und ihrer geheimen persuasiven Strategien zielt in erster Linie nicht auf eine Verurteilung der Philosophie als 'Ideologie' oder 'weißer Mythologie'. Die hier an einigen wenigen Beispielen vorgestellte Haltung der *rhetorischen Metakritik* der Philosophie beabsichtigt keine äußere Annäherung an die Philosophie, um sie sodann – etwa von den metaphilosophischen Standpunkten Marx', Freuds oder Nietzsches aus – zu 'dekonstruieren'.[47] Im Gegenteil entspringt sie dem der Philosophie selbst innewohnenden Interesse an Selbstaufklärung, deren infinite Reflexivität auch nicht vor der eigenen Rede- und Schriftpraxis haltmacht. Dabei geht es nicht um die Destruktion, sondern die Erweiterung des traditionellen Philosophieverständnisses um ein zusätzliches reflexiv-kritisches Moment, das die Vernunft mit ihrer eigenen sprachlichen Redepraxis vermittelt. Das Ideal bildet in diesem Zusammenhang die rhetorisch aufgeklärte Philosophie, die einen neuen Zugang zur Tradition mit der Einsicht in die Bedingungen ihrer öffentlichen Redepraxis vereinigt.

Diese fundamentalrhetorische Sicht des Phänomens 'Philosophie' ist sicherlich ohne deren sprachpragmatische Wendung im 20. Jahrhundert und der mit ihr verbundenen *Rhetorik-Renaissance* nicht denkbar. Dennoch versteht sie sich nicht primär als *rhetoric turn*. Zu ihren älteren Quellen gehören fundamentalrhetorische Theorieansätze bei Nietzsche und Friedrich Schlegel sowie J. G. Hamanns ›Metakritik über den Purismum der Vernunft‹ (1784) und vor allem die antike Philosophie der Rhetorik selbst.[48] Fundamentalrhetorisch interpretierbare Aussagen gibt es – wie Heideggers Rezeption zeigt – schon in der ›Rhetorik‹ des Aristoteles. Auch das Argument des performativen Widerspruchs rhetorikrepugnanter Philosophie kann, wie

land nachwirkenden rhetorisch ausgerichteten Bildungshumanismus, der das Persönlichkeitsideal des *gentleman* mitprägte, historisch durchaus plausibel.

[47] „Was Marx angeht, wurde dieser Gedanke vor allem von L. Althusser entwickelt, was Freud angeht, von J. Lacan und was Nietzsche angeht, von J. Derrida und seinem Kreis" (S. IJsseling, Rhetorik und Philosophie, 136).

[48] Zur neueren Rezeption Hamanns s. G. Wohlfart, Sprachkritik und Sprachmetakritik. Bemerkungen zur Sprachphilosophie Wittgensteins, in: Allgemeine Zeitschrift für Philosophie 3 (1984), 21–39.

gesagt, schon aus Ciceros ›De oratore‹ herausgelesen werden und der Konflikt zwischen rhetorikaffiner und rhetorikrepugnanter Philosophie durchzieht seit Platons Streit mit den Sophisten die europäische Geistesgeschichte. Ein fundamentalrhetorisch gewandelter Philosophiebegriff wäre somit keine absolute Innovation, sondern eher eine Verdeutlichung von rhetorikaffinen Theorietendenzen, die in der Tradition schon angelegt waren.

Die noch folgenden Interpretationen zu einigen Klassikern werden hoffentlich belegen, daß der Rhetorik-Aspekt nicht erst künstlich in die Texte hineingelesen werden muß, da das rhetorische Moment sie – offen oder verdeckt – immer schon durchdringt. Die rhetorische Metakritik wäre dann nicht nur als ein äußerlicher methodischer Kunstgriff, sondern als die Reflexion der Philosophie auf den in ihr immer schon anwesenden rhetorischen Geist zu verstehen.[49]

[49] Um Mißverständnissen vorzubeugen: Meine Ausführungen zum rhetorischen Geist in der Philosophie beziehen sich nicht in erster Linie auf die innere Denktätigkeit des philosophischen Forschers, sondern die öffentliche Redepraxis des philosophischen Lehrers. Von dieser Seite betrachtet, gehört die Philosophie zum Gebiet des *objektiven Geistes*, genauer zur intersubjektiven Wirklichkeit der gesellschaftlichen und staatlich-institutionellen Lebenswelt. Diese ist aus fundamentalrhetorischer Sicht eine Domäne des rhetorischen Geistes, für die nicht *a priori* vorausgesetzt werden kann: „Was vernünftig ist, das ist wirklich: und was wirklich ist, das ist vernünftig." Aus dem Fehlen einer vorgegebenen Vermitteltheit von Vernunft und Wirklichkeit entsteht erst die eigentliche Aufgabe ihrer persuasiven Vermittlung durch den philosophischen Lehrer.

## 3. Die philosophische Praxis in der politischen Öffentlichkeit

Nach den allgemeinen Ausführungen zur Präsenz des rhetorischen Geistes in der Philosophie steht noch die Kennzeichnung der spezifischen Situation des Philosophen, der als Lehrer oder Berater in die politische Lebenswelt hineingeht, aus. Der Hinweis auf die Verstärkung des in der Philosophie generell angelegten rhetorischen Momentes hat die Übergangsbedingungen vom akademischen zum öffentlichen Vernunftgebrauch bisher nur andeuten können. Diese sollen durch die folgenden kurz gehaltenden Überlegungen zur philosophischen Redepraxis unter den Bedingungen der politischen Lebenswelt konkretisiert werden.

### a) *Zur Lage der Philosophie in der politischen Lebenswelt*

> Der Streit *(polemos)* ist der Vater aller Dinge, aller Dinge König. Die einen erweist er als Götter, die anderen als Menschen; die einen macht er zu Sklaven, die anderen zu Freien.[1]

Mit ihrem politischen Engagement mischt sich die Philosophie in das Geschehen der geschichtlichen Lebenswelt ein. Damit vertauscht sie ihre akademische Sicherheit mit der unberechenbaren Kontingenz der Realgeschichte, in der gilt, „daß Fortuna zur Hälfte Herrin über unsere Taten ist".[2] Ihr Auftreten als öffentliche Vernunft verwickelt sie unweigerlich in die Machtkämpfe der politischen Welt.

> Machtverteilungs-, Machterhaltungs- oder Machtverschiebungsinteressen sind maßgebend ... Wer Politik treibt, erstrebt Macht – Macht entweder als Mittel im Dienst anderer Ziele – idealer oder egoistischer – oder Macht „um ihrer selbst willen": um das Prestigegefühl, das sie gibt, zu genießen.[3]

[1] Die Fragmente der Vorsokratiker, hrsg. v. H. Diels u. W. Kranz, 3 Bde., $^{16}$1972, $^{17}$1974 u. $^{15}$1975, o. Ortsangabe, hier Heraklit, Frg. 53.

[2] N. Machiavelli, Der Fürst, hrsg. v. R. Zorn, Stuttgart 1972, 103.

[3] M. Weber, Politik als Beruf, Berlin $^{9}$1991, 9.

In der Sphäre der Politik verwandelt sich selbst die wissenschaftliche Erkenntnis zum Machtfaktor. Ebenso wie das Streben nach Reichtum und Ansehen erscheint sie als Form des menschlichen Verlangens nach Macht.[4] Dabei hat der Philosoph im politischen Streit um staatliche Macht in der Regel eine schwache Position, da ihm weder militärische noch ökonomische Machtmittel zur Verfügung stehen. Gerade die bürgerkriegsähnlichen politischen Krisenzeiten erweisen – wie Th. Hobbes betont – die relative Machtlosigkeit des bloßen Wortes als Mittel der Politik und Medium der Macht. „Gesetze und Verträge können an und für sich den Zustand des Krieges aller gegen alle nicht aufheben; denn sie bestehen in Worten, und bloße Worte können keine Furcht erregen; daher fördern sie die Sicherheit der Menschen allein und ohne Waffen nicht."[5] Auch Machiavelli weist darauf hin, „daß alle bewaffneten Propheten gesiegt haben, die unbewaffneten zugrunde gegangen sind".[6] Es sei beim Wankelmut der Menge „leicht, sie zu einer Sache zu überreden, aber schwer, sie bei der Stange zu halten. Darum ist es gut, darauf eingerichtet zu sein, daß man, wenn sie nicht mehr glauben, sie dazu zwingen kann".[7]

Die mögliche Einflußnahme des Philosophen beschränkt sich in der Regel aber rein auf persuasive Mittel und seine Wirksamkeit auf die ideologische oder weltanschauliche Ebene des politischen Prozesses. Um mit ihrer Überzeugungsrede politischen Einfluß zu gewinnen, stehen der Philosophie unter günstigen historischen Bedingungen generell zwei Wege offen. Der erste ist der der indirekten Einflußnahme durch die Beratung der Mächtigen. Den spektakulärsten Fall der Philosophiegeschichte bildet wohl Platons gescheiterter Versuch einer Verwirklichung seiner idealistischen Staatsphilosophie am Hof Dionysios' II. Sicher gibt es gelungenere Beispiele für die Einflußnahme wie das Verhältnis von Alcuin zu Karl dem Großen oder Schellings zu Maximilian II.; doch bleibt die Entfaltungsmöglichkeit der öffentlichen Vernunft in den asymmetrischen Machtlagen oligarchisch, tyrannisch oder monarchisch organisierter Staaten vom Wohlwollen der jeweils Herrschenden abhängig.

[4] „Die größte Ungleichheit unter den Verstandeskräften entsteht meistens aus dem mehr oder weniger eifrigen Streben nach Macht, Reichtum, Wissenschaft und Ansehen, welches alles schon in dem Worte Macht enthalten ist: da Reichtum, Wissenschaft und Ansehen eine Art von Macht in sich begreifen" (Th. Hobbes, Leviathan, übers. v. J. P. Mayer, Stuttgart [2]1980, 68f.).

[5] Th. Hobbes, Leviathan, 151.

[6] N. Machiavelli, Der Fürst, 23.

[7] Ebd.

Einen direkten und freien Einfluß kann das philosophische Wort dagegen in bürgerlichen Gesellschaften gewinnen, in der unsymmetrische Machtlagen durch eine grundsätzliche Isonomie aller Bürger aufgehoben werden sollen, die starren Geltungsansprüche von Tradition und Mythos allmählich einem weltanschaulichen Pluralismus weichen und sich der politische Streit von der Ebene des Militärischen und Ökonomischen auf die rhetorische verlagert.

In der weltgeschichtlich ersten bürgerlichen Gesellschaft, der demokratischen Polis im Griechenland des 5. Jahrhunderts v. Chr., entstand mit der politischen Öffentlichkeit das Erfordernis, „in offener Rede und Auseinandersetzung zu überzeugen. Es kam also entscheidend auf persönliche Autorität und Rhetorik an“.[8] Nicht zufällig entsteht auf diesem Boden einer politischen Streitkultur die Verbindung sophistischer Philosophie, Demokratie und Rhetorik. Öffentliches Redenkönnen wurde in dieser ersten Demokratie als zivilisatorische Macht geschätzt, die Rhetorik als politische Führungskunst entwikkelt und die rhetorikaffine Philosophie der Sophisten als politische Bildungsinstanz geachtet.[9] Mit „der politischen Form der *Demokratie* beginnt die ganz excessive Schätzung der Rede, sie ist das grösste Machtmittel inter pares geworden“.[10]

Dennoch bleibt der Philosoph auch in der demokratischen Streitkultur – wie die Verurteilung des Sokrates zeigt – umstritten oder gefährdet. Das einzige Machtmittel, das dem Philosophen zu Gebote steht, die persuasive Rede, kommt in der demokratischen Öffentlichkeit zwar zur vollen Entfaltung. Aber selbst auf ihrem politisch-ideologischem Gebiet – z. B. der für die politische Situationsdeutung grundlegenden „Unterscheidung von *Freund* und *Feind*“[11] – besitzt der Philosoph kein dem akademischen Hörsaal ähnliches Lehrmonopol. Von Ausnahmen abgesehen, beeinflussen Mythos, Religion, Tradition, der ‘charismatische’ Führer oder die durch die elektronischen Medien verbreiteten visuellen Szenarien symbolischer Politik das

[8] Ch. Meier, Die Entstehung des Politischen bei den Griechen, Frankfurt a. M. 1983, 263.

[9] “Peitho, the goddess of persuasion, had a temple in Athens. To persuade, *peithen*, was the specifically political form of speech ... rhetoric, the art of persuasion, the highest, the truly political art” (H. Arendt, Philosophy and Politics, in: Social Research 57 (1990), 73–103, hier 73 f.

[10] F. Nietzsche, Geschichte der griechischen Beredsamkeit, in: Gesammelte Werke. Musarionausgabe, Bd. V, 5.

[11] C. Schmitt, Der Begriff des Politischen, Berlin 1963, 26.

politische Weltbild nachdrücklicher als das Wort des Philosophen.[12] Die öffentlich anerkannte Berechtigung für die Beteiligung der Philosophie an politischen Entscheidungsprozessen ist auch in der demokratischen Öffentlichkeit keineswegs selbstverständlich und muß durch überzeugende Rede eigens erworben werden.

### *b) Politische Öffentlichkeit: Die Differenz zwischen Wahrheit und Glaubwürdigkeit*

Im Gegensatz zu den scheinbar unbegrenzten Möglichkeiten im akademischen Streit um die epistemische Wahrheit erweisen sich die Einflußmöglichkeiten der Philosophie im politischen Streit um die staatliche Macht als begrenzt. Sie sind abhängig von der historischen Bedingung einer politischen Öffentlichkeit, in der sich ihre überzeugende Rede inmitten konkurrierender Stimmen zu behaupten hat. Tritt die Philosophie in dieser Öffentlichkeit auf, unterliegt sie sogleich auch ihren spezifischen Bedingungen. Sie begibt sich mit ihren – möglicherweise apodiktischen – Einsichten in das Reich rein persuasiver Argumentation. Der damit auftretende Widerspruch ist mit den traditionellen Gegensatzpaaren Wissen *(episteme)* versus Meinung *(doxa)* bzw. Wahrheit *(veritas)* contra Wahrscheinlichkeit *(verisimilitudo)* nur ungenau bestimmt. Hält man an der Eigenständigkeit des Politischen und Persuasiven fest, so ist deren Wahrheit weder ein schwächeres Abbild der apodiktischen, noch lassen sich existentielle politische Überzeugungen zur bloßen Meinung herabstufen.[13] In der politischen Beratungsrede *(genus deliberativum)*, die sich mit dem auf die Zukunft gerichteten menschlichen Handeln beschäftigt, kann es nämlich grundsätzlich keine apodiktische Wahrheit geben. Die unauf-

[12] U. Sarcinelli, Symbolische Politik und politische Kultur. Das Kommunikationsritual als politische Wirklichkeit, in: Politische Vierteljahresschrift 2 (1989), 292–309.

[13] Die geistesgeschichtliche Wirksamkeit des platonischen Oppositionstopos *doxa versus episteme* spiegelt sich noch in den modernen Öffentlichkeitstheorien. Heideggers schon oben angesprochene Auffassung von Öffentlichkeit als Ort der Uneigentlichkeit stellt dabei das Beispiel einer doxalen Deutung, Habermas' frühbürgerliches Positivbild der kritischen Öffentlichkeit ein Beispiel epistemischer Interpretation dar. (Zur 'kritisch-räsonierenden Öffentlichkeit' siehe: J. Habermas, Strukturwandel der Öffentlichkeit. Untersuchungen zu einer Kategorie der bürgerlichen Gesellschaft, Neuwied/Berlin 1962.)

hebbare Kontingenz des vom menschlichen Handeln bestimmten zukünftigen Seienden läßt ein sicheres Wissen schlicht nicht zu. Das Politische ist von einer prinzipiellen Potentialität des Anderssein-, Andersdeuten- und Andersentscheidenkönnens geprägt, dessen objektive Unbestimmtheit und Optionalität wirkliche Entscheidung ermöglicht und herausfordert. Mit ihr ist in der Regel kein irrationaler Dezisionismus verbunden, sondern Entscheidung aus Gründen, aber ohne einen hinreichenden Grund. „Entscheidungen sind keineswegs frei von Gründen, sie ermangeln allerdings solcher, die auf Grund reiner Logik zwingen."[14] Die politische Welt beruht weder auf der apodiktischen Wahrheit noch auf der ihres Abbildes, der Wahrscheinlichkeit, sondern auf redevermittelter Glaubwürdigkeit *(pistis).*[15] Statt auf epistemischer Letztbegründung baut die Verbindlichkeit ihrer lebensformtragenden Grundüberzeugungen auf persuasiver Erstbegründung.

Dieser Kategorienwechsel von der Wahrheit epistemischer Vernunft zum Geist der Glaubwürdigkeit bestimmt Problem und Aufgabe der Philosophie in der politischen Öffentlichkeit. In die *rhetorische Differenz* zwischen epistemischer Wahrheit und lebensweltlicher Glaubwürdigkeit versetzt, wird die Geltung ihres epistemischen Sinnes erst einmal radikal in Frage gestellt. Selbst ihre apodiktischen Einsichten muß sie inmitten der politischen Welt in der rhetorischen Form der politischen Beratungsrede präsentieren. Mit dem Wechsel ins persuasive Medium der politischen Streitkultur relativieren sich die apodiktisch gemeinten Standpunkte angesichts der Deutungsvielfalt anderer Positionen und der Kontingenz menschlicher Entscheidungsfreiheit. Damit treten wissenschaftliche Wahrheit und lebensweltliche Glaubwürdigkeit auseinander. Die entscheidende Frage für die Akzeptanz einer Position im politischen Sinne ist nicht, ob sie im wissenschaftlichen Sinne wahr ist, sondern ob sie im lebensweltlichen Sinne glaubwürdig und überzeugend vertreten wird. Diese *rhetorische Differenz* aus Naivität oder Arroganz zu ignorieren, führt in der Regel ins politische Abseits. Den Philosophen, der die Aufgabe des politischen Lehrers ernst nimmt, stellt sie vor die schwierige Aufgabe, durch öffentlichen Vernunftgebrauch die Glaubwürdigkeit der Wahrheit zu vermitteln. Dies bedeutet zwar einerseits eine Verstärkung des rhetorischen Momentes, das die Philosophie in die gefährliche Nähe

[14] E. Vollrath, Grundlegung einer philosophischen Theorie des Politischen, Würzburg 1987, 294.

[15] Aristoteles, Rhetorik, 1355bf.

zur Demagogie bringen könnte; andererseits die Chance möglicher Einflußnahme, die sich in der Regel nicht auf die Tagespolitik, aber doch auf die politische Deutungskultur bezieht. Auf sie wird insbesondere die institutionelle Philosophie kaum verzichten können, deren eigene Existenz in der geschichtlichen Lebenswelt langfristig von ihrer öffentlichen Glaubwürdigkeit abhängt.

### *c) Der Idealismus als Philosophie der rhetorischen Differenz*

Lehrer wie Platon, Gorgias, Cicero, Fichte, Schlegel, Schelling und Nietzsche haben auf ihre Weise die Herausforderung eines öffentlichen Vernunftgebrauchs angenommen. Sie operieren mit ihren Texten in der Nähe zur politischen Lebenswelt und versuchen durch ihr Denken diese nicht nur zu interpretieren, sondern sie – zumeist ohne vordergründige politische Thematisierung – auch zu verändern und zu gestalten. Den folgenden Interpretationen, die die Existenz des *homo rhetorico-politicus* in Antike und Deutschem Idealismus belegen sollen, seien einige allgemeine Bemerkungen, die vielleicht die getroffene Textauswahl plausibel machen können, vorausgeschickt.

Analog zur bipolaren Struktur des Politischen, dem Antagonismus zwischen dem persuasivem Streitprozeß einerseits und dem staatlichen System andererseits, lassen sich zwei extrem entgegengesetzte Rationalitätstypen unterscheiden, die in den historischen Zusammenhang der Entstehung des Politischen bei den Griechen hineingehören. Gemeint ist erstens der Typus der *sophistischen Rationalität*, die den Standpunkt der *Indifferenz* von Wahrheit und Glaubwürdigkeit vertritt und zweitens der von Platon geschaffene Typus des *philosophischen Idealismus*, der sich in der *rhetorischen Differenz* bewegt. Die sophistische Bildungsbewegung läßt sich in einer ersten Charakterisierung als artistisch, lebensweltzugehörig und rhetorikaffin, der apodiktische Idealismus dagegen als epistemisch, lebensweltfern und rhetorikrepugnant typisieren.

Im Zentrum der von den Sophisten vertretenen politischen Bildung steht der Versuch, die tiefgreifende Orientierungskrise, die mit dem weltgeschichtlich erstmaligen Aufkommen von Demokratie und Pluralismus verbunden war, zu bewältigen. Ihnen ist der persuasive und konsensuelle Charakter von 'Wahrheit' in der politischen Lebenswelt klar und so unternehmen sie den Versuch, die zentrifugalen Tendenzen der demokratischen Polis rein lebensweltimmanent zu meistern.

Bezeichnend für die Sophistik ist, daß sie dabei keine lebenswelttranszendenten Wahrheitsansprüche erhebt, so daß ihr die *rhetorische Differenz* zwischen metaphysischer Wahrheit und lebensweltlicher Glaubwürdigkeit gar nicht zum zentralen Problem werden kann. Sie steht in der *In-differenz* zur Glaubwürdigkeit als Grundphänomen der demokratischen und pluralistischen Gesellschaft. Ihre anthropologischen, redetheoretischen und rhetorischen Bildungsanstrengungen gelten zwar der Weisheit *(sophia)*, die sie aber als Inbegriff der kulturellen Kompetenzen, die eine Meisterung menschlicher Existenz in der politischen Streitkultur ermöglichen, versteht. Ihrem 'artistischen' Selbstverständnis gemäß zielt die sophistische Bildung vor allem auf die Vermittlung von personbildenden Kulturtechniken wie die der Rhetorik *(rhetorike techne; ars rhetorica)*, die als 'Werkmeisterin der Überredung' inmitten der Redepraxis der athenischen Demokratie eine entscheidende Rolle spielt.

Der von Platon vertretene Typus des apodiktischen Idealismus entsteht dagegen unter dem Eindruck des Scheiterns einer immanenten Meisterung des politischen Prozesses und der selbstzerstörerischen, demagogischen Entartung der demokratischen Streitkultur. Sein Schwerpunkt des politischen Idealismus liegt auf dem Gegenpol eines durch Gesetze geregelten staatlichen Systems, das die chaotischen Tendenzen des politischen Streites eindämmt. Typisch für den apodiktischen Idealisten ist die Strategie einer lebenswelttranszendierenden Letztbegründung. Die von ihm entworfene Staatsverfassung beruht auf rede- und lebensweltunabhängigen theoretischen Einsichten. Aufgrund des ungeschichtlichen Fundamentes eines in intellektueller Anschauung zugänglichen apodiktischen Wissens kann die politische Philosophie als Rechts- und Staatswissenschaft auftreten. Diese Möglichkeit einer absoluten Normierung des politischen Prozesses durch eine auf apodiktischer Wahrheit beruhende staatliche Ordnung lassen 'Rhetorik', 'persuasive Begründung' und 'politische Streitkultur' vordergründig als nebensächliche oder gar widrige Aspekte erscheinen. Hintergründig stellen sie aber das Philosophieren in die *rhetorische Differenz* und die ihre innere systematische Entwicklung begleitende Aufgabe öffentlicher Vermittlung.

Das Hauptinteresse dieses Buches gilt, wie die Auswahl der behandelten Autoren und Texte belegt, dem philosophischen Idealismus und seinem sophistischen Gegenspieler. Ein historischer Grund dafür ist sicherlich die geschichtsprägende Kraft und die anhaltende Bedeutung des Idealismus für die tendenziell pluralistischen westlichen Kulturen. So fragwürdig der Idealismus als Meta*physik* sein mag, als Meta*politik*, von dem her politische Grundbegriffe wie 'Menschenwürde', 'Menschenrecht', 'Freiheit' und 'Persönlichkeit' ihre traditionelle 'überpositive' Legitimität beziehen, ist eine Auseinandersetzung mit ihm immer noch unverzichtbar. Der Idealismus mag zwar heute als erkenntnistheoretische Position überholt sein, seine faktische Geltung für Politiker und Bürger in der öffentlichen Diskussion scheint aber seit Platon ungebrochen. Seine metapolitische Grundfigur ist in politischen Programmen und Diskussionen der Gegenwart durchaus präsent. Sie besteht im intellektuellen Versuch, die politische Lebenswelt auf sie transzendierende absolute Maßstäbe zu gründen und so das labile politische Geschehen zu normieren. Gerade in der modernen Massendemokratie scheint z. B. die Berufung auf sogenannte 'Grundwerte' notwendig, um den potentiell chaotischen Prozeß des politischen Streites zu mäßigen.

Diese historische Wirksamkeit des Idealismus ist aber um so verwunderlicher, als er eine ausgesprochene Philosophie der *rhetorischen Differenz* darstellt und sich aus einer bewußten Gegenstellung gegen die alltägliche Lebenswelt – gegen die 'Vielen' oder den 'gesunden Menschenverstand' – begreift. Während die Sophistik als „Avantgarde des normalen Lebens"[16], die Weltansicht der Alltäglichkeit in der gesteigerten Form der wissenschaftlich-technischen Meisterung lediglich fortsetzt, verlangt der Idealismus eine radikale 'Umwendung der gesamten Seele' oder 'Revolution der Denkart'. Im Unterschied zum gewöhnlichen 'Meinen' oder dem 'bloßen Vorstellen' gründet seine paradoxale Wahrheit in Formen unalltäglicher 'Ideenschau' oder 'intellektueller Anschauung'.

Das mit der folgenden Textauswahl bekundete Interesse am Idealismus als einer Philosophie der *rhetorischen Differenz* unterstellt keineswegs, daß er auch die stimmigste Form politischen Philosophierens darstellt. Die in Form und Inhalt stimmige, durchgängig lebensweltnahe und rhetorikaffine Sophistik wäre unter diesem Gesichtspunkt sicher geeigneter. Was am Idealismus aber ebenso faszinierend wie problematisch wirkt, ist gerade nicht seine Stimmigkeit, sondern seine die Kultur Europas mitprägende Überzeugungskraft, die er faktisch trotz seiner Belastung durch mögliche retorsive Widersprüche, epistemologische Probleme seiner Ideenlehre und totalitäre Tendenzen seiner lebenswelttranszendierenden absoluten Geltungsansprüche gewinnen konnte und kann. Im Blick auf die Wirkungsgeschichte drängt sich geradezu der Eindruck auf, daß gerade die ausgeprägte Differenz zur Lebenswelt den Idealismus zu einer größeren politischen Wirk-

16 So der Titel einer Arbeit von Thomas Buchheim.

samkeit befähigt als die Position sophistischer In-differenz. Die Vermutung, daß die konstitutionelle Lebensweltferne einer Philosophie ihre politischen Ambitionen prinzipiell abtötet, läßt sich jedenfalls an Beispielen wie Platon und Fichte widerlegen.

Vermutlich fördert gerade die Krise lebensweltlicher Normalität das idealistische Denken, das wiederum durch sein extremes Spannungsverhältnis zur politischen Realität zu außerordentlichen öffentlichen Vermittlungsanstrengungen motiviert wird. Der ältere platonische und der jüngere Deutsche Idealismus haben sich jedenfalls im Zusammenhang der zwei großen Krisenzeiten der politischen Kultur Europas entwickelt. Der Platonische Idealismus bedeutet eine geistige Reaktion auf die sich im 5. Jahrhundert in Griechenland vollziehende „ungeheure Veränderung, aus der die Demokratie hervorging – weltgeschichtlich gesehen eine Revolution –".[17] Die durch Kant eingeleitete *Revolution der Denkart*, die in Deutschland zum transzendentalen Idealismus führte, gehört in die sogenannte „Sattelzeit"[18] zwischen 1750 und 1850, in der die Französische Revolution die politische Ordnung Europas erschütterte und unumkehrbar veränderte.

Es ist vor allem das Interesse an diesen beiden Formen des Idealismus und seiner Gegenspielerin, der Sophistik, die die Auswahl der nachfolgend interpretierten Texte bestimmt. Als Ausgangsbeispiel wird das ›Lehrgedicht‹ des Parmenides den beiden antagonistischen antiken Grundpositionen, die von Gorgias und Platon vertreten werden, vorangestellt. Gorgias' ›Lob der Helena‹ darf dann als öffentliches Auftreten der sophistisch geprägten Rationalität gelten; der ›siebte Platonbrief‹ zeigt dagegen die apodiktische Vernunft des idealistischen Philosophen inmitten der politischen Praxis. Der Exkurs zu Ciceros ›De oratore‹ und Quintilians ›Institutio oratoria‹ möchte eine für die römische Welt typische vermittelnde Position öffentlicher Vernunft aufgreifen. Die vorgelegte Auswahl aus dem Deutschen Idealismus versucht dann möglichst Texte vorzustellen, die auch für die heutige Situation einen aktuellen Aussagewert haben könnten. Schellings ›Ideen zu einer Philosophie der Natur‹ und die ›Rede über das Verhältnis der bildenden Künste zu der Natur‹ sollen das Engagement des philosopischen Lehrers für die natürlichen Lebensgrundlagen seiner Kultur zeigen, Fichtes ›Reden an die deutsche Nation‹ seinen nicht unproblematischen rhetorischen Einsatz für die geistigen Le-

[17] Ch. Meier, Die Entstehung des Politischen bei den Griechen, 487.

[18] Zum Begriff der „Sattelzeit" s. R. Koselleck, Geschichtliche Grundbegriffe, Stuttgart 1975.

bensgrundlagen seines Volkes belegen. Wider allen idealistischen Ernst setzt Friedrich Schlegel den geistigen Liberalismus seiner transzendentalen Ironie in den ›Athenaeum-Fragmenten‹. Das abschließende Beispiel bildet eine Dekadenzform idealistischer Systemphilosophie: Nietzsches Aphorismen zum Thema *großer Stil* und *große Politik*.

# II. ANTIKE

Die Beispiele aus der Antike wollen einige Grundkonzeptionen *öffentlicher Vernunft* vergegenwärtigen. Sie beginnen mit dem ›Lehrgedicht‹ des Parmenides, der den Typus des philosophischen Lehrers darstellt, der aus einem überlegenen metaphysischen Wissen heraus versucht, die doxale Krise der Polis zu überwinden. Dagegen glaubt die Sophistik, ohne den Rückgriff auf absolute Maßstäbe die politische Lebenswelt meistern zu können. Gorgias' ›Lobpreis der Helena‹ bildet ein sprechendes Beispiel ihrer technisch-rhetorischen Rationalität, deren Grenzen aber in der von Thukydides geschilderten demagogischen Entartung der athenischen Demokratie deutlich werden. Diese potenzierte Krise der Polis führt im ›siebten Platonbrief‹ zum Programm der Verbindung von philosophischer Vernunft und politischer Macht, deren praktische Verwirklichung auf dem Wege der persönlichen Überredung eines Tyrannen aber scheitert. Bei Cicero und Quintilian findet sich schließlich eine Konzeption *öffentlicher Vernunft*, die im Ideal des *orator perfectus* versucht, die moralische Vernunft des Platonismus mit der technisch-rhetorischen Rationalität der Sophistik zu vermitteln.

## 1. Das ›Lehrgedicht‹ des Parmenides: Die Krise der Polis und der Aufstieg der Metaphysik

Das Parmenideische Gedicht kann nur begriffen werden als erster Anfang einer von Grund aus neuen Denkrichtung.[1]

Mit dem ›Lehrgedicht‹ des Parmenides von Elea (ca. 540–470) erhebt sich das vorsokratische Denken endgültig über seinen kosmologischen Horizont, und so beginnt der Aufstieg des europäischen Denkens zur Metaphysik. Die Hexameter dieses philosophischen Mythos legen den Grundstein zur Ontologie, indem sie das Paradigma eines neuen Menschentypus vorführen, der das tragische Dasein der Sterblichen überwindet: den Philosophen, dessen Apotheose ihm den Bereich der göttlichen Wahrheit *(aletheia)* eröffnet.

### a) *Der Aufbruch der Philosophie aus der gewöhnlichen Lebenswelt*

Der philosophische Aufstieg wird in mythologischer Rede als Auffahrt eines Einzelnen stilisiert, der durch göttliche Mächte *(daimones)* auf seinen Weg geleitet wird.

Die Rosse, die mich dahintragen, zogen *mich* fürder, soweit nur die Lust *mich* ankam, als mich auf den Weg, den vielberühmten, die Dämonen (die Göttinnen) führend gebracht, der über alle Wohnstätten hin trägt den wissenden Mann.[2]

Hier verbildlicht sich der Aufbruch der Philosophie als Abschied von den Gewohnheiten und Ansichten der Alltäglichkeit. Der Weg zur Wahrheit führt in die Differenz zur gewöhnlichen Lebenswelt, die der Philosoph hinter und unter sich zurückläßt, um in den überirdischen Bereich der *Aletheia* aufgenommen werden zu können.

[1] K. Reinhardt, Parmenides und die Geschichte der griechischen Philosophie, Frankfurt a. M. [2]1959, 111.

[2] Die Vorsokratiker werden, wenn nicht anders vermerkt, im folgenden zitiert nach: Die Fragmente der Vorsokratiker, hrsg. v. H. Diels u. W. Kranz, hier Parmenides, Frg. B 1.

Aber die Befreiung von den gewöhnlichen Ansichten beinhaltet noch keine positive Eröffnung einer sie radikal transzendierenden Einsicht. Dazu muß das philosophische Streben nach Parmenides eine kritische Grenze überwinden: das geschlossene Tor *Dikes*, der Göttin der Gerechtigkeit.

... das Tor selbst, das ätherische, hat eine Füllung von großen Türflügeln; davon verwaltet Dike, die vielstrafende, die wechselnden Schlüssel. Ihr sprachen nun die Mädchen zu mit weichen Worten und beredeten sie kundig, daß sie ihnen den verpflöckten Riegel geschwind vom Tore wegstieße (B 1).

Interessanterweise geschieht die Eröffnung des Tores durch Akte des Überredens *(peithein)*. Die kundigen Heliadenmädchen, die den zukünftigen Philosophen begleitend leiten, bereden mit schmeichelnden Worten die Dike zur Öffnung des Tores. Die Metaphorik des Parmenides an dieser Stelle hat nicht nur einen theologischen, sondern auch forensischen Charakter. Wie ein menschlicher Richter zu seinem Urteil, so muß auch die Göttin der Gerechtigkeit hier durch werbende Rede zu einem Entschluß bewegt werden, nämlich das Tor, das den Bereich der Wahrheit versperrt, zu öffnen. Paradigmatisch zeigt hier Parmenides, wie der Weg von der Lebenswelt zur Wahrheit durch persuasive Rede vermittelt ist.

Der anschließende Empfang durch *Dike* hat dann den Charakter der kultischen Einweihung und Einweisung durch das entscheidende Wort *(epos)*: „Und es nahm mich die Göttin huldreich auf, ergriff meine rechte Hand mit der ihren und so sprach sie das Wort und redete mich an“ (B 1). Die Urteilsverkündung der *Dike* legt dann den Maßstab fest, der für das Selbstverständnis der europäischen Metaphysik entscheidend ist: die Differenz von Wahrheit *(aletheia)* und bloßer Meinung *(doxa)*.

Jüngling, der du unsterblichen Wagenlenkern gesellt mit den Rossen, die dich dahintragen, zu unserem Hause gelangst, Freude dir! Denn keinerlei schlechte Fügung entsandte dich, diesen Weg zu kommen (denn fürwahr außerhalb von der Menschen Pfade ist er), sondern Gesetz und Recht. Nun sollst du alles erfahren, sowohl der wohlgerundeten Wahrheit unerschütterlich Herz wie auch der Sterblichen Schein-Meinungen ... (B 1).

Worin liegt nach dieser ersten Charakterisierung der Unterschied zwischen Wahrheit und bloßer Meinung? Der Ausdruck ‘der wohlgerundeten Wahrheit unerschütterlich Herz’ verweist wieder in den forensischen Bereich, nämlich auf die öffentliche Situation der Gerichtsrede. Das Herz ist der Sitz der Entschlußkraft, an die die enthymematische Rede, die das Urteil eines Richters beeinflussen will, appellieren muß. Das Prinzip, nach dem in der gewöhnlichen Lebenswelt ein Gerichtsurteil gefällt wird, ist in der Regel die Glaubwürdigkeit der Anklage oder Verteidigung. Glaubwürdigkeit *(pistis)* ist aber an sich eben keine absolute Größe, sondern hängt – wie Aristoteles später bemerkt – besonders in Gerichtsprozessen von der jeweiligen Stimmungslage des Richtergremiums ab. Das Urteil der Zuhörer variiert je nach Stimmung *(pathos)* der Zuhörerschaft.

> ... denn ein und dasselbe erscheint nicht in gleicher Weise den Liebenden und Hassenden bzw. den Zornigen und denen in sanfter Gemütslage, sondern die Ansichten sind entweder ganz und gar oder hinsichtlich ihrer Gewichtigkeit verschieden: dem Liebenden nämlich erscheint der, über den er ein Urteil zu fällen hat, entweder gar nicht schuldhaft oder nur in geringem Maße, dem Hassenden dagegen umgekehrt.[3]

Die stimmungshaften Befindlichkeiten, in die die Richter durch die Rede von Verteidigung oder Anklage versetzt werden, ist ausschlaggebend für ihr Urteil. Die Tatbestände und Personen verändern ihren Charakter je nach der Färbung der herrschenden Stimmung. Derselbe Angeklagte erscheint im Licht der Sympathie unschuldig, in dem der Antipathie schuldhaft. In der lebensweltlichen Öffentlichkeit einer Gerichtsverhandlung erscheinen die zu beurteilenden Dinge und Personen hinsichtlich ihrer rechtlich-sittlichen Qualität prinzipiell inkonstant. Die Urteilenden selbst sind ebenfalls Stimmungsumschlägen im Prozeß der Rede und Widerrede unterworfen. Ihre 'Herzen' sind keineswegs 'unerschütterlich' und in ihrem Meinen und Glauben unstet und veränderlich. Endgültige, 'wohlgerundete' Entscheidungen kann es bei ihnen niemals geben. Anders als bei den Punkten einer Kreislinie, in denen Anfang und Ende jeweils dasselbe sind, kann in der Öffentlichkeit das einmal getroffene Urteil im Zuge eines Stimmungs- und Situationswechsels revidiert werden.

Wenn Parmenides von den 'Schein-Meinungen der Sterblichen' spricht, so hat seine *doxa*-Kritik keine in erster Linie kosmologische, sondern eine politische Akzentuierung.[4] So meint Sterblichkeit bei

[3] Aristoteles, Rhetorik, 1377bf.

[4] Die kosmologische *doxa*-Kritik des Heraklit betrifft dagegen die Einseitigkeit der Ansichten, in denen die Menschen im Durchleben von gewissen 'Befindlichkeitslagen' und 'kosmischen Elementarzuständen' wie 'Wärme' und 'Kälte', 'Sommer' und 'Winter' befangen bleiben. Vgl. K. Held, Die Zweideutigkeit der Doxa und die Verwirklichung des modernen Rechtsstaates, in: Meinungsfreiheit – Grundgedanken und Geschichte in Europa und USA, Kehl a. Rhein/Straßburg 1986, 9–29.

ihm nicht hauptsächlich den physischen Tod, sondern die Haltlosigkeit und Nicht-Identität des öffentlichen Lebens der Polis und die redebewirkten Schwankungen ihres rechtlich-sittlichen Glaubens. Im Element der bloßen Glaubwürdigkeit bleibt das Erscheinen der Dinge und das Sich-selbst-Erscheinen der Menschen dem Andersseinkönnen verhaftet. Selbst Rechtsordnungen und Verfassungen erweisen sich in der geschichtlichen Lebenswelt als 'sterblich', also der Veränderlichkeit und dem Verfall unterworfen und unterliegen dem Schicksal schwindender Glaubwürdigkeit.

### *b) 'Peitho' folgt 'Aletheia'*

Die *Aletheia* eröffnet dagegen die Einsicht in eine Identität, die die prinzipielle Inkonstanz der gewöhnlichen Lebenswelt transzendiert: die Identität von Sein und Denken: „denn dasselbe ist Denken und Sein" (B3). Dieses einem pythischen Orakelspruch ähnelnde und schwer zu deutende Spruchfragment läßt sich nach dem bisher Gesagten folgendermaßen deuten: die philosophische Wahrheit enthält die Einsicht in eine Identität, d.h. ein Nicht-Andersseinkönnen, die sich der prinzipiellen Veränderlichkeit der gewöhnlichen Polis, die durch bloße Glaubwürdigkeit beherrscht wird, entgegensetzt. Geometrisch läßt sich diese Selbigkeit am Beispiel „einer wohlgerundeten Kugel" (B7) verdeutlichen, denn alle Punkte der Kugeloberfläche haben zu ihrem Mittelpunkt *denselben* Abstand. Diese Identität bestimmt alle drei Momente des von *Aletheia* enthüllten Grundverhältnisses, das Sein, das ihm zugehörige Denken und schließlich die Relation beider zueinander:

a) Das Sein *(eon)* wird von Parmenides als das von sich her Selbige und Substantielle beschrieben:

> Aber unbeweglich – unveränderlich liegt es in den Grenzen gewaltiger Bande ohne Ursprung, ohne Aufhören, ... und als Dasselbe und in Demselben verharrend ruht es für sich und so verharrt es standhaft an Ort und Stelle. Denn die machtvolle Notwendigkeit hält es in den Banden der Grenze, die es rings umzirkt (B7/8).

Das Sein bestimmt sich hier als das zeitlos Substantielle, das allem Werden und Vergehen, d.h. überhaupt jeder Veränderung enthoben ist. In seiner reinen Positivität ist die Negativität des Andersseinkönnens endgültig ausgeschlossen.

b) Dieses ruhende, in Selbigkeit anwesende Sein, bleibt dem „hin und her schwankenden Sinn" (B6) der gewöhnlichen Weltansicht fremd und verborgen und zeigt sich nur der reinen Vernunft und ihrem vernehmenden Denken *(noein)*, das der Vermittlung durch Rede nicht mehr bedarf. Durch die einfache redelose Einsicht in das Sein, das sich unmittelbar als „Ganzes, Eines, Zusammenhängendes" (B 7/8) bekundet, ist auch das Denken einig mit sich selbst und frei von jeder Erschütterung. Mit der Möglichkeit reiner Vernunft, die sich aus dem Wahrheitsbezug zum Sein versteht, eröffnet sich bei Parmenides die Möglichkeit einer neuen, philosophischen Lebensform, die durch durchgängige Identität gekennzeichnet ist. Diese denkend begründete Identität des Philosophen setzt sich von der Nicht-Identität der gewöhnlichen Lebenswelt ab, in der die Menschen als „Doppelköpfe" (B 6) dahinleben, die den ins Gegenteil umschlagenden Ansichten unterworfen bleiben.

c) Auch die von der *Aletheia* gestiftete Relation „des Zusammengehörens von Sein und Denken"[5] ist durch den Charakter der Identität bestimmt. Die *Aletheia*, d.h. wörtlich die 'Unverborgenheit', meint hier eine vorbehaltlose Entbergung des Seins im vernehmenden Denken, die der gewöhnlichen Weltansicht entgegengesetzt ist. In den durch wechselnde Glaubwürdigkeit bestimmten Meinungsprozessen der Polis verdrängt und verstellt nicht nur die herrschende Meinung die ihr unterlegene Ansicht. Den politischen Streit und Kampf um Geltung bestimmt jeweils nur ein einseitiges Sehenlassen. Zudem dreht sich das gesamte Meinungsgefüge im Wechsel der Machtverhältnisse ganz um. Von dieser durch Verstellung und Verdrehung bestimmten Nicht-Identität der gewöhnlichen Weltansicht wendet sich die reine Vernunft des Parmenides ab.

Das Sein zeigt sich dem ihm zugehörigen Denken unverstellt als Ganzes und Eines. Seine vollständige und authentische Selbstgegebenheit schließt die Möglichkeit des Sich-anders-Zeigens grundsätzlich aus. In der Offenbarkeit der *Aletheia* bleiben keine verborgenen Seiten des Seins zurück. Ebensowendig enthält die reine Vernunft die Möglichkeit eines Andersdenkenkönnens. Als Denken bleibt es ausschließlich dem unwandelbaren Sein zugewandt und verharrt in der Einsicht in ein und dasselbe. Bei Parmenides gibt es streng genommen nur einen sinnvollen und vernünftigen Gedanken: den notwendigen Seinsgedanken. Die reine Vernunft vollendet sich in der aletheischen Beziehung zum Sein und läßt die Vielheitlichkeit der Lebenswelt als undenkbar unter sich zurück.

Mit dem 'wohlgerundeten und unerschütterlichen Herz' der *Ale-*

[5] M. Heidegger, Zur Sache des Denkens, Tübingen 1969, 75.

*theia*, der Selbigkeit von Sein und Denken, kommt die philosophische Vernunft in entschlossener Abwendung von der gewöhnlichen Lebenswelt zu sich. Im Zentrum dieser Philosophie, der reinen Einsicht in das eine und unwandelbare Sein, sind die Grundbestimmungen der Lebenswelt endgültig aufgehoben: die Potentialität des Andersseinkönnens, die Redevermitteltheit und die Glaubwürdigkeit.

Die Potentialität des Andersseinkönnens ist gemäß der Parmenideischen Lehre für das Sein selbst endgültig gebannt: „... denn Entstehen und Vergehen wurden weit in die Ferne verschlagen, es verstieß sie die wahre Überzeugung ...“ (B 7/8). In dieser wahren Überzeugung *(pistis alethes)* ist zwar das Glaubensmoment noch anwesend, aber so, daß es ganz von der Unerschütterlichkeit der Wahrheit bestimmt bleibt. Ausdrücklich betont Parmenides: „die Bahn der Überzeugung ... folgt der Wahrheit“ (B 2). Die *Peitho*, die Göttin der Überredung, die das Wechselspiel der lebensweltlichen Glaubwürdigkeit beherrscht, muß zwar für den Aufstieg und die Öffnung des Tores durch *Dike* entscheidende Dienste leisten. Auf der Ebene des Seinsdenkens wird sie aber durch die *Aletheia* gebändigt und verliert so ihren unsteten Charakter. Der in Rede und Widerrede hin und her schwankende Meinungsstreit hebt sich in die endgültige Entschiedenheit der wahren Überzeugung auf.

### c) *Die Psychagogie des ›Lehrgedichtes‹*

Der überlieferte Text des Parmenides ist kein rein theoretischer Diskurs, sondern in erster Linie ein Lehrgedicht. Er ist ein Beispiel dafür, daß besonders die antike Philosophie ihre Schüler nicht nur informieren, sondern auch geistig-seelisch umformen will. Sie „... ist Bekehrung, die das ganze Leben verändert und das Wesen desjenigen verwandelt, der sie vollzieht“.[6] Auch das ›Lehrgedicht‹ des Parmenides hat diesen Charakter philosophischer Psychagogie, d.h. einer Seelenführung, die durch geistige Übung *(askesis)* den Schüler von der gewöhnlichen Lebenswelt weg zu einer neuen seinsverbundenen Lebensform hinführen will. „Die Vorgeschichte der geistigen Übungen muß in der Tradition der Lebensregeln und volkstümlichen Paräneses (Ermahnung) gesucht werden ...“.[7] Dieser Grundzug ermahnender Rede, die zu geistiger Konzentration und Übung anhält, läßt

[6] P. Hadot, Philosophie als Lebensform. Geistige Übungen in der Antike, Berlin 1991, 15.

[7] P. Hadot, Philosophie als Lebensform, 23.

sich im Text des Parmenideischen ›Lehrgedichtes‹ unschwer nachweisen: „Nötig ist zu sagen und zu denken, daß *nur* das Seiende ist; denn Sein ist, ein Nichts dagegen ist nicht; das heiße ich dich wohl beherzigen" (B 6). Im Sinne der geistigen Disziplinierung kann sich diese Belehrung bis zum strikten Verbot steigern: „Auch nicht *sein Heranwachsen* aus dem Nichtseienden werde ich dir gestatten auszusprechen und zu denken" (B 7). Diese Anweisungen zu einer philosophischen Lebensform zielen wie die beiden Beispiele zeigen, nicht nur auf die Disziplinierung des inneren Denkens, sondern auch seiner sprachlichen Äußerung und gebieten z. B. eine radikale Einschränkung der Sprache auf die tautologische Rede: „Aber nur noch Eine Weg-Kunde bleibt dann, daß IST ist" (B 7/8). Die der Selbigkeit des Seins und Denkens entsprechende Redeweise ist die Tautologie (IST *ist*), in der Subjekt und Prädikat identisch sind. Diese Form der Rede kontrastiert der gewöhnlichen Rede, die durch den Unterschied von Subjekt und Prädikat geprägt ist und so ständig von einem Ausdruck in den anderen umschlägt. Dem willkürlichen Anderswerden der alltäglichen Rede entspricht aber nach Parmenides kein Seinsbezug, und sie bleibt deshalb eine zusammenhanglose Reihung bedeutungsloser Namen. „Darum wird alles *bloßer* Name sein, was die Sterblichen *in ihrer Sprache* festgesetzt haben, überzeugt, es sei wahr" (B 7/8). Schon die frühe Ontologie des Parmenides vollzieht so eine ausdrückliche Reflexion auf die Sprache, die zu einer Unterscheidung zwischen der eigentlichen Rede der Philosophie und dem uneigentlichen 'Gerede' der Lebenswelt führt.

Diese Schulung der Redeweise durch tautologische Sprachdisziplinierung und kritische Abweisung des alltäglichen Geredes wird ferner durch eine meditative Technik der Merkzeichen unterstützt. Dabei wird die Selbigkeit des Seins durch geometrische Symbole vergegenwärtigt: „Aber da eine letzte Grenze vorhanden, so ist es vollendet von (und nach) allen Seiten, einer wohlgerundeten Kugel Masse vergleichbar, von der Mitte her überall gleichgewichtig" (B 8). Die Geometrie hat hier in erster Linie eine meditative Bedeutung. Die Konzentration auf das Symbol der 'wohlgerundeten Kugel' zieht die geistige Aufmerksamkeit von der wechselnden Bilderfolge der alltäglichen Wahrnehmung ab und führt zur ruhigen Anschauung des immer gleichen Abstandes vom Kugelmittelpunkt zur Kugeloberfläche. Die Erfahrung geometrischer Selbigkeit bereitet den philosophischen Schüler auf die ontologische Einsicht in die Selbigkeit des Seins vor.

Die Meditation geometrischer Symbole wie Kreis und Kugel und die tautologische Disziplinierung der Rede haben den methodischen

Sinn, das Denken von den täuschenden Rede-, Hör- und Sichtweisen des gewöhnlichen Lebens zu reinigen. Die Psychagogie des Textes folgt im ›Lehrgedicht‹ den mystagogischen Stufen der geistigen Reinigung *(katharsis)*, Erhellung *(photosis)* und Einigung *(henosis)*. Mit der reinigenden Entwöhnung vom Gewöhnlichen beginnt der „lichtwärts" (B 1) gerichtete Lebensweg zur ursprünglichen Einheit von Denken und Sein. Dabei gilt das strikte Gebot der Abkehr des Denkens von den alltäglichen Vorstellungs- und Wahrnehmungsgewohnheiten: „... halte du von diesem Wege der Forschung den Gedanken fern, und es soll dich nicht vielerfahrene Gewohnheit auf diesen Weg zwingen, walten zu lassen das blicklose Auge und das dröhnende Gehör und die Zunge ..." (B 7/8). So trennen sich die Wege von Philosophie und Lebenswelt und führen zu untereinander unvereinbaren Lebensformen.

### d) *Parmenides als philosophischer und politischer Lehrer*

Auf den ersten Blick scheint es, als sei Parmenides, der Lehrer des reinen Seinsdenkens, dessen philosophische Lebensform sich radikal vom gewöhnlichen Leben der griechischen Polis abkehrt, ein apolitischer Denker gewesen. Als kompromißloser Kritiker der Alltäglichkeit gehört sein Denken ganz auf die Seite der Wahrheit, die die Unbeständigkeit lebensweltlicher Glaubwürdigkeit endgültig hinter sich zurücklassen kann. Die gewöhnlichen Menschen sind demnach „... nichts wissende Sterbliche, ... Doppelköpfe. Denn Ratlosigkeit steuert in ihrer Brust den hin und her schwankenden Sinn. Sie aber treiben dahin stumm zugleich und blind, die Verblödeten, unentschiedene Haufen, ..." (B 6).

Diese polemische Stellung des frühen Seinsdenkens gegen die Alltäglichkeit, die einerseits auf die Gründung einer eigenständigen philosophischen Lebensform zielt, bleibt andererseits aber durch das bestimmt, wogegen sie sich richtet, die öffentliche Lebenswelt der Polis. Der beste Beweis nicht nur für die Unhintergehbarkeit des Lebensweltlichen, sondern des bewußten Interesses an ihrer Umgestaltung ist der überlieferte Text des ›Lehrgedichtes‹ selbst.

Dieses beschreibt nicht nur die erhabene Sphäre der *Aletheia*, sondern den Aufstieg zu ihr und bewegt sich inhaltlich wie formal in der Differenz zwischen Philosophie und Lebenswelt. Bezeichnenderweise bedient sich die frühe Ontologie des Parmenides gar nicht der dem Seinsdenken allein angemessenen tautologischen Rede, sondern der bildhaften und autoritativen Sprachform des traditionellen Mythos. Der Text des ›Lehrgedichtes‹ selbst bildet einen eigenen philosophischen Mythos, der in vertrauten, religiösen Sprachformen zum Neuen der philosophischen Lebensform hinführen will. Er ist somit ein exoterischer Einführungstext in die Philosophie, der das eleatische Seinsdenken in der Öffentlichkeit darstellt und für die neue philosophische Lebensform werben soll.

Der Widerspruch zwischen der geforderten streng tautologischen und der faktisch vorliegenden mythologischen Redeweise erklärt sich aus seinem werbend-psychagogischen Charakter. Das ›Lehrgedicht‹ zeigt paradigmatisch, daß sich das Tor zur *Aletheia* nur durch die kundige Beredung öffnet. Der Übergang von der Lebenswelt zur Philosophie steht somit in der Macht der *Peitho*; die mythologische Redeweise des Parmenides erklärt sich als peithisches Mittel, die rhetorische Differenz zwischen Lebenswelt und Philosophie zu überbrücken.

Wie sehr Parmenides an der Selbstdarstellung und Selbstbehauptung der Philosophie auch in der Welt des öffentlichen Meinens interessiert ist, zeigen seine Aussagen zur Möglichkeit einer dritten Redeweise zwischen der tautologischen Rede und dem alltäglichen Gerede. Diese dritte, wahrscheinliche Redeweise betrifft nicht das Sein, sondern die Welt des Werdenden, die durch den Dualismus von 'Licht' und 'Nacht' beherrscht wird:" ... so ist alles voll zugleich von Licht und unsichtbarer Nacht, die beide gleich-(gewichtig); denn nichts ist möglich, *was* unter keinem von beiden *steht*" (B 9). Während das lebensweltliche Bewußtsein in der jeweiligen Ansicht der Dinge befangen bleibt, hat das philosophische Bewußtsein durch das Seinsdenken einen Abstand zur Werdewelt gewonnen, der es ihm erlaubt, dieses zu überschauen und nach Prinzipien zu ordnen. Die vielfältigen Erscheinungen der kosmischen Werdewelt werden in dieser kosmologischen Sicht des Parmenides durch die Grundgegensätze 'Licht' und 'Nacht' bestimmbar. Die Unbegrenztheit des Andersseinkönnens und des unendlichen Umschlagens in immer Anderes wird dadurch gebannt und weicht einer durch das Gesetz des gleichgewichtigen Gegensatzes bestimmten Ordnung des Werdens.

Mit der Abkehr von der Lebenswelt und der Zukehr zum reinen Seinsdenken sind deshalb die Möglichkeiten der Pamenideischen Philosophie nicht erschöpft. Dem Aufstieg des Denkens folgt ein erneuter Abstieg in die Welt des Werdens, die unter dem Gesichtspunkt der Identität als gesetzmäßige Ordnung durchschaut und in wahrscheinlicher Rede mitgeteilt werden kann. „Diese Welteinrichtung teile ich dir als wahrscheinlich-einleuchtende in allen Stücken mit; so ist es unmöglich, daß dir irgendeine Ansicht der Sterblichen jemals den Rang ablaufe“ (B 7/8). In ihrer letzten Konsequenz erweist sich damit die Parmenideische Ontologie gar nicht als lebensweltfern. Das aus der Stärke des Seinsdenkens gewonnene kosmologische Wissen des Philosophen gibt ihm auch inmitten des Meinungsstreites der Polis eine potentiell überlegene Position. Der Logos in Form der wahrscheinlichen Rede wird sich – so Parmenides – gegen das bloße Gerede als stärker erweisen. Damit wirkt die Rede des Philosophen in der Polis als Redemacht, die der stärksten Meinung überlegen ist. Die auf der Höhe des Seinsdenkens an die *Aletheia* gebundene *Peitho* tritt aus dieser Verbindung um so mächtiger hervor. Auch der Rückweg der Philosophie zur Lebenswelt ist peithisch bestimmt.

Das ›Lehrgedicht‹ zeigt somit paradigmatisch, wie die Philosophie die rhetorische Differenz zwischen der gewöhnlichen Lebenswelt und dem Seinsdenken in zweifacher Richtung durchläuft. Auf dem Hinweg konstituiert sich die Philosophie in ihren eigenen Denk- und Redeformen und auf dem Rückweg versucht sie auf die politische Lebenswelt einen entscheidenden Einfluß zu nehmen. Parmenides stellt den Prototyp des Philosophen dar, der sowohl als Lehrer philosophischer Lebensform als auch als politischer Lehrer auftritt. Es ist gar nicht unwahrscheinlich, wenn über ihn berichtet wird, daß er „auch als Gesetzgeber für seine Mitbürger tätig gewesen zu sein“[8] scheint. Parmenides gibt damit der Konzeption der Eunomie, die auf einer „Verfügung einzelner Männer von überlegener Einsicht“ über die Polis-Ordnung beruhte, eine spezifisch philosophische Wendung.[9] Diese exoterische Rolle des politischen Gesetzgebers, der aus einem überlegenen Wissen heraus handelt, entspricht durchaus dem esoterischen Grundzug des Parmenideischen Seinsdenkens. Die Gesetze bilden einen den politischen Prozeß transzendierenden und normierenden Maßstab, der den ansonsten grenzenlosen Meinungsstreit und Machtkampf mäßigt und den regellosen Umschlägen der Macht und Herrschaftsverhältnisse Einhalt gebietet. Sie bilden geradezu das ‘unerschütterlich Herz’ der Polis Ordnung und somit das politische Abbild der ontologischen Identität. Der Innenseite der Ontologie korreliert die Außenseite öffentlicher Gesetzgebung.

[8] Diogenes Laertius, Leben und Meinungen berühmter Philosophen, übers. v. O. Apelt, Hamburg ²1967, 171.

[9] Chr. Meier, Die Entstehung des Politischen bei den Griechen, 280.

### *e) Metaphysik in der rhetorischen Differenz*

Das ›Lehrgedicht‹ des Parmenides, das als erstes überliefertes Beispiel der europäischen Metaphysik gelten kann, zeigt in vorzüglicher Weise die typische Konstellation von Lebenswelt, Philosophie und *rhetorischer Differenz*:

a) Die gewöhnliche Lebenswelt befindet sich demnach in der permanenten Krise ihres tendenziell maßlosen politischen Prozesses. Sie wird geprägt durch die *doxale Differenz* der wechselnden Ansichten und herrschenden Meinungen. Unentschiedenheit des 'hin und her schwankenden Sinnes' und haltlose Nicht-Identität sind ihre bedrohlichen Grundzüge, an denen die philosophische Kritik ansetzt.

b) Die Philosophie konstituiert sich als Metaphysik in ausdrücklicher Gegenwendung und radikaler Abkehr von der alltäglichen Lebenswelt. Deren schwankenden Ansichten setzt sie die maßgebliche Einsicht *reiner Vernunft* entgegen. Sie gründet in der Wahrheit des Seins eine eigene Lebensform, die in ihren meditativen Denk- und disziplinierten Redeweisen der ontologischen Identität entspricht und den Wechselfällen der Alltäglichkeit enthoben ist.

c) Neben ihrer esoterischen Form reiner Vernunft entwickelt die Philosophie die exoterische Form *öffentlicher Vernunft*, die in ein vermittelndes Verhältnis zur Lebenswelt tritt. Als philosophischer und politischer Lehrer steht der Philosoph dann vor der Aufgabe, die Differenz zwischen der reinen Vernunft und der gewöhnlichen Ansicht zu vermitteln. Um sie auf dem Wege methodischer Seelenführung zu lösen, muß er sich auch rhetorisch-peithischer Mittel bedienen. Die Philosophie bewegt sich somit in einer *rhetorischen Differenz* zu ihrem lebensweltlichen Gegenpol und steht als öffentliche Vernunft vor der schwierigen Aufgabe, ihre unmittelbare Wahrheit im mittelbaren Medium des Wortes glaubhaft darstellen zu müssen.

Das Grundproblem der öffentlichen Vernunft besteht dabei darin, im Medium rhetorisch-psychagogischer Rede zu einer sie prinzipiell transzendierenden Einsicht führen zu wollen. Der Philosoph steht als Lehrer der Philosophie und als politischer Lehrer vor der Notwendigkeit, die Wahrheit im Anderen, im fremden Medium der Glaubwürdigkeit darstellen zu müssen. So gerät die Philosophie unvermeidlich in die Gefahr eines performativen Widerspruches zwischen ihren rhetorikrepugnanten Inhalten und ihrer rhetorikaffinen Form.

Das strukturelle Problem des performativen Widerspruchs widerlegt aber nicht prinzipiell das Unternehmen der öffentlichen Vernunft. In ihm drückt sich die positive Intention der Philosophie zur

Überwindung der *rhetorischen Differenz* aus. Es ist gerade das Grundproblem dieser Differenz und des ihr latent innewohnenden performativen Widerspruchs, das die europäische Philosophie seit den Vorsokratikern zur Produktion ihrer zahlreichen metaphysischen, antimetaphysischen und postmetaphysischen Texte bewegt hat.

Schon die frühe Ontologie des Parmenideischen ›Lehrgedichtes‹ zeigt aber, daß der Zugang zur aletheischen Entbergung des Seins nicht im 'Ereignis' eines anonymen Seinsgeschickes gesucht werden muß.[10] Der Aufstieg von den gewöhnlichen Ansichten bis zur von der *Aletheia* gewährten Einsicht ins Sein erscheint bei Parmenides nicht als schicksalshafte Gabe, sondern als das Ziel eines entschlossenen philosophischen Strebens. Philosophische Erkenntnis setzt die radikale Abkehr von den lebensweltlichen Gewohnheiten und die Anstrengung der durch rhetorische Psychagogie eingeleiteten geistigen Übungen und sprachlichen Disziplinierungen voraus. Die Wandlungsfülle der Metaphysik seit Parmenides entspringt dabei nicht zuletzt dem entschlossenen persönlichen Erkenntniswillen von Philosophen und ihrem Bestreben, die gewonnene Wahrheit jeweils in der *rhetorischen Differenz* zur geschichtlichen Lebenswelt glaubwürdig darzustellen. Aus fundamentalrhetorischer Sicht sind es nicht nur die bloßen Auslegungs-, sondern vor allem die Darstellungsprobleme, die die Philosophie zu immer neuen Entwürfen herausfordern. Durch die Transitivität zur Lebenswelt unterliegt sie selbst dem geschichtlichen Wandel: Sie muß – jedenfalls als öffentliche Vernunft – ihre Wahrheit den glaubwürdigen Mitteilungsformen ihrer Zeit anpassen.

Das ›Lehrgedicht‹ des Parmenides bildet als philosophischer Mythos selbst ein solches Produkt öffentlicher Vernunft und nimmt zur Lebenswelt eine typisch zweiseitige Haltung ein: einerseits verwirft es in seiner radikalen *doxa*-Kritik die anscheinend haltlosen Vorstellungs- und Redeweisen der Polis, um sie dann andererseits unter Berufung auf einen sie transzendierenden Maßstab zu reformieren. Dabei beansprucht die Philosophie, die hier in mythologischer Gestalt auftritt, für ihre Wahrheit eine dem göttlichen Offenbarungswissen ähn-

[10] Nach Heidegger ist die Metaphysikgeschichte der Versuch, die *ontologische Differenz* zwischen dem Sein und dem Seienden jeweils neu zu bestimmen. Dabei sind die unterschiedlichen philosophischen Interpretationen des Seins ermöglicht durch 'das Ereignis', in dem sich ein bestimmter Sinn von Sein geschicklich-geschichtlich entbirgt. Am Ende steht das hermeneutische und seinsgeschickliche Denken Heideggers bei der Frage nach dem Prinzip der Philosophiegeschichte vor einem „rätselhaften Es, das wir nennen in der Rede: Es gibt Zeit. Es gibt Sein" (M. Heidegger, Zur Sache des Denkens, 20).

liche Autorität. Parmenides ist wohl der Prototyp des erhabenen Lehrers, der die Menschen im Namen der göttlichen *Aletheia* zur radikalen Veränderung ihrer Lebensführung auffordert. Die Reaktion auf diese philosophische Herausforderung ist die Herausbildung einer Rationalitätsform, die die Alltäglichkeit immanent zu verteidigen versucht. Unter Verzicht auf jede transzendente Maßstäblichkeit versucht sie die offensichtliche Krise der Polis technisch zu meistern. So tritt gegen die Frühform des philosophischen Seinsdenkens die Gegenform der sophistischen Rationalität auf, die sich in Lehrergestalten wie Gorgias und Protagoras manifestiert.

## 2. Die unwiderstehliche Macht des Rhetorischen: Gorgias' ›Lobpreis der Helena‹

Das Aufkommen der Sophistik im 5. Jahrhundert v. Chr. fällt in eine Epoche, die neben der 'Sattelzeit' zwischen 1750 und 1850 wohl den radikalsten „Begriffsweltwandel“[1] in Europa mit sich bringt. Die mit den sophistischen Lehrern wie Gorgias, Hippias und Protagoras verbundene erste europäische Aufklärung geht einher mit einem politischen Ereignis von welthistorischer Bedeutung: der Entstehung der Demokratie in Griechenland.[2] Mit der Demokratisierung verbindet sich die Zentrierung des politischen Prozesses auf die um öffentliche Zustimmung werbende Rede. „Es ist also wahrscheinlich, daß wirklich viele Entscheidungen in der Volksversammlung, auf Grund von Rede und Widerrede und auf Grund des Urteils einer breiten Menge von Bürgern fielen.“[3] Die durch die Demokratisierung bewirkte Intensivierung und Beschleunigung des politischen Prozesses im Element des persuasiven Redestreites machten das neue sophistische Wissen, von dem sich viele eine erfolgreiche Bewältigung dieser Situation erhofften, attraktiv. Sophistische Rationalität versprach insbesondere die für die politischen Entscheidungen ausschlaggebende Situation der „Mengenkommunikation“[4] durch die Ausbildung rhetorischer Technik zu meistern. Als Weisheitslehrer widmeten sich die Sophisten den neuen Aufgaben des praktischen Lebens in der Polis und vermittelten die „Anleitung zu bürgerlicher Tüchtigkeit, und

[1] Chr. Meier, Die Entstehung des Politischen bei den Griechen, 278.

[2] So charakterisiert Chr. Meier das 5. Jahrhundert v. Chr. neben der 'Sattelzeit', die in die Französische Revolution einmündet, als „jene andere Epoche, in der breite Schichten es dazu brachten, maßgeblichen Anteil an der politischen Herrschaft zu erlangen und dauerhaft zu institutionalisieren; in der jene andere (sophistische) Aufklärungsbewegung stattfand (wenn sie in diesem Falle auch der Entstehung der Demokratie folgte)“ (ebd.).

[3] Chr. Meier, Die Entstehung des Politischen bei den Griechen, 265.

[4] O. A. Baumhauer, Die sophistische Rhetorik. Eine Theorie sprachlicher Kommunikation, Stuttgart 1986, 204.

damit vor allem zu politischer Betätigung, speziell politischer Beredsamkeit".[5]

### *a) Die Sophistik als Versuch der immanenten Meisterung politischer Lebenswelt*

Mit der technisch-rhetorischen Rationalität der Sophistik hatte die politische Lebenswelt eine eigene reflexive Wissensform ausgebildet, um die Krise des – sich im Zuge der Demokratisierung beschleunigenden – politischen Prozesses immanent, d. h. ohne die Bezugnahme auf metaphysische Prinzipien, zu bewältigen. Damit nahmen die Sophisten eine kritische Position zu den metaphysischen und gegen die gewöhnliche Lebenswelt gerichteten Geltungsansprüchen der eleatischen Ontologie ein. Insbesondere das Gorgias-Fragment ›Über das Nichtseiende‹ kann als die direkte Antwort auf das ›Lehrgedicht‹ des Parmenides gelesen werden. Es versucht, eine dreifache Aporie des eleatischen Seinsdenkens herauszustellen und behauptet, „... daß gar nichts sei; wenn doch etwas ist, sei es unerkennbar; wenn aber doch etwas sowohl ist als auch erkennbar ist, sei es jedoch anderen nicht zu verdeutlichen".[6] Mit der ersten Behauptung – 'daß gar nichts sei' – wird die Existenz des Parmenideischen Seins schlechthin bestritten. Die zweite These – 'wenn doch etwas ist, sei es unerkennbar' – bestreitet die Möglichkeit einer Identität von Sein und erkennendem Denken. Das Gebiet der *Aletheia*, und damit der Aufbau einer eigenen philosophischen Lebensform aus *reiner Vernunft*, erscheint somit – wenigstens für den Menschen – unerreichbar. Mit der dritten Behauptung – 'wenn aber doch etwas sowohl ist als auch erkennbar ist, sei es jedoch anderen nicht zu verdeutlichen' – wird schließlich auch der Parmenideischen Bindung der *Peitho* an die *Aletheia* widersprochen. Die Unmöglichkeit einer Mitteilung des lebensweltranszendenten Seins vernichtet auch die Aussicht auf eine ontologisch begründete *öffentliche Vernunft*, die die *rhetorische Differenz* zwischen der Alltäglichkeit und dem reinen Seinsdenken vermitteln könnte.

[5] H. Gomperz, Sophistik und Rhetorik. Das Bildungsideal des EU LEGEIN in seinem Verhältnis zur Philosophie des V. Jahrhunderts, Leipzig 1912, repr. Stuttgart 1965, 44.

[6] Gorgias von Leontinoi, Reden, Fragmente und Testimonien, hrsg. u. eingel. v. Th. Buchheim, griechisch-deutsch, Hamburg 1989, 41. Im folgenden wird nach dieser Ausgabe zitiert und die Seitenangabe dem Zitat direkt nachgestellt.

Mit diesen drei Bestreitungen des Seins, der Wahrheit und ihrer Vermittelbarkeit versucht Gorgias einerseits den von Parmenides aufgewiesenen metaphysischen 'Weg der Forschung' als prinzipiell aporetisch darzustellen und dem eleatischen Denken die Vernunftkompetenz grundsätzlich abzusprechen. Auf der anderen Seite führt diese radikale Metaphysikkritik die Sophistik aber nicht zu durchgängiger Skepsis, sondern zur positiven Konzeption des Weisheitslehrers, der die pädagogischen und politischen Kompetenzen öffentlicher Vernunft für sich beansprucht. Die Sophistik bestreitet nicht nur die Begehbarkeit des metaphysischen 'Weges der Forschung'; sie versucht darüber hinausgehend auch die Aussage des Parmenides von der Unbegehbarkeit des lebensweltlichen 'Weges der Forschung' zu widerlegen. So macht sie gerade die Welt der scheinbaren Nicht-Identität, der veränderlichen Rede, der schwankenden Meinungen und unsteten Gesinnungen der „Doppelköpfe" (Parmenides) zum eigentlichen Gebiet ihrer Forschung. Die sophistischen Lehrer entdecken die Möglichkeit der Erforschbarkeit und wissentlichen Durchdringung der vorher undurchschaubaren politischen Welt. Sie werden von der Zuversicht getragen, daß der Mensch nicht mehr ihren Wechselfällen tragisch unterliegen muß, sondern ihrer durch ein – von prinzipiell jedermann – erlernbares Wissen Herr zu werden vermag.

Daß es im theologischen und metaphysischen Sinne kein absolutes Maß gibt, führt aber nicht notwendig zu willkürlichem Subjektivismus und Relativismus der Sophistik. Dies würde den positiven Sinn des berühmten *Homo-mensura*-Satzes des Protagoras übersehen. Er lautet bekanntlich: „Aller Dinge Maß ist der Mensch, der seienden, daß (wie) sie sind, der nicht seienden, daß (wie) sie nicht sind."[7] Damit gibt der Sophist Protagoras eine Kennzeichnung der anthropologischen Grundsituation, die sehr modern klingt: die Menschen finden sich in einer Welt ohne absolutes Maß vor und sind zugleich gezwungen, „Situationen bewältigen zu müssen, ohne gleichzeitig einen situationsexternen Standpunkt einnehmen zu können".[8] Aber diese menschliche Lebenswelt – dies ist die positive Bedeutung des *Homo-mensura* Satzes – ist keineswegs in sich völlig halt- und regellos, sondern besitzt durchaus ein immanentes Maß, nämlich ein menschliches und jeweils situationsangemessenes, das es aber erst zu finden und jeweils zu bestimmen gilt.

[7] Die Fragmente der Vorsokratiker, hrsg. v. H. Diels u. W. Kranz, Protagoras, B 1.

[8] Th. Buchheim, Die Sophistik als Avantgarde des normalen Lebens, 77.

Die Bedeutung der Rhetorik für die Sophistik ergibt sich aus der Grundeinsicht, daß das immanente Maß der menschlichen Situation den Charakter des jeweils Glaubwürdigen besitzt, das allgemeine Zustimmung und Konsens der Bürgerschaft zu bewirken vermag. Das Vermögen, das für die konkrete Allgemeinheit der Polis jeweils Glaubwürdige öffentlich zu enthüllen und darzulegen, ist aber die Macht des guten Redens, die *deinotes* des *eu legein*. Diese Macht des öffentlichen Redenkönnens – so die eigentliche Entdeckung der Sophistik – läßt sich methodisieren und in das technische Wissen der Rhetorik fassen. Die aristotelische Definition hat später durchaus das Wesentliche der von den Sophisten erfundenen Rhetorik hervorgehoben und sie als „Vermögen ... bei jedem Gegenstand das möglicherweise Glaubenerweckende zu erkennen"[9] bestimmt. Das technische Wissen der Rhetorik ermöglicht es, auf methodischem Wege, ohne Bezug auf absoluten Sinn, das jeweilige situative Maß für die politische Gemeinschaft erkennen und darstellen zu können.

Mit der Rhetorik glaubte die Sophistik, erstmals über ein methodisches und allgemein zugängliches Wissen zur Steuerung des politischen Prozesses insbesondere in der demokratischen Polis verfügen zu können, das die Veränderungen und Schwankungen der öffentlichen Meinung beherrschbar erscheinen ließ. Das Feld der im Lichte der Glaubwürdigkeit stärker und schwächer werdenden *doxa* schien der rhetorische *logos* willkürlich in seinem Sinne umgestalten zu können. „Wie ungeheuerlich waren die Errungenschaften der Rhetorik; daß man *die schwächere Seite zur stärkeren machen* konnte! Wie sehr mußte man das Technische daran schätzen, damit man sich dessen zu rühmen vermochte! Methodischer Sachverstand erwies sich überall als überlegen. Der ausgebildete Experte begann sich vom Laien zu unterscheiden."[10]

Die Kritik der metaphysischen Vernunft durch die Sophistik wurde von dieser selbst also keineswegs als geistige Krise, sondern als Freisetzung der technischen Wissensform verstanden, die dem Menschen eine selbständige und selbstmächtige Existenz ermöglicht. Die sophistische Aufklärung bildet die geistige Avantgarde des neuen menschlichen Selbstbewußtseins, das mit der technischen Revolution des Wissens um sein 'Mehrkönnen' und seine „fortschreitende Weltbemächtigung"[11] weiß. „Durch *techne* wird der Mensch, wie man meint,

[9] Aristoteles, Rhetorik, 1355b.

[10] Chr. Meier, Die Entstehung des Politischen bei den Griechen, 454.

[11] Chr. Meier, Die Entstehung des Politischen bei den Griechen, 470.

Herr über die Dinge."[12] Im Unterschied zur naturwissenschaftlich-mathematischen Technologie der Neuzeit und des mit ihm verbundenen Fortschrittsglaubens bezieht sich der sophistische Optimismus des menschlichen 'Mehrkönnens' vorzüglich auf das Gebiet des Politischen. Die Rhetorik als Werkmeisterin der Überredung *(peithous demiourgos)* scheint die durch Glaubwürdigkeit und öffentliche Zustimmung bestimmten Prozesse der modernen demokratischen Polis steuern zu können und ein Verfügungswissen darzustellen, das den Zugang zur politischen Macht sichern kann.

Die Entstehung der Demokratie, das Auftreten der sophistischen Lehrer und der Rhetorik bewirkt im 5. Jahrhundert bezeichnenderweise eine Renaissance der Göttin der Redemacht, der *Peitho*. Der älteren Auffassung gemäß war sie die Göttin der erotischen Überredung, der „liebende(n) Überredung seitens des Mannes".[13] Daneben galt sie auch „als Göttin der Überredung im politischen Sinne, d. h. als Personifikation des überzeugenden Zuspruchs"[14] im Unterschied zur Gewalt *(bia)* bzw. zur Notwendigkeit *(ananke)*. Im 5. Jh. erfährt dann die *Peitho* neue Wertschätzung als „Personifikation der allmächtigen und vielseitigen Gewalt der Rede"[15] und als „Göttin der rhetorischen Überredung",[16] die sich in der kunstmäßigen Rhetorik manifestiert.

Die Sophistik hat die *Peitho* aus der Bindung an die Parmenideische *Aletheia* befreit, um nun umgekehrt die Wahrheit in die Glaubwürdigkeit aufzuheben. Diese in der Immanenz der pluralistisch-demokratischen Welt geltende Ununterscheidbarkeit von ontologischer Wahrheit und lebensweltlicher Glaubwürdigkeit meint Protagoras, wenn er behauptet „Sein *ist gleich* jemandem Erscheinen".[17] Der Optimismus, daß das durch die doxalen Differenzen erschütterbare Gebiet der Glaubwürdigkeit durch das neue rhetorische Wissen technisch zu meistern sei, macht die verselbständigte *Peitho* zur eigentlichen Göttin der sophistischen Lehrer. Ihrer vermeindlichen politischen Omnipotenz hat Gorgias mit seinem ›Lobpreis der Helena‹ ein rhetorisches Denkmal gesetzt.

[12] Chr. Meier, Die Entstehung des Politischen bei den Griechen, 472.

[13] Paulys Realencyclopädie der classischen Altertumswissenschaft, hrsg. v. W. Kroll, 24 Bde., Stuttgart 1893–1978, Bd. XIX, 1, 1937, 200.

[14] Paulys Realencyclopädie der classischen Altertumswissenschaft, 200.

[15] Paulys Realencyclopädie der classischen Altertumswissenschaft, 194.

[16] Paulys Realencyclopädie der classischen Altertumswissenschaft, 198.

[17] Die Fragmente der Vorsokratiker, hrsg. v. H. Diels u. W. Kranz, Protagoras, B 1.

### b) *Öffentliche Rede als einziger Ort menschlicher Wahrheit*

Gorgias von Leontinoi galt als der erfolgreichste und angesehenste Weisheitslehrer seiner Zeit, „... dessen gewaltige Fähigkeit zu reden die aller ... weit übertraf" (111). Er genoß so großes persönliches Ansehen, daß er im Purpurmantel auftreten konnte und seine goldene Statue im delphischen Heiligtum errichten durfte: „So große Ehre zollte man Gorgias in Griechenland, daß von allen in Delphi einzig seine Statue nicht vergoldet, sondern aus Gold errichtet war" (121). Sein Leben war „offenbar ganz seiner Lehrtätigkeit als Sophist und Rhetor sowie auch dem öffentlichen Auftritt und der Politik gewidmet"[18]. Bei den panhellenischen Spielen trat er z. B. als „Mahner der Eintracht" (105) Griechenlands auf und führte 427 die erfolgreiche Gesandtschaft seiner Vaterstadt Leontinoi an, die in Athen um Kriegsunterstützung gegen Syrakus nachsuchte. Als Gorgias über hundertjährig und hochgeachtet starb, hatte seine persönliche Lebensführung gezeigt, daß sophistische Kunst das menschliche Leben tatsächlich meistern konnte.

Gorgias' ›Lobpreis der Helena‹ enthält eine eigene philosophische Anthropologie, die den Menschen radikal als Wesen der *doxa* begreift und so den theoretischen Hintergrund für die technisch-rhetorische Rationalität der Sophistik sichtbar werden läßt. Das überlieferte Textfragment stellt ein Meisterstück durchgängig rhetorikaffiner Philosophie dar, die ohne performativen Widerspruch in der Form epideiktischer Rede über dieselbe reflektiert.

Für Gorgias ist der Mensch kein Wesen überlegener Einsicht, der die Möglichkeit einer sicheren Erkenntnis hätte. Er findet sich im Gegenteil in einer unübersichtlichen Situationswelt vor, in der sich ihm das Seiende in allen drei Zeitdimensionen zu entziehen droht: „dabei steht es jetzt keineswegs gut weder mit dem Erinnern des Vergangenen noch dem Beachten der Gegenwart geschweige denn der Ahnung des Kommenden" (9). Als Wesen ohne tiefere Einsicht, nur ausgestattet mit einer schwachen Erinnerung, Wahrnehmung und Ahnung bleibt dem Menschen in der Regel nur die Ansicht *(doxa)* als „Beirat" (9) der Seele. Ohne die Möglichkeit apodiktischer Einsicht, besitzt er lediglich ein hypothetisches Wissen von mehr oder weniger zuverlässigen, widerstreitenden oder täuschenden Ansichten; sein Dasein bleibt inmitten der *doxalen Differenz* einem ungewissen Schicksal überlassen. „Die Ansicht aber – trügerisch und unsicher wie

[18] Gorgias von Leontinoi, Reden, Fragmente und Testimonien, VIII.

sie ist – umgibt den, der sich ihrer bedient, mit trügerischen und unsicheren Geschicken“ (11). Der Mensch bestimmt sich demnach als ein Wesen, das inmitten des ‘hin und her schwankenden Sinnes’ der doxal verfaßten politischen Lebenswelt zu existieren hat, in der nur die Macht persuasiver Rede zu Stabilität und geordneten politischen Verhältnissen zu führen vermag. Gerade in der antagonistischen Welt des demokratischen Pluralismus verschwindet anscheinend zusehends die Möglichkeit einer eunomischen Letztbegründung aus der *Aletheia*, so daß der Bestand der Polis, der auf dem jeweils herzustellenden Konsens der Bürgerschaft beruht, allein durch die Macht der *Peitho* garantiert werden kann.

Gorgias’ ‘Lob der Helena’ verwandelt sich im Textverlauf immer mehr in ein ‘Lob der *Peitho*’. Dabei beansprucht Gorgias von vornherein, nicht bloß seine rhetorische Virtuosität zu demonstrieren und die ‘schwächere Meinung zur stärkeren’ zu machen, indem er Helena vom schlechten Ruf des Ehebruchs mit Paris befreit, sondern das Wahre zu zeigen und gängige Vorurteile zu beseitigen. Seine *Lobrede* soll Helena, „die übel Beleumundete von ihrer Schuld entheben, die Tadler jedoch als irrend erweisen, ferner die Wahrheit zeigen und dem Unverstand ein Ende setzen“ (5).

*Aletheia* folgt nach Gorgias der *Peitho*. Die Wahrheit ist im Gegensatz zur eleatischen Metaphysik nichts Abgelegenes und entbirgt sich auch nicht in der einfachen, redelosen Einsicht des einzelnen. Sie ereignet sich dagegen inmitten der Öffentlichkeit der Polis und ihr eigentümlicher Ort ist nicht das einsame Denken, das sich bewußt vom Alltag entfernt, sondern die Agora. Ihre Wahrheitsfähigkeit verdeutlicht folgende Sentenz: „. . . das Sein ist unsichtbar, erlangt es kein Scheinen, das Scheinen aber kraftlos, erlangt es kein Sein . . .“ (97). Gorgias vertritt hier im ersten Teil seiner chiastisch geformten Sentenz die These von der Aphänomenalität des Seins: Das Sein ist kein sich von selbst Zeigendes; es liegt im Dunkeln und bleibt im Unsichtbaren verborgen. Erst durch das Licht der öffentlichen Rede kann es der Verborgenheit entrissen und für die Menschen sichtbar werden. Die Wahrheit als Unverborgenheit des Seins bleibt an die persuasive Rede gebunden. Erst der Redner läßt das ansonsten unsichtbare Sein vor den Augen der Polis erscheinen. Dies – darauf weist der zweite Teil der Sentenz hin – ist nicht im Sinne rhetorischer Willkür gemeint. Der willkürlich erzeugte öffentliche Redeschein ohne Seinsbezug wäre kraft- und wirkungslos. Die durch Rede erzeugte bloße *doxa*, die sich nicht als öffentliches Sehenlassen des Seins darstellte, wäre letztlich unglaubwürdig und könnte nicht überzeugen.

Mit dieser Aufwertung der öffentlich-persuasiven Rede als einzigem Ort menschlicher Wahrheit gewinnt der Redner eine zentrale politische Bedeutung. Seine Aufgabe ist es, das ansonsten im Dunkeln liegende Sein in der Öffentlichkeit der Polis erscheinen zu lassen. Durch die peithische Macht seiner Rede vermag er das Aphänomenale ins Phänomenale zu überführen und so der politischen Handlungsgemeinschaft ihre notwendige Orientierung zu geben. Dies ist die objektiv politische Aufgabe insbesondere der epideiktischen Rede:

> An Mann und Frau und Rede und Tat und Stadt und Ding muß man, was des Lobes wert ist, mit Lob ehren, dem Unwerten dagegen Tadel entgegenbringen. In gleichem Maß nämlich ist es Verfehlung und Unverstand, zu bemäkeln, was gelobt, und zu loben, was getadelt gehört (3).

In der schwankenden Welt der *doxa* liegen die Dinge und vor allem ihre sittliche Qualität im Dunkeln und müssen durch lobende und tadelnde Rede in glaubwürdiger Weise zur Ansicht gebracht und von verkehrten Vorstellungen befreit werden. Dies soll paradigmatisch im ›Lob der Helena‹ vorgeführt werden.

### *c) Der Tatcharakter des Rhetorischen*

Mit dem Helena-Paris-Thema verknüpfen sich erotische, politische und rhetorische Motive; es eignet sich deshalb ausgezeichnet dazu, auf alle Grundbedeutungen der *Peitho* anzuspielen. Dabei ist die bannende Macht der *Peitho* erst einmal nicht auf das Gebiet der Rede beschränkt. Schon der bloße Anblick der körperlichen Schönheit Helenas entfaltet eine scheinbar unwiderstehlich peithische Wirkung.

> Von solcher Abstammung hatte sie die gottgleiche Schönheit, welche sie annahm und unverdeckt trug: in sehr vielen weckte sie sehr heftiges Verlangen nach Eros, und durch ihren einen Körper versammelte sie zahlreich die Körper von Männern, die in großen Dingen Großes auf sich hielten; von denen besaßen die einen bedeutenden Reichtum, andere den Ruhm altadliger Herkunft, wieder andere die schöne Haltung eigener Wehrhaftigkeit und noch andere die Wirkkraft erworbener Weisheit (5).

Von Helenas körperlicher Schönheit geht hier eine bannende Macht aus, die die angesehendsten und fähigsten Männer an sie bindet und so um sie versammelt. Ihr bloßer Anblick hat dem Hin und Her ihres 'schwankenden Sinnes' ein Ende bereitet und sie zu Helena bekehrt. Gorgias betont hier einen Grundzug peithischer Macht: Ihr

Glaubenmachen setzt der Diffusität und Unentscheidbarkeit ein Ende, bekehrt den menschlichen Sinn in eine eindeutige Richtung und schafft so – ohne metaphysische Maßgabe – in der Welt des Nicht-Identischen Perspektiven der Identität.

Aber auch Helena selbst unterliegt der Macht der *Peitho* und wurde – so Gorgias – ihrerseits durch Rede zu Paris bekehrt. Im Element der Rede steigert sich nun die peithische Macht zu einer unwiderstehlichen Gewalt. Die These, daß „die Bekehrung *(peitho)*, gesellt sie sich zur Rede, allemal auch die Seele prägt, wie sie will" (11) wird zu Gorgias' Hauptargument der Verteidigung Helenas: denn einem unwiderstehlichen Zwang unterlegen, trifft sie nicht die Schuld des Ehebruches. „Daß sie mithin, wenn sie durch Rede bekehrt wurde, kein Unrecht tat, sondern ins Unglück geriet, ist so ausgesprochen" (13). Die Amplifikation dieses Argumentes für die Unschuld Helenas aus der unwiderstehlichen Macht persuasiver Rede gibt Gorgias die Gelegenheit, seine rhetorikaffine Pathos-Anthropologie darzulegen.

> Rede ist ein großer Bewirker; mit dem kleinsten und unscheinbarsten Körper vollbringt sie göttlichste Taten: vermag sie doch Schrecken zu stillen, Schmerz zu beheben, Freude einzugeben und Rührung zu mehren (9).

Gorgias spricht die ungeheure und erstaunliche Macht der Rede, die *deinotes legein* an. Mit dem Entstehen der Demokratie in Griechenland entfällt auf dem Feld des Politischen die Grenze zwischen Reden und Handeln: Reden wird als Zentrum politischen Handelns wahrgenommen. Das Reden in der demokratischen Situation hat entscheidenden politischen Tatcharakter und deklassiert das nonverbale Handeln, etwa die militärische Aktion, durch seinen geringen physischen Mittelaufwand. Reden wird somit zum ökonomischen und modernsten Medium der politischen Steuerung: ein Minimum an Kraft- und Körperaufwand führt zu einem Maximum an politischem Machterwerb.

Diese ungeheure Wirkung kann Rede in politischen Prozessen nach Gorgias deshalb entfalten, weil sie die öffentliche Stimmung beherrscht und die Menschen sowohl mit Schrecken und Schmerz als auch Freude erfüllen kann. Damit gibt Gorgias eine Deutung des Rhetorischen aus dem Pathos, die am Phänomen der demokratischen Mengenkommunikation abgelesen zu sein scheint. Selbst die rational und enthymematisch ausgerichtete Rhetoriktheorie des Aristoteles hat später diese Macht des Pathos in persuasiven Prozessen bestätigt und lediglich die Einseitigkeit der von Gorgias beeinflußten zeitgenössischen Rhetoriktheorien beklagt.

... denn wir geben unser Urteil nicht in gleicher Weise ab, wenn wir traurig bzw. freudig sind oder wenn wir lieben bzw. hassen. Mit diesem Sachverhalt versuchen – wie wir behaupten – die heutigen Theoretiker, sich als einzigem zu beschäftigen.[19]

Für Gorgias bildet die menschliche Kommunikationsgemeinschaft keine rationale Verständigungsgemeinschaft, sondern vom Pathos bestimmte Zustimmungsgemeinschaft. Erst die Erschließung der Personen und Dinge im Licht einer bestimmten Leitstimmung, wie Hoffnung oder Furcht, vermag den schwankenden Sinn der Menschen zum Entschluß zu führen und so ihre gemeinsame Handlungsbereitschaft herzustellen. Daß der Mensch dergestalt ein Meinungs- und Stimmungswesen ist, tritt in den Abstimmungsprozessen der Demokratie deutlich zu Tage. Hier kann die Rede auch ihre größte politische Tat vollbringen. Sie kann das Schwankende der *doxa*, das Gegeneinander der widerstreitenden Meinungen und Machtansprüche durch ihre einstimmende und umstimmende Macht ohne Waffengewalt zur Ruhe bringen und in die Einheit des politischen Konsenses überführen.

Die in der pluralistisch-demokratischen Gesellschaft potenzierte *doxale Differenz*, die die Einheit der politischen Gemeinschaft zu zerstören droht, scheint somit nur auf rhetorischem Weg dauerhaft zu bewältigen zu sein. Die Rede ist letztlich deshalb 'ein großer Bewirker', weil sie sowohl das Leben des einzelnen als auch den dauerhaften Bestand der Polis zu sichern vermag. Die Möglichkeit ihrer demagogischen Entartung gesteht dabei Gorgias durchaus zu. Aber Kunstfehler und Mißbrauch gibt es auch in der Medizin, die durchaus in Analogie zur politisch-rhetorischen Seelenführung gesetzt werden kann. So wie die Medizin durch ihre Medikamente auf die Verfassung der Körper wirkt, so wirkt die persuasive Rede auf die der Seelen.

Denn wie andere Drogen andere Säfte aus dem Körper austreiben, und die einen Krankheit, die anderen aber das Leben beenden, so auch erregen unter den Reden die einen Leid, die andern Genuß, und dritte Furcht, und wieder andere versetzen die Hörer in zuversichtliche Stimmung, und noch andere berauschen und bezaubern die Seele mit einer üblen Bekehrung (11 ff.).

Diese Analogie mit der Medizin setzt die Rede nicht nur in eine kausale Beziehung zum seelischen Zustand der Hörer und betont damit die unwiderstehliche Macht des Rhetorischen, die sich sowohl zur politischen Führung als auch zur demagogischen Verführung einsetzen läßt. Die Stelle zeigt auch, daß die Rede, die den Menschen

[19] Aristoteles, Rhetorik, 1356a.

Furcht, Leid, Genuß oder Zuversicht einzugeben vermag, zu einem selbständigen Medium intensiven seelischen Erlebens werden kann. Dabei referiert die Rede nicht mehr über eine sie transzendierende physische oder intellektuelle Realität, sondern schafft sich eine eigene rhetorische Welt, deren symbolische Realität für die Menschen zum zentralen Lebensinhalt werden kann.

Die hier von Gorgias angesprochene neue Möglichkeit einer Verlagerung der Aufmerksamkeit und Wahrnehmung der Bürger in die relativ autonome Welt rhetorischer Realität gehörte offenbar zur Alltäglichkeit der athenischen Demokratie. Bei Thukydides werden die Athener in der antisophistischen Rede des Kleon deshalb kritisiert:

> ... bei den Reden macht ihr die Zuschauer, bei den Taten die Zuhörer; die Zukunft seht ihr mit den Augen der Redner, die euch ihre mögliche Gestalt schön ausmalen, und die Vergangenheit mit den Augen derer, die trefflich schelten können; ihr seht nicht, daß man über das wirklich Geschehene ein besseres Urteil hat als über das bloß Gehörte.[20]

Die dieser Kritik zugrundeliegende Unterscheidung von Rede und Tat, Gehörtem und wirklich Geschehenem wird allerdings von Gorgias gerade in Zweifel gezogen. Für ihn, der die prinzipielle Ununterscheidbarkeit von Wahrheit und Glaubwürdigkeit vertritt, kann es kein vorsprachlich vor Augen liegendes 'wirklich Geschehenes' – kein prärhetorisches *Ding an sich* – geben. Die Rede hat im Gegenteil für ihn gerade deshalb unmittelbaren Tatcharakter, weil sie die Offenbarkeit des ansonsten im Dunkeln verborgenen Seins allererst schafft und so alle weiteren Entscheidungs- und Handlungsperspektiven ermöglicht.

### *d) Pathos und politische Gemeinschaft*

Wie sehr die Rede bei Gorgias zum autonomen Medium der Wahrheit wird, zeigt die folgende paradoxale Sentenz, die sich auf die attische Tragödie bezieht, bei der „derjenige, der täuscht, mehr Recht hat als der, der nicht täuscht, und der Getäuschte andererseits mehr versteht als der, der nicht getäuscht wird“ (93). Die Tragödie ist zwar keine unmittelbare Wirklichkeit, sondern ein Werk künstlerischer Täuschung. Aber dieses Kunstwerk macht trotzdem weiser *(sophoteros)* als die kunstlose Realität, da ihre Darstellung des Mythos die Dinge

[20] Thukydides, Der Peloponnesische Krieg, übers. v. A. Horneffer, Essen o. J., 228.

und Grundsituationen menschlichen Seins typischer, sichtbarer und erkennbarer hervortreten läßt. Die Tragödie, die in Athen in voller Blüte stand, wurde von den Athenern als ein erstaunliches und wunderbares „Hör- und Schauspiel“ (93) erfahren. Die öffentliche Sichtbarkeit, die *doxa* des in ihr dargestellten Mythos, in der die Dinge in einer bisher nie dagewesenen öffentlichen Schaubarkeit, Hörbarkeit und Wahrnehmbarkeit erscheinen, überstrahlt und übertrifft die historische Wirklichkeit. Diese doxale Evidenz der künstlerischen Täuschung, die das Seiende für die Menschen klar und einprägsam vor Augen führt, erscheint deshalb glaubhafter, lehrreicher und – im gorgianischen Sinne – auch 'wahrer' als die gegen sie unscheinbar wirkende kunstlose Realität.

Das tragende Moment der intersubjektiven Verbindlichkeit der in der Tragödie wie im Redekunstwerk hervorscheinenden Ansicht der Dinge bildet das erschütternde Pathos.

> Die gesamte Dichtung erachte und bezeichne ich als Rede, die ein Versmaß hat. Von ihr aus dringt auf die Hörer schreckenerregender Schauder ein und tränenreiche Rührung und wehmütiges Verlangen, und in Fällen von Glück und Unglück für fremde Angelegenheiten und von fremden Personen leidet die Seele stets vermittelt durch Reden ein eigenes Leiden (9).

Das Pathos, das – angesichts des tragischen Geschehens – die Zuhörer mit Schrecken erfüllt, sie erschaudern läßt, sie zu Tränen rührt und in ihnen wehmütiges Verlangen erweckt, einigt die Menschen, indem es sie in eine gemeinschaftliche seelische Befindlichkeit versetzt. Sie gewinnen – herausgerissen aus der rationalen Distanz zum Dargestellten – die gemeinsame Fähigkeit, sich mit dem fremden Schicksal zu identifizieren. Das durch pathetische Rede erweckte Mitleiden setzt das *principium individuationis* außer Kraft. Die Zuschauer werden zu einer ungetrennten Erlebnisgemeinschaft, in der das fremde Leiden als das eigene durchlebt wird. Das erschütternde Pathos führt somit zu einer politischen Gesinnung: der empathischen Anteilnahme des Bürgers am Schicksal des anderen, in der der ansonsten grenzenlose Egoismus des Einzelnen aufgehoben ist.

Das Gesamtkunstwerk der attischen Tragödie bildet die zentrale Hintergrunderfahrung für die politische Pathosanthropologie des Gorgias. Ihr künstlerisch gestalteter Mythos, der das Handlungsgeschehen in die äußerste öffentliche Sichtbarkeit stellt und ihr erschütterndes Pathos, das die empathische Gemeinschaft der Zuschauer erst hervorbringt, wird zum Paradigma für die Entstehung politischer Gemeinschaft. Damit werden die gängigen Begriffslinien des Gegensatzes von Ethos und Pathos durchbrochen. Das Pathos, auf dessen Erweckung alle technischen Mittel des gorgianischen Redestils abzielen, wird von Gorgias vor dem Hintergrund einer Ethik der politischen Gemeinschaft betont. Die gemeinschaftsstifende Macht der *Peitho*, die im politisch-religiösen Gesamtkunstwerk der Tragödie den Egoismus des einzelnen Atheners überwindet und ihn zu einem politischen Wesen bekehrt, soll auf die Redekunst übertragen und so verallgemeinert werden.

Gorgias steht als politischer Lehrer für den sophistisch verabsolutierten Typus *öffentlicher Vernunft*, der inmitten der lebensweltimmanenten Ununterschiedenheit von Wahrheit und Glaubwürdigkeit agiert, ohne sich auf die Einsichten *reiner Vernunft* zurückzubeziehen. Mit der sophistischen In-differenz von philosophischer Wahrheit und lebensweltlicher Glaubwürdigkeit endet die Möglichkeit ihrer Vermittlung. Für die in Form und Inhalt ungebrochen rhetorikaffine Sophistik stellt sich nicht die Aufgabe der Überbrückung der *rhetorischen Differenz*. Sie verschließt sich ganz in der scheinbaren Autonomie des Redemediums, innerhalb dessen der Sophist als 'Logoplast' wirkt, d.h. als „freier Komponist im Entfaltungsraum der Sprache, genau wie Maler und Bildhauer Komponisten sind im Entfaltungsraum des Gesichts".[21]

Doch schon Thukydides hat in Kleons Demagogenkritik auf die politischen Gefahren, dieser von den Athenern offenbar weitgehend mitgetragenen sophistischen Verabsolutierung des Redemediums hingewiesen. „Um es kurz zusammenzufassen: wir erliegen der Lust am Zuhören und gleichen mehr den Leuten, die als Zuschauer eines Sophisten dasitzen, als einem Volke, das über das Wohl des Staates berät."[22] Die hochentwickelte Redekultur der athenischen Demokratie verliert in ihrer Redeverliebtheit den Blick für die redeunabhängige Realität und erliegt den Phantasmen symbolischer Politik. Die bei Thukydides geschilderte militärische Niederlage der Athener in Sizilien ist nicht zuletzt das Ergebnis einer Gefangenschaft Athens in seinem eigenen – durch die Sophistik technisch gesteigerten – demokratischen Redestreit, der in der nachperikleischen Epoche in einen selbstzerstörerischen Machtkampf annähernd gleich starker Demagogen einmündet.

Infolgedessen beging Athen, wie es bei einer so großen führenden Stadt natürlich war, viele verhängnisvolle Fehler, namentlich durch jenen Zug nach

[21] Gorgias von Leontinoi, Reden, Fragmente und Testimonien, XV.

[22] Thukydides, Der Peloponnesische Krieg, 229.

Sizilien, bei dem der Fehler nicht so sehr darin bestand, daß man die Feinde, gegen die der Zug sich richtete, falsch beurteilte, wie darin, daß die Daheimgebliebenen für die Ausgezogenen nicht das Nötige taten, sondern über ihren persönlichen Streitigkeiten um die Volksherrschaft die Angelegenheiten des Expeditionsheeres vernachlässigten und zugleich den Grund zur Zerrütung des Staates legten.[23]

Die Sophistik und die Verbreitung ihres technischen Führungswissens hatte die *doxalen Differenzen* der Demokratie offensichtlich nicht bewältigt, sondern zum demagogischen Chaos gesteigert. Angesichts der Tatsache einer militärischen Niederlage und eines faktischen Machtverlustes des athenischen Staates verliert sich der sophistische Glaube an die politische Allmacht der *Peitho*. Die Differenz zwischen der symbolischen Welt der Rede und den realgeschichtlichen Tatsachen tritt wieder hervor.

In der Sophistikkritik Platons erscheint der logoplastische Sophist dementsprechend als ein Trugbildner, der es vermag, „durch die Ohren mit Worten zu bezaubern, indem man gesprochene Schattenbilder von allem vorzeigt".[24] Mit der antisophistischen Unterscheidung der „Trugbilder aus Worten" von den „Dinge(n) selbst in den Geschäften"[25] wird der Unterschied zwischen dem Seienden selbst und seiner rede-immanenten Repräsentation wieder festgehalten. Darüber hinausgehend erneuert sich in Platons Ideenlehre die jederRede vorgelagerte Parmenideische Einsicht ins Sein, nicht ohne das Moment der in der Tragödie erfahrenen Sichtbar- und Schaubarkeit aufzunehmen. Die philosophische Wahrheit und lebensweltliche Glaubwürdigkeit treten im Platonischen Idealismus wieder auseinander. Damit eröffnet sich aber auch von neuem die *rhetorische Differenz* und die Aufgabe ihrer Vermittlung durch die *öffentliche Vernunft*.

23 Thukydides, Der Peloponnesische Krieg, 165f.

24 Platon, Der Sophist, in: Platon: Werke in acht Bänden, Bd. VI, 234c.

25 Platon, Der Sophist, 234e.

## 3. Das gescheiterte Bündnis von politischer Macht und Philosophie: Der ›siebte Platonbrief‹

Hätten sich hier Philosophie und Macht wahrhaftig in einem zusammengefunden, so hätte das sein Licht unter allen Menschen, Griechen und Fremden, verbreitet ... (335d).[1]

Der ›siebte Platonbrief‹ bildet wohl das berühmteste Beispiel für den Versuch der Philosophie, auf die politische Lebenswelt Einfluß zu nehmen und sie in ihrem Sinne zu verändern. Er erscheint auf den ersten Blick als ein rätselhaftes Konglomerat aus erzählter Lebensgeschichte, politischem Programm und philosophischer Reflexion. Der Philosoph Platon stellt sich hier als politischer Lehrer dar, der mit seinen Überzeugungen in das politische Geschehen seiner Zeit eingreift: der Athener paktiert mit der Macht des sizilianischen Tyrannen Dionysios, scheitert und rechtfertigt sich und seine politischen Ziele.

Der disziplinäre und literarische Charakter dieses ›siebten Platonbriefes‹ scheint schwer bestimmbar: Handelt es sich um Philosophie, Historie, biographischen Mythos, Politiktheorie oder politische Agitation, um poetische Fiktion, theoretische Spekulation oder dokumentarische Prosa?

Die folgenden textinternen Überlegungen betreffen die literarische Selbstdarstellung Platons. Im Sinne der rhetorischen Metakritik philosophischer Texte sollen dabei nicht nur die inhaltlichen Aussagen, sondern auch die persuasive Form und Strategie des ›siebten Briefes‹ angesprochen werden.

[1] Platon, Werke in acht Bänden, Bd. V. Im folgenden werden die Stephanus-Numerierungen den Zitaten nachgestellt.

### *a) Die politische Rhetorik des ›siebten Briefes‹*

Grundsätzlich gehört der ›siebte Brief‹ als „Sendschreiben“,[2] das für seine Ansichten werben und seine Adressaten überzeugen will, zur Gattung politischer Rhetorik. Der entsprechende Kommunikationszusammenhang wird in seinen ersten Zeilen ersichtlich:

> Platon wünscht Dions Angehörigen und Vertrauten alles Gute!
> Ihr schriebt mir, ich solle überzeugt sein, Eure Gesinnung sei dieselbe, wie sie Dion hatte, und fordertet mich auf, Euch soweit möglich mit Rat und Tat beizustehen (323 d f.).

Hier antwortet ein zu seiner Zeit bekannter Weiser auf das Hilfsersuchen einer politischen Partei, der Dioneer, die nach der Ermordung ihres politischen Führers in die Krise geraten ist. Damit verläßt er das dialogisch-dialektische Gespräch der Akademie und greift in den rhetorischen Kommunikationszusammenhang der konkreten politischen Lebenswelt und ihres Parteienkampfes ein. Zwar begibt er sich nicht direkt in die Redekämpfe der Demokratie, aber doch in die Öffentlichkeit einer politischen Hetairie. Die These von der Rhetorizität des ›siebten Briefes‹ gilt gerade auch für den Fall, daß das Prooemium des Briefes insinuatorisch abgefaßt ist, d. h. daß das Hilfsersuchen der Dioneer eine literarische Simulation Platons sein könnte, die den Vorwand für eine panhellenische Botschaft böte.

Die im ›siebten Brief‹ vertretenen politischen Überzeugungen und Ansichten sollen primär nicht dialektisch begründet, sondern narrativ durch die Geschichte ihrer Genese nahegebracht werden.[3]

> Durch welche Wendung diese aber entstanden sind, ist für jung und alt nicht unwert zu hören; ich will versuchen, es für Euch von Anfang an durchzugehen. Denn dafür ist jetzt die rechte Zeit (324 b).

Damit gehört der Text nicht in erster Linie zur Kategorie dialektisch vermittelter philosophischer Wahrheit, sondern zur Kategorie der durch Erzählung *(narratio)*[4] erzeugten rhetorischen Glaubwürdigkeit. Insofern narrative Patho- und Ethopoiesis maßgeblich Glaubwürdig-

[2] H.-G. Gadamer, Dialektik und Sophistik im siebten platonischen Brief, Heidelberg 1964, 9.

[3] Zur genetischen Darstellungsform s. R. Thurnher, Der siebte Platonbrief. Versuch einer umfassenden philosophischen Interpretation, Meisenhaim am Glan 1975, 13 f.

[4] Zur Funktion der *narratio* im Rahmen der klassischen Rhetorik s. M. F. Quintilianus, Institutionis oratoriae, IV 2, 1 ff.

keit *(pistis)* konstituieren, sind die autobiographischen Teile des Textes kein zu den philosophischen Exkursen hinführendes Beiwerk, sondern die Hauptsache.[5] Als rhetorisches Produkt mit einer persuasiven politischen Intention folgt die paradigmatische *narratio* weder dem philosophischen noch dem historischen Wahrheitsbegriff. Sie verfährt mit den Tatsachen parteilich und selektiv. Damit bedient sie sich nicht automatisch der Fälschung und Lüge, sondern der Kunst der Vergrößerung *(amplificatio)* und Verkleinerung *(minutio)*: der Ausbreitung und Betonung oder der Raffung und Auslassung von Tatsachen. So hält der ›siebte Brief‹ die genauen Umstände von Platons Abreise aus Sizilien für nicht erwähnenswert, betont aber, daß Platon von Dionysios keine finanziellen Vorteile hatte.[6] Dieser selektive Umgang mit Tatsachen, der die historische Wirklichkeit durch parteiliche *narratio* formt, mag zwar gemessen am Anspruch dokumentarischer Richtigkeit problematisch erscheinen. Die bewußte Formung der mehrdeutigen und amorphen Faktizität zu einer bedeutsamen und plastischen Geschichtswirklichkeit gehört aber zu den klassischen Deutungsleistungen der Rhetorik. Jenseits der Extreme historischer Dokumentation und poetischer Fiktion entfaltet sich hier die rhetorische Organisation von Geschichte, die auf eine kurze, klare und vor allem glaubwürdige Erzählung *(narratio brevis, aperta ac dilucida, credibilis)*[7] zielt. Ihre spezifische Wahrheit besteht darin, daß sie die in der Vergangenheit gewordenen Situationen der geschichtlichen Lebenswelt in Hinsicht auf die Möglichkeiten zukünftigen Handelnkönnens deutet und erschließt.

Daß der ›siebte Brief‹ bisher nicht konsequent der Gattung politischer Rhetorik zugerechnet wurde, läßt sich wohl aus der inhaltlich rhetorikrepugnanten Stellung der Platonischen Philosophie erklären. Die explizit vernichtende Verurteilung der sophistischen Rhetorik im ›Gorgias‹ verstellt wohl wirkungsgeschichtlich erfolgreich den Blick für die implizite Rhetorizität der Platontexte. Obwohl schon Cicero – die geheime performative Rhetorikaffinität der Platonischen Texte durchschauend – Platon als *orator summus*[8] benennt, wird der strukturell rhetorische Charakter – selbst in einem so handgreiflichen Fall

[5] Zur Bedeutung von Etho- und Pathopoiesis für die rhetorische Glaubwürdigkeit *(pistis)* s. Aristoteles, Rhetorik, 1356a.

[6] „Von Dions Vermögen habe ich nichts gefordert, und niemand hat mir etwas gegeben" (350b).

[7] M. F. Quintilianus, Institutionis oratoriae, IV 2, 31–60.

[8] M. T. Cicero, De oratore, I 46.

wie dem ›siebten Brief‹ – übersehen. Gerade hier ist es sinnvoll, einen zweifachen literarischen 'Platonaspekt' zu unterscheiden:

a) den fiktiven Platon, der als literarisches Objekt in den autobiographisch angelegten Passagen und philosophischen Aussagen des Briefes direkt dargestellt wird;
b) den auktorialen Platon, der sich als literarisches Subjekt im gedanklichen Duktus und Stil der epistolaren Rhetorik nur indirekt-performativ bekundet.

Ein aufschlußreiches Beispiel dafür ist der Anfang des Briefes. Hier stellt sich der fiktive Platon in der Grußformel „Platon wünscht Dions Angehörigen und Vertrauten alles Gute" (323d) selbst als Autor vor. Der ›siebte Brief‹ antwortet auf die Bitte der Freunde und Angehörigen Dions um Beistand in Tat *(ergon)* und Rede *(logos)*. Der fiktive Platon weicht einer direkten finanziellen Unterstützung oder diplomatischen Aktion zunächst aus, und formuliert seine Hilfszusage lediglich hypothetisch. Er bindet seine Zustimmung zur Hilfeleistung an die Bedingung der Übereinstimmung der Dioneer mit den Ansichten und Absichten Dions.

> Ich sage zu, wenn Ihr wirklich dieselben Ansichten und Wünsche habt wie er, Euch beizustehen, wenn nicht, es noch mehrfach zu überdenken (324a).

Durch diese thematische Wendung von der konkreten politischen Situation zu der allgemeinen Frage der politischen Grundüberzeugungen Dions eröffnet sich der Weg zur biographisch-programmatischen Erläuterung der Platonischen Politik und Philosophie. Diese Verschiebung des thematischen Niveaus auf die Ebene eines allgemeinen und biographisch gestützten Politik-Konzeptes wird vom antiken Leser wohl nicht als künstliches Ausweichmanöver empfunden worden sein. Im Gegenteil schafft die Substitution der konkreten Fragestellung *(quaestio finita)* durch die allgemeine *(quaestio infinita)* eine Reflexionsebene mit hohem Abstraktionsgrad, die als typisch philosophisch gelten kann. Der Verfasser des Briefes stellt sich durch die Gedankenführung als Philosoph vor, der Duktus der Eingangspassage macht somit die Anredeformel, die den berühmten Philosophen als Autor nennt, für den Leser glaubwürdig. Der fiktive und der auktoriale Platon stützen sich gegenseitig. Unter dem rhetorischen Gesichtspunkt der Glaubwürdigkeit erweist sich dieser Briefanfang als plausible Konstruktion, denn er vergegenwärtigt durch den Rededuktus das typische Ethos des Philosophen. Die Pointe besteht dabei darin, daß das kritisch-beratende Sendschreiben selbst die Unterstützung ist, die der Philosoph zu geben bereit ist. Der Brief nimmt den günstigen Augenblick *(kairos)* einer Umlenkung der unmittelbaren praktischen Aktion in die theoretische Reflexion wahr.

### *b) Die narrative Legitimation der politischen Revolution*

Die autobiographisch gefärbte Eingangserzählung der politischen Verhältnisse in Athen (323b–326b) beabsichtigt, das endgültige Scheitern herkömmlicher Politik vor Augen zu führen und die Notwendigkeit einer philosophischen Revolution narrativ zu legitimieren. Der fiktive Platon berichtet, daß seine jugendliche Leidenschaft für das Politische *(politike epithymia*, 325b) sowohl unter der oligarchischen Gewaltherrschaft der Dreißig als auch der anschließenden gemäßigten Demokratie, die den Sokrates zum Tode verurteilt hatte, nicht zu verwirklichen gewesen sei. An eine Reformation der Politik durch die traditionelle Hetairie ist mangels geeigneter Parteifreunde nicht mehr zu denken. Der Topos des allgemeinen Sittenverfalls schließt jede Hoffnung auf immanente Besserung aus.

> ... und der Verfall der Gesetzgebung und der Sitten nahm in unglaublichem Maße zu, so daß ich, anfangs noch voll Eifer, öffentliche Aufgaben anzugehen, wenn ich das betrachtete und sehen mußte, wie es drunter und drüber ging, schließlich schwindelig wurde (325d/e).

Das in politischer Rhetorik oft gebrauchte Chaos-Motiv steigert sich hier durch die Beschreibung seiner physischen Auswirkung: Die Haltlosigkeit der Verhältnisse destabilisiert selbst den unbeteiligt zuschauenden Philosophen und macht ihn 'schwindelig'. Das offensichtliche Versagen der sophistisch-rhetorischen Meisterung des politischen Prozesses und der Niedergang Athens am inneren Parteienstreit scheint für Platon eine lebendige Erfahrung gewesen zu sein. Durch eine Verallgemeinerung der Mißstände vor dem Hintergrund der Krankheitsmetapher wird schließlich jede Aussicht besserer Politik außerhalb Athens bestritten.

> Schließlich mußte ich an allen heutigen Städten erkennen, daß sie insgesamt eine schlechte Verfassung haben – denn was ihre Gesetze betrifft, ist nahezu unheilbar, wenn nicht eine wunderbare Planung auf glückliche Umstände trifft – ... (326a).

Nach der Betonung der „Unheilbarkeit“ der konventionellen Politik wird die Perspektive der Hoffnung auf Besserung auf die außergewöhnliche Wendung des Geschickes *(tyche)* verlegt. Der Weg ist frei für die konklusive Sentenz, auf die der Leser nun ausreichend narrativ vorbereitet worden ist. Gemeint ist der sogenannte *Philosophen-Königs-Satz*, der mit der Identität von Philosophen und politischen Machthabern die Lösung der vorher dargestellten universalen Misere enthält.

Daher werden die Generationen der Menschen nicht vom Elend erlöst, bevor entweder die Klasse der auf rechte und wahrhafte Art Philosophierenden an die städtischen Ämter gelangt oder die der Machthaber in den Städten durch göttliche Fügung wahrhaft zu philosophieren beginnt (326 a/b).

Die chiastisch geformte Sentenz stellt in prägnanter Kürze ein philosophisches Politikprogramm vor, das zugleich im topischen Kontext des traditionellen mythischen Geschichtsbildes verbleibt. Demnach erscheint die Erlösung der Menschen von der Schlechtigkeit nicht als autonome menschliche Tat, sondern als göttliche Fügung *(moira theia)*. Die realgeschichtliche Rolle des politischen Idealismus kann hier offensichtlich auf traditionelle mythologische Topoi nicht verzichten. Politisches Handeln stellt sich nicht als historische Tat autonomer Subjektivität dar, sondern als eudaimonische Wendung von Unglück in Glück.

Die Heroisierung und mythische Selbststilisierung des fiktiven Platon darf wohl als eine performative Meisterleistung des auktorialen Platon gelten, gerade weil sie die Hineinspiegelung eines durchgängig ironischen Gegensinnes enthält. Zu deutlich wird hier hintergründig die Geschichte des verhinderten Politikers geschildert, dessen Ambitionen weder in der Oligarchie noch Demokratie zum Zuge kommen. Dieser Ausschluß von der unmittelbaren Praxis öffentlichen Handelns führt zu einer distanziert-theoretischen Haltung, in der die reale Politik wie ein Schauspiel erlebbar und beurteilbar wird. In wachsend theoretischer Einstellung unter dem ideellen Gesichtspunkt der Gerechtigkeit durchschaut, erscheint die sich in Umstürzen bewegende Realpolitik zunehmend problematischer:

Wie ich mir dies nun anschaute: die Menschen, die die Angelegenheiten der Stadt besorgten, und die Gesetze und Gewohnheiten – je mehr ich das durchschaute und zugleich an Alter zunahm, desto schwieriger kam es mir vor, eine Stadt richtig zu verwalten (325 c/d).

Die distanziert theoretische Einstellung, das Erkalten der anfänglichen politischen Leidenschaften, Ohnmacht gegen eine zunehmend befremdende politische Praxis bilden den Erfahrungshintergrund für das im Philosophen-Königs-Satz vertretene Ideal vollmächtiger Philosophenherrschaft. Dabei wäre es eine Verkürzung der Eingangserzählung, ihre ironische Note allein auf das kompensatorische Ideologem eines zurückgewiesenen politischen Eros zu interpretieren, das die reale Ohnmacht durch ein ideales Programm philosophischer Omnipotenz kompensiert. Aber auch die im Text ausdrücklich beanspruchte positive Leistung der Philosophie entbehrt nicht der Zweideutigkeit. Gemeint ist die im Selbstlob gefeierte Einsicht in die Idee der Gerechtigkeit. „... und ich mußte zum Lobe der wahren Philosophie sagen, daß allein sie es ist, die einsehen läßt, was alles im städtischen Bereich gerecht ist und im Privaten" (326a).

Dabei erzeugt sich die objektive politische Ironie des Idealismus aus dem Gegensatz seiner theoretischen Begründung einerseits und seiner realgeschichtlichen Wirkungsintention andererseits: Die ideale Orientierung am Unveränderlichen der Idee soll eine reale Veränderung der Menschheitsgeschichte legitimieren, die das Ausmaß herkömmlicher Politik bei weitem übertreffen soll. Der auktoriale Platon schafft hier eine sehr wirkungsvolle und problematische Figur politischer Argumentation: Unter Berufung auf das streng Ungeschichtliche zur geschichtlichen Umwälzung der Menschheitsgeschichte aufzufordern.

### c) *Die dialektische Vermittlung der philosophischen Eunomie*

Der Platon des ›siebten Briefes‹ grenzt sich vor allem gegen die sophistisch aufgeklärten Pseudophilosophen ab, die „in Wirklichkeit nicht philosophisch sind, nur mit Scheinwissen eingefärbt wie die Körper, die die Sonne verbrannt hat" (340a). Es ist daher nicht zufällig, daß das Beispiel philosophischer Lehre, das er im ›siebten Brief‹ gibt, in einer dialektischen Untersuchung zum Erkenntnisproblem besteht. Dabei werden vier Darstellungsweisen des Seienden unterschieden: erstens die Benennung *(onoma)*, zweitens die Erklärung *(logos)*, drittens das Abbild *(eidolon)* und viertens die Erkenntnis *(episteme)*. Innerhalb dieses vierstufigen Schemas werden dann die drei Formen des doxalen Wissens, d.h. Name, Erklärung, Abbild, von der Erkenntnis abgehoben. Der gedankliche Aufstieg von den Ansichten zur Einsicht geschieht hier nicht wie bei Parmenides in der Weise eines philosophischen Mythos, sondern in der Form dialektischer Dihairesis. Zu ihrer weiteren Erläuterung greift aber der ›siebte Platonbrief‹ das Parmenideische Beispiel des Kreises wieder auf.

Es gibt etwas, was wir Kreis nennen, das hat eben diese Benennung, die wir jetzt aussprachen. Die Erklärung ist das zweite von ihm, sie ist aus Nomina und Verben zusammengesetzt: Das, was nämlich von seinen äußersten

Punkten zur Mitte überall gleich entfernt ist, das wäre die Erklärung dessen, was die Benennung rund, gleichmäßig gebogen und Kreis trägt. Das dritte ist das, was gemalt und wieder ausgewischt wird, gedrechselt und wieder zerstört wird. Davon erfährt der Kreis selbst, um den es bei all dem geht, nichts, denn er ist etwas anderes als das (342bf.).

Diese am geometrischen Beispiel des Kreises vollzogene Unterscheidung des Seienden selbst von seinen äußeren sprachlichen und bildlichen Darstellungsformen stellt eine unausgesprochene Kritik der Sophistik dar. Sie greift vor allem die gorgianische Verabsolutierung der bilderzeugenden Rede an, die im Medium der 'Wortmalerei' das Seiende willkürlich erscheinen läßt und die öffentliche Rede als einzigen Ort der Wahrheit anerkennt. Namen, Definitionen und bildliche Darstellungen bilden für Platon keine zuverlässigen Wissensformen und bleiben gekennzeichnet durch die Nicht-Identität der *doxa*, die grundsätzlich das mit sich identisch Seiende verfehlt. Nur das Denken kann dagegen die Natur des Kreises an sich – „infolge seiner Verwandtschaft und Ähnlichkeit" (342d) – erkennen. Mit dieser Neuformulierung der Parmenideischen Identität von Sein und Denken verlegt Platon den Ort der Wahrheit aus der öffentlichen Rede in die denkende Seele des einzelnen zurück: „das Wissen und Denken und die wahre Ansicht über dies; alles dies muß man als eines ansetzen, das nicht in den Lauten und nicht in den körperlichen Gestalten, sondern in den Seelen ist" (342c).

Die theoretische Wesenserkenntnis, die das eidetische 'Was' des Seienden selbst erfaßt, wird gegen das technische Wissen der Sophistik, die sich lediglich auf das 'Wie' seines Erscheinenlassens im Medium von Bild und Sprache bezieht, abgegrenzt. „Zweierlei ist, was etwas ist und wie etwas ist, und nicht das Wie, sondern das Was sucht die Seele zu erfahren" (343bf.). In dieser Unterscheidung zwischen der theoretischen und rhetorisch-technischen Wissensform schlägt sich wahrscheinlich „die unheimliche Erfahrung, die die griechische Bildung im Jahrhundert der Sophistik machte, daß sich im Reden alles verwirren läßt",[9] begrifflich nieder. Hatte nicht auch die sophistische Rhetorik den demagogischen Niedergang der athenischen Demokratie mit verursacht? Die Platonische Erneuerung des denkenden Erkenntnisbezugs zum redetranszendenten Sein gibt somit die Perspektive eines politischen Orientierungswissens, das nicht mehr dem öffentlichen Redemedium und seinen Meinungsschwankungen aus-

[9] H.G. Gadamer, Dialektik und Sophistik im siebten platonischen Brief, 25.

geliefert ist. Die Methode dialektischer Dihairesis zielt auf die Freilegung eines solchen zuverlässigen politischen Wissens „vom Guten und Schönen und Gerechten" (342 d), von dem sich nun auch eine philosophische Lösung der sophistisch anscheinend unlösbaren Aufgabe einer Meisterung des politischen Prozesses erwarten läßt.

Die dialogisch-dialektisch vermittelte Einsicht in das Gute und Gerechte selbst ermöglicht nämlich ein apodiktisches Wissen auch auf dem Gebiet des Politischen, das die vom Redestreit belastete konsensuelle Wahrheit der demokratischen Öffentlichkeit hinter sich zurück läßt. Im Blick auf die unveränderliche Idee des Guten und Gerechten ergibt sich das Ideal eines Verfassungsstaates, der „nicht menschlichen Herrschern untertan" ist, „sondern Gesetzen" (334 c). Dieser Platonische Gesetzesstaat bildet den antisophistischen und demokratiekritischen Versuch einer „Wiederherstellung der Polisordnung"[10] in der Form einer Eunomie, die durch philosophische Gesetzgeber gestiftet werden soll. Ähnlich wie Parmenides versteht der ›siebte Brief‹ den Philosophen als Gesetzgeber, der aus seiner überlegenen Einsicht heraus eine eunomische Ordnung stiften kann, um die Menschen aus den Unberechenbarkeiten des doxal bestimmten politischen Prozesses zu retten. Die in redeloser Einsicht gewonnene Konzeption des Idealstaates muß aber, um Wirklichkeit zu werden, der vorphilosophischen Lebenswelt durch Rede überzeugend vermittelt werden. In dieser Notwendigkeit dialogisch-dialektischer Vermittlung reiner Vernunfteinsicht liegt aber auch das spezifisch persuasive Moment des Platonischen Idealismus.

### d) *Die gescheiterte Überredung des Tyrannen*

Das Medium politischer Einflußnahme, das die autobiographische Schilderung des ›siebten Briefes‹ durchweg bestimmt, ist nicht die militärische Gewalt, sondern allein persuasive Rede. Der fiktive Platon erscheint aufgrund seiner Überredungsgabe *(peitho)* als realpolitische Macht, die für Dion sogar den Einsatz Schwerbewaffneter und der Reiterei überflüssig macht.

Platon, ich komme zu Dir als Flüchtiger, bitte nicht um Schwerbewaffnete und brauche auch keine Reiter, um mich vor den Gegnern zu schützen, sondern Deine Gedanken und Deine Überredungsgabe, von der ich weiß, daß Du mit ihr besonders junge Menschen zum Guten und Gerechten bewegen und

[10] Chr. Meier, Die Entstehung des Politischen bei den Griechen, 280.

so immer wieder Freundschaft und Zusammenhalt unter ihnen begründen kannst (328d/e).

Der Philosoph wird hier zum entscheidenden Faktor im politischen Machtkampf, insofern durch seine philosophischen Unterredungen nicht nur die Einsicht in das Gute und Gerechte gefördert, sondern auch eine freundschaftlich-erotische Bindung zwischen den Gesprächspartnern ermöglicht wird. Das Programm einer Vereinigung von Philosophie und politischer Macht erweist sich als plausibel, weil die dialogisch-dialektische Redefähigkeit von sich aus schon eine virtuell politische Dynamis besitzt. Gemeint ist der – im ›Phaidros‹ paradigmatisch vorgeführte[11] – werbende Charakter philosophischer Rede, der im Medium der Sachauseinandersetzung darauf abzielt, den Gesprächspartner als Person zu gewinnen und sich mit ihm dauerhaft zu befreunden. Ausdrücklich betont Platon auch im ›siebten Brief‹ den unaufdringlichen und gewaltfreien Charakter seiner philosophischen Beratungsrede:

> Wenn einer aber gar nicht um Rat fragt oder offensichtlich einem Ratgeber keineswegs folgen wird, auf so einen Menschen gehe ich ungebeten nicht zu mit meinem Rat, und zwingen werde ich niemanden mit Gewalt – und wenn es mein Sohn ist (331b).

Die konsequente Aktualisierung der werbend-persuasiven Potenz philosophischer Unterredung wird zum strategischen Schlüsselelement idealistischer Politik, das die in der Eingangserzählung vorgestellte Aporie praktisch-politischer Ohnmacht beheben soll.

Die Tyrannis des Dionysios II auf Sizilien eröffnet der philosophischen *Peitho* die Möglichkeit unmittelbaren und umfänglichen Machterwerbs. Ausdrücklich argumentiert der fiktive Platon mit dem Kairos-Charakter der geschichtlichen Situation, in der durch einen einzigen persuasiven Sieg die gesamte Macht erreichbar wird. „Denn ich mußte nur einen einzigen Mann hinreichend überzeugen und hätte schon alles zu einem guten Ende gebracht“ (228c). Die tyrannische Herrschaftsform ermöglicht der dialogisch-dialektischen Rede des Philosophen hier ein Optimum an Einflußnahme. Sie besitzt vor allem gegenüber der Demokratie den pragmatisch-strukturellen Vorteil, die politische Revolution in der Form der Ein-Mann-Überzeugung bewerkstelligen zu können.

[11] Zum erotischen und freundschaftsstiftenden Charakter dialogischer Überredung am Beispiel des ›Phaidros‹ s. H. Niehues-Pröbsting, Überredung zur Einsicht, 152ff.

Auch das Problem des Machterhaltes durch eine zuverlässige politische Partei ausgewählter Männer läßt sich durch die persuasiv-gemeinschaftsstiftende Kraft des philosophischen Logos lösen. Der Instabilität der banausischen Hetairien, in denen „die meisten sogenannten Freunde aus Einladungen, einfachen Weihen und großen Mysterien" (333e) gewonnen werden, setzt der fiktive Platon das Konzept seiner dialogisch-dialektischen Befreundung entgegen. Der akademische Lebensstil, sich mit sich selbst und anderen im Medium des philosophischen Umgangs zu befreunden, soll dem Herrscher erlauben „sich andere Menschen unter seinen Angehörigen und Gleichaltrigen zu Freunden zu gewinnen, die einig mit ihm sind, wenn es um die beste Lebensart geht ..." (332b). Der Tyrann erwirbt so „zuverlässige Freunde und Vertraute" (331e), denen er Führungspositionen anvertrauen kann. Der philosophische Lebensstil führt so zu einer neuen Art von politischer Hetairie, die durch ihren inneren Zusammenhalt die Stabilität von staatlichen Herrschaftsgebilden garantieren kann.

Die Strategien, die auf eine Erwerbung und Erhaltung der politischen Macht durch die exoterische Politisierung der Philosophie zielen, sind zweifellos antidemokratisch. Die privat-persuasive Einflußnahme auf Dionysios II ist als ein fragwürdiger Versuch der Erlangung von Herrschaft unter Ausschaltung der demokratischen Öffentlichkeit zu beurteilen.[12] Diese im ›siebten Brief‹ geschilderte Präferenz für die Tyrannis läßt sich nicht nur durch biographische oder pragmatische Aspekte erklären, sondern hat strukturelle Gründe im kommunikativen Stil der Platonischen Philosophie selbst. Aufgrund ihrer dialogisch-dialektischen Verfassung ist sie für die Redekämpfe in der Volksversammlung ungeeignet. In der von den Sophisten reflektierten und den Rhetoren gemeisterten demokratischen Streitkultur öffentlicher Rede- und Gegenrede, in der einer vor vielen spricht, kann sie sich – wie der verlorene Sokrates-Prozeß beweist – nicht behaupten. In der Unterredung mit einzelnen Personen erweist sich dagegen die Platonische Dialektik – wie die dialogischen Widerlegungen der Sophisten durch Sokrates paradigmatisch zeigen – gegenüber der öffentlichkeitsbezogenen Rhetorik als überlegen. Unter dem Gesichtspunkt der optimalen politischen Einflußnahme ist der Tyrann als Personifizierung politischer Macht der „natürliche" Ansprechpartner, der Dialog des Philosophen mit dem Tyrannen nicht etwa eine unter

[12] Zur Abgrenzung von privat-persuasiver und rhetorischer Überredung s. P.L. Oesterreich, Fundamentalrhetorik, 45ff.

mehreren gleichwertigen Optionen, sondern die Konsequenz der kommunikativen Struktur Platonischer Philosophie.

Auch die Strategie der philosophischen Organisation einer zuverlässigen politischen Hetairie enthält eine klare demokratiekritische Tendenz. Im Gegensatz zur sophistischen Ansicht der allgemeinen Lehr- und Lernbarkeit vertritt der fiktive Platon im ›siebten Brief‹ die Auffassung von der faktisch eng begrenzten Mitteilbarkeit der Philosophie. Diese setzt neben Gedächtnis und Lernfähigkeit eine nicht erwerbbare Artverwandtheit mit der Sache voraus.

Mit einem Wort: Wer der Sache nicht artverwandt ist, den kann weder Lernfähigkeit noch gutes Gedächtnis jemals dazu machen (denn in eine fremdartige Umgebung geht sie gar nicht erst hinein) (344a).

Ferner verlangt die philosophische Einsicht den intensiven persönlichen Kontakt des Lehrers mit seinem Schüler. Auch dann ereignet sie sich, wie die folgende feuermetaphorische Schilderung zeigt, regellos und mit unberechenbarer Plötzlichkeit:

... denn es läßt sich keineswegs in Worte fassen wie andere Lerngegenstände, sondern aus häufiger gemeinsamer Bemühung um die Sache selbst und aus dem gemeinsamen Leben entsteht es plötzlich – wie ein Feuer, das von einem übergesprungenen Funken entfacht wurde – in der Seele und nährt sich dann schon aus sich heraus weiter (341 cf.).

Unter diesen Bedingungen der besonderen natürlichen Begabung, der langjährigen Pflege eines akademischen Lebensstils und der Okkasionalität philosophischer Einsicht, kann die Philosophie nur eine Angelegenheit weniger, dann allerdings eng befreundeter und ihrer Geistesaristokratie bewußter Menschen sein. Diese elitäre Konstitutionsstruktur der Akademie läßt sich mit einer – wenigstens dem Anspruch nach – egalitären demokratischen Öffentlichkeit nicht vermitteln. Der Versuch, die akademische Hetairie zur politischen zu wenden, enthält eine Affinität zur geistesaristokratisch begründeten Oligarchie.

Für den Autor des ›siebten Briefes‹ stellen diese antidemokratischen Tendenzen der geplanten Integration von Philosophie und politischer Macht allerdings keinen nennenswerten Einwand dar. Den fiktiven Platon läßt er auch nach dem Scheitern aller Pläne von der Realgeschichte nicht belehrt erscheinen. Am Ende glaubt er die „Eigenart *(atopia)* und Unverständlichkeit *(alogia)*" (352a) des Geschehens zufriedenstellend mit dem Verweis auf unglückliche Umstände erklärt zu haben. Der Versuch der literarischen Selbstbehauptung Platonischer Politik gegen die Macht der Realgeschichte entbehrt allerdings nicht der unfreiwilligen Komik. Den aufmerksamen Leser läßt die autobiographische Erzählung durchaus die Gründe für das Scheitern des fiktiven Platon durchschauen. Vor allem ein Punkt sei hervorgehoben, der das Illusionäre der idealistischen Politikstrategie zeigt. Die dialektische Dialogik erweist sich auf dem Felde der politischen Einflußnahme, selbst in der interindividuellen Überredungssituation als unterlegen. Sie ist dem strategischen Logos, der Verleumdung, der druckvollen Werbung, dem falschen Versprechen, der verbalen Drohung und Nötigung nicht gewachsen. Der persuasive Angriff auf den Tyrannen mündet in die Niederlage des Philosophen. Der Versuch politischer Einflußnahme durch Philosophie endet im Schein einer öffentlich zur Schau gestellten Freundschaft mit einem Tyrannen.

Bis dahin hatte ich auf diese Weise der Philosophie und meinen Freunden beizustehen versucht. Danach jedoch lebten Dionysios und ich so, daß ich nach draußen schaute wie ein Vogel, der von irgendwo wegfliegen möchte, er aber nach Mitteln suchte, wie er mich zum Schweigen brächte, ... Dennoch gaben wir uns ganz Sizilien gegenüber als gute Freunde (347 e/348 a).

Der ›siebte Brief‹ enthält somit neben der vordergründigen Stilisierung und neomythischen Heroisierung des idealistischen Politikprogramms eine entgegengesetzte Botschaft: Das antidemokratische Politikexperiment endet für den Philosophen in der Gefangenschaft simulatorischen Scheins und potenzierter Ohnmacht. Sollte der historische Platon zu einer solchen ironischen Selbstentzauberung fähig gewesen sein?

Jedenfalls zeigt der ›siebte Platonbrief‹ die schwierige und gefahrvolle Lage des Platonischen Idealismus in der *rhetorischen Differenz*, deren dialektische Kommunikationsform sowohl den gegnerischen Strategien auf dem Feld des Privat-Persuasiven, als auch der rhetorisch geführten Mengenkommunikation unterlegen ist. Dabei muß der ›siebte Brief‹ nicht unbedingt als abschreckendes Beispiel gelesen werden, das den öffentlichen Vernunftgebrauch der Philosophie generell als aussichtslos erweist. Der ›siebte Platonbrief‹ stellt nicht zuletzt ein Dokument der Selbstreflexion *öffentlicher Vernunft* über einen gescheiterten Versuch dar, der weitere Unternehmungen der Philosophie auf dem Gebiet des Politischen nicht ausschließt.

## 4. 'Orator perfectus'. Ciceros und Quintilians Konzeption der Redekultur als Mittelpunkt der staatlich-politischen Lebenswelt

Doch wenn man alle Beziehungen betrachtet und bedenkt, ist keine unter ihnen wertvoller und wesentlicher als die, die jeden von uns mit dem Staat verbindet.[1]

Cicero und Quintilian sind die Hauptvertreter des rhetorisch geprägten römischen Bildungshumanismus, dessen weitreichender Einfluß innerhalb der abendländischen Geistesgeschichte zwar bekannt, aber dessen philosophisches Eigengewicht oft unterschätzt wird.[2] Im folgenden soll gezeigt werden, daß beide einen eigenständigen römischen Stil *öffentlicher Vernunft* entwickelt haben, der die moralischen Ansprüche des Platonismus mit dem technisch-praktischen Wissen der sophistischen Rhetoriktradition verbindet. Kennzeichnend für sie ist der Versuch, die römisch-bürgerliche Lebenswelt mit der Philosophie im Medium der Rhetorik vermitteln zu wollen. Dabei bildet die theoretische Philosophie – wie Cicero betont – zwar die Basis der Rhetorik: „Nun ist aber die Grundlage der Redekunst, wie aller anderen Dinge auch, die Philosophie."[3] Andererseits löst sie sich aber nicht radikal vom staatlichen Leben ab, sondern bleibt – gemäß dem übergeordneten Prinzip der Angemessenheit (*decorum* bzw. *aptum*) – der *res publica* verantwortlich und an die staatsbürgerlichen Pflichten gebunden. Die philosophische Vernunft darf sich deshalb nicht nur der beschaulichen Pflege eines zurückgezogenen akademischen Lebensstils widmen. Sie soll sich im Gegenteil gerade inmitten der staatlich-politischen Öffentlichkeit oder – wie Quintilian es ausdrückt – „im

[1] M. T. Cicero, De officiis/Von den Pflichten, lateinisch-deutsch, hrsg. v. H. Merklin, Frankfurt a. M. u. Leipzig 1991, I 57.

[2] Zur abendländischen Wirkungsgeschichte von Cicero und Quintilian s. u.a. Th. Zielinski, Cicero im Wandel der Jahrhunderte, Darmstadt [5]1967 u. O. Seel, Quintilian oder die Kunst des Redens und Schweigens, Stuttgart 1977.

[3] M. T. Cicero, Orator, hrsg. v. B. Kytzler, München/Zürich [3]1988, 70.

hellen Licht des Forum"[4] bewähren können. Dazu bedarf es einer personbezogenen philosophisch-rhetorischen Ausbildung, die über den bloßen Wissenszuwachs hinaus auf die praktische Weisheit öffentlichen und vernünftigen Redenkönnens zielt. Für diese der Ausbildung öffentlicher Vernunft verpflichtete Philosophie hat Cicero die programmatische Konzeption und Quintilian das entsprechende Curriculum entworfen.

### *a) Ciceros ›De oratore‹: Vernünftiges Redenkönnen als kulturstiftende Macht*

Cicero hat vor allem in seinem rhetoriktheoretischen Hauptwerk ›De oratore‹ die Vereinigung von Philosophie und Rhetorik gefordert und das Leitbild eines philosophisch gebildeten Redners entworfen. Im folgenden soll gezeigt werden, daß er damit nicht bloß einer „Sprachideologie des philosophischen Orators"[5] das Wort redet oder den Versuch unternimmt, die Figur des Redners zu „einer geradezu mythologischen Größe"[6] zu stilisieren, sondern vor dem Hintergrund einer Kulturtheorie argumentiert, die sich mit den Problemen der Begründung, Bewahrung und Gefährdung der staatlich-politischen Lebenswelt befaßt. Dem menschlichen Zusammenleben in zivilisierten Staaten liegt – so Cicero – weder die bloße Gewalt noch die reine Vernunft zugrunde, sondern die ursprüngliche Macht vernünftiger Rede. Gemäß der Genealogie von ›De oratore‹ soll sie die barbarische Menschheit aus der Wildnis heraus und zur Freiheit der städtischen Zivilisation geführt haben.

> Ja, welche Macht sonst, um zum Allerwichtigsten zu kommen, vermochte die zerstreuten Menschen an einem Orte zu versammeln, sie von einem wilden und rohen Leben zu unserer menschlichen und politischen Gesittung *(ad hunc humanum cultum civilemque)* hinzuführen oder schon bestehenden Staatswesen die Gesetze, Gerichte und Rechtsnormen vorzuschreiben.[7]

Cicero stellt hier das vernünftige Redenkönnen als das zentrale Prinzip politisch-staatlicher Selbstorganisation dar, die für den an-

[4] M. F. Quintilianus, Institutionis oratoriae, XII 2,8.

[5] K. O. Apel, Die Idee der Sprache in der Tradition des Humanismus von Dante bis Vico, 145.

[6] G. K. Mainberger, Rhetorica I. Reden mit Vernunft, 271.

[7] M. T. Cicero, De oratore/Über den Redner, I 33. Im folgenden werden die Stellenangaben den Zitaten direkt nachgestellt.

tiken Menschen die Voraussetzung für eine menschenwürdige und lebenswerte Existenz darstellt. Als urstiftende Macht begründet es die menschliche Kultur in der *res publica* und bleibt der tragende Grund für das geschichtliche Leben ihrer Institutionen. Damit deutet er den anthropologischen Topos vom Menschen als vernunftbegabtem Lebewesen (*zoon logon echon*, bzw. *animal rationale*) von der kommunikativen und expressiven Kraft der öffentlichen Rede und ihrer gemeinschaftsstiftenden Wirkung her. „Dies eine ist doch unser wesentlichster Vorzug vor den Tieren, daß wir miteinander reden und unseren Gedanken durch die Sprache Ausdruck geben können" (De or. I 32). Der Mensch erscheint hier nicht als Mängelwesen, sondern ausgestattet mit dem Reichtum vorzüglicher Redebegabung, die es ihm gestattet, sich von der übrigen Natur ab- und hervorzuheben. Das Höchstmaß persuasiver Kraft wäre dann ein Redenkönnen, das erlaubte „... die Menschen durch die Rede in seinen Bann zu schlagen, ihre Neigung zu gewinnen, sie zu verleiten, wozu man will, und abzubringen, wovon man will" (De or. I 30). Cicero sieht in dieser persuasiven Überlegenheit des Redners nicht so sehr die Möglichkeit demagogischer Verführung, sondern die der gewaltlosen und legitimen politischen Führung durch öffentliche Rede, die einem freien Volk in friedlichen Verhältnissen angemessen ist: So verkörpert sich für Cicero die kulturgründende Macht vernünftiger Rede in der Gestalt des vollkommenen Redners *(orator perfectus)*, dessen persuasive Kompetenz das gewaltfreie Zusammenleben in Freiheit *(libertas)* und Frieden *(pax)* ermöglicht. Dieses Bildungsideal des *orator perfectus* erlaubt aber auch eine innerkulturelle Differenzierung zwischen den Menschen: Wie der zivilisierte Mensch vor den wilden Tieren, so ragt der ausgebildete Redner aus der Menge der Menschen hervor.

> Was ist denn so bewundernswert, wie wenn aus einer unermeßlich großen Zahl von Menschen ein einzelner hervortritt *(ex infinita multitudine homimun existere unum)*, der etwas, das von der Natur allen verliehen ist, alleine oder mit ganz wenigen auch zu verwirklichen vermag (De or. I 31).

Wenn Cicero hier vor dem Hintergrund einer Kulturhierarchie, die von wilden Bestien bis zum *orator perfectus* reicht, das Dasein des Redners als höchste und bewundernswerteste Seinsmöglichkeit des Menschen rühmt, dann betreibt er nicht nur eine elitäre Selbststilisierung, sondern zieht die Konsequenz seiner auf dem Prinzip vernünftiger Rede beruhenden Kulturanthropologie. Der innerkulturelle Unterschied zwischen den Menschen ist in erster Linie keiner der naturgegebenen Redebegabung, sondern einer ihrer kunstvollen Übung,

Ausbildung und Vervollkommnung. Der Wert des Redners beruht auf einer eigenen Bildungsanstrengung, durch die er sich erst seine natürliche Anlage bewußt und methodisch angeeignet und sie gesteigert und perfektioniert hat. Cicero interessiert hier nicht so sehr die private Glücksfindung oder individuelle Selbstverwirklichung, sondern die optimale Herausbildung der allgemein menschlichen Vernunftanlagen. Sein Existenzideal ist nicht das je eigene, private, sondern das öffentlich-gesellschaftliche Selbst, das sich vor und für sein politisches Gemeinwesen einsetzt und es versteht, „über jedes Thema, das in Worten zu entwickeln ist, sachkundig, wohlgegliedert, wirkungsvoll, aus dem Gedächtnis und mit angemessener Würde des Vortrags" (De or. I 64) reden zu können. Diesem Bildungsanspruch des Erwerbs umfassender öffentlicher Vernunftkompetenz und ihrer lebensweltangemessenen Performanz entspricht Ciceros Forderung nach Zusammenführung von Weisheit *(sapientia)* und Beredsamkeit *(eloquentia)*. Er betont: „ein eigentlicher Redner sei niemand als der Weise" (De or. I 83). Die universale Disziplin der Dinge und Worte soll Philosophie und Rhetorik im Sinne dieser personbildenden Philosophie vereinigen.

### *b) Die Trennung von Philosophie und Rhetorik als kulturelle Fehlentwicklung*

Cicero versteht diese Einigung von Philosophie und Rhetorik nicht als künstliche Zusammenfügung, sondern als Wiederherstellung der ursprünglichen Einheit nach einer sinnwidrigen Konflikt- und Zerfallsgeschichte beider Disziplinen. Die Aufnahme des rhetorischen Momentes in die Philosophie bedeutet dementsprechend die Wiedereinsetzung der Weisheit in ihr ursprünglich lebensweltbezogenes Wesen. Für die anfängliche Ungetrenntheit von Theorie und Praxis beruft sich Cicero auf den Homerischen Mythos. Am bekannten Beispiel des Achill-Erziehers Phoinix belegt er, daß die älteste Wissenschaft „Lehrmeisterin des rechten Handelns und richtigen Redens" (De or. III 56) gewesen sei. Mit Blick auf Staatsmänner und Redner wie Solon und Lykurg weist er ferner darauf hin, daß dieses Verständnis von Weisheit sich am Beginn der athenischen Demokratie wiederfinden läßt: „Diese grundsätzliche Befähigung zu denken, aufzutreten und zu reden, die nannten, meine ich, die alten Griechen Weisheit" (De or. III 56). Als Vertreter der „untrennbare(n) Weisheit des Handelns und des Redens im öffentlichen Leben" (De or. III 59) führt Cicero Lehrer- und Politikerpersönlichkeiten wie Perikles, Gorgias und Isokrates an.

Die Katastrophe der Zerfallsgeschichte dieser alten Weisheit beginnt mit dem Aufkommen rein theoretischen Philosophierens, das den Pflichten des politischen Lebens und der rhetorischen Ausbildung der Sophisten ablehnend gegenübersteht. Die Zentralfigur der Trennung von Philosophie und Rhetorik ist für Cicero der Sokrates der Platonischen Dialoge, der die „Wissenschaft des philosophischen Erkennens von der des wirkungsvollen Ausdrucks trennte, obwohl sie in der Sache doch zusammenhingen" (De or. III 60). Die offizielle abendländische Philosophiegeschichte gegen den Strich interpretiert, wird der Platonische Sokrates nicht zum Begründer philosophischer Weisheit sondern zu ihrem Zerstörer.

> Daher stammt jene so unsinnige, nutzlose und tadelnswerte Trennung gleichsam zwischen Zunge und Gehirn, die dazu führte, daß uns die einen denken und die andern reden lehrten (De or. III 61).

Die destruktive Energie der Platonischen Philosophie führt so zur Aufspaltung der alten Weisheit und endet nicht in toleranter Koexistenz, sondern in gegenseitiger Verachtung und feindseliger Isolation.

> ... die Philosophen verachteten die Redekunst, die Redner schätzten die Weisheit gering und mieden jegliche Berührung mit der Gegenseite, abgesehen von dem, was die einen von den anderen entlehnten (De or. III 72)

Trotz aller Feindseligkeit kommt selbst die sich reintheoretisch gebärdende Philosophie insgeheim nicht ohne rhetorische Anleihen aus. Gerade der geistesgeschichtliche Sieg der Philosophie Platons und die damit verbundene – bis heute anhaltende – Diskreditierung der sophistischen Bildungsbewegung stellt sich für Cicero als hochgradig rhetorischer Vorgang dar. Sokrates' unheilvolle Dominanz über seine Gesprächspartner beruhte demnach auf der Überlegenheit seiner rhetorischen Kompetenz, die unverkennbare Züge des *orator perfectus* trägt.

> Er überragte nach dem Zeugnis sämtlicher Gelehrten und dem Urteil ganz Griechenlands wohl alle sowohl an Klugheit, Scharfsinn, Liebenswürdigkeit und Gründlichkeit, wie auch besonders an Gewandtheit, Mannigfaltigkeit und Unerschöpflichkeit des Ausdrucks, welchem Thema er sich auch zuwenden mochte (De or. III 60).

Platon selbst wird wie gesagt aufgrund seiner meisterlichen philosophischen Dialogliteratur von Cicero als der wirkungsvollste und gewandteste von allen Rednern bezeichnet. Insbesondere im ›Gorgias‹

erweise er sich „mit seinem Spott über die Redner selbst als ein Meister der Beredsamkeit“ (De or. I 47). Dieses vordergründige Lob, das Platon als *orator summus* feiert, enthält zugleich einen massiven Tadel. Als Retorsionsargument formuliert, macht es auf einen performativen Widerspruch aufmerksam: Die Rhetorikkritik der angeblich reintheoretischen Philosophie vollzieht sich selbst in rhetorischer Form. Ethisch akzentuiert bedeutet das, daß die Philosophie Platons ein unredliches und falsches Spiel betreibt. Hinter den inhaltlich rhetorikrepugnanten Angriffen auf die Sophistik verbirgt sie ihre eigene rhetorische Strategie. Sie betreibt im Verborgenen das, was sie öffentlich bei anderen anklagt.

Ciceros ethische Kritik geht über die Platonische Verwandlung lebensweltzugehöriger Weisheit zur wissenschaftlichen Philosophie hinaus. Sie wendet sich überhaupt gegen den rein kontemplativen Lebensstil, den Rückzug in die Ruhe des Privatlebens, dessen Verlokkungen schon die frühen Theoretiker erlegen seien.

> So wandten sich zum Beispiel ein Pythagoras, ein Demokrit und Anaxagoras von der Staatslenkung ganz der Welterkenntnis zu. An diesem Leben fanden dank seiner Geruhsamkeit und der Verlockung der Wissenschaft an sich, dem Anziehendsten, was es für Menschen gibt, mehr Menschen, als den Staaten nützlich war, Gefallen (De or. III 56).

Das Entstehen des theoretischen Wissens und der ihm entsprechende kontemplative Lebensstil bekommt in der Darstellung Ciceros den negativen Zug eines egoistischen geistigen Hedonismus, der dem Staatsleben die besten intellektuellen Kräfte entzieht.

Insgesamt wendet sich Ciceros programmatische Idee einer persönlichkeitsbildenden Philosophie gegen die durch performative und ethische Widersprüche deformierte reintheoretische Philosophie, die sich systematisch ihrer gesellschaftlichen Verantwortung entzieht. Die angezielte Wiedervereinigung von Philosophie und Rhetorik und die Wiederherstellung öffentlicher Vernunftkompetenz und ihrer lebensweltangemessenen Performanz läßt sich innerhalb einer entwickelten Zivilisation aber nicht als unmittelbare Rückkehr zur ‘alten Weisheit’ verwirklichen, sondern bedarf der Institutionalisierung eines systematischen Bildungsganges.

### *c) Quintilians ›Institutio oratoria‹: Öffentliche Vernunft als Verbindung philosophischer, moralischer und rhetorischer Kompetenz*

Quintilians ›Einrichtung der Redekunst‹ (›Institutio oratoria‹) ist zweifellos *das* Lehrbuch der klassischen Rhetorik.[8] Die zwölf Bücher, die die gesamte relevante antike Rhetoriktheorie zusammenfassen, beschreiben die Ausbildung des Redners in den *fünf großen Künsten*: der Kunst der Gedankenfindung *(inventio)*, der argumentativen Anordnung *(dispositio)*, der sprachlichen Gestaltung *(elocutio)*, des Gedächtnisses *(memoria)* und des Auftretens *(actio)*. Ciceros Idee der Ausbildung öffentlicher Vernunft hat Quintilian hier ein konkretes curriculares und didaktisches Konzept hinzugefügt.

Quintilian teilt die Auffassung Ciceros, daß zuerst „Philosophie und Redekunst wie ihrem Wesen nach verbunden so auch in ihrer praktischen Wirkung im Leben vereint" (Inst. or., I Proe. 13) waren. Sein Rednerbild orientiert sich ebenfalls am Ideal der 'alten Weisheit', die in sich philosophische, rhetorische und ethisch-politische Tugenden vereinigt.

> Es sei also der Redner der Mann, der den Namen des Weisen recht eigentlich verdient: nicht nur in seiner Lebensführung vollkommen, ... sondern vollkommen auch durch sein Wissen und die Gabe, für alles das rechte Wort zu finden (Inst. or., I Proe. 18).

Wenn Quintilian definiert, die Rhetorik sei die Wissenschaft, gut zu reden *(rhetoricen esse bene dicendi scientia)*, dann geht er über die eindimensionale Fassung der Rhetorik als Technik der Überredung bzw. Überzeugung hinaus. Seine Definition beinhaltet, neben der rhetorisch-technischen Eloquenz, das Wissensmoment der Philosophie und die moralische Integrität der Lebensführung. Eine rein technische Rhetorikausbildung kommt für Quintilian deshalb nicht in Frage. Ausdrücklich betont er die Zusammengehörigkeit von Redegabe und Tugend:

> Dem vollkommenen Redner aber gilt unsere Unterweisung in dem Sinne jener Forderung, daß nur ein wirklich guter Mann ein Redner sein kann; und deshalb fordern wir nicht nur hervorragende Redegabe in ihm, sondern alle Mannestugenden (Inst. or., I Proe. 9).

[8] Institutionis oratoriae libri XII. Im folgenden werden die Stellenangaben den Zitaten direkt nachgestellt. Zur rhetorischen Terminologie s. E. Zundel, Clavis Quintilianea. Quintilians ›Institutio oratoria‹ aufgeschlüsselt nach rhetorischen Begriffen, Darmstadt 1989.

Der vollkommene Redner *(orator perfectus)* soll zugleich ein Weiser *(vir sapiens)* und moralisch integrer Mensch *(vir bonus)* sein. Diese Personalunion des vollkommenen Redners, Philosophen und guten Staatsbürgers, der in sich rhetorische, intellektuelle und moralische Kompetenzen vereinigt, darf nicht als beliebiges Wunschbild und Existenzideal mißverstanden werden, sondern als Ausdruck einer ethischen Problemlage. Die isolierte und entfesselte Macht der Rede, die getrennt von Einsicht und moralischer Gesinnung auftritt, besitzt nämlich ein tendenziell asoziales und destruktives Potential. Die moralisch und intellektuell nicht gebändigte Technik der Rhetorik bedroht die Lebenswelt mit der Gewalt zwanghafter Überredung und demagogischer Verführung. Die Macht der Rede, Menschen unkontrolliert zur Verfügung zu stellen, ist so, als gäbe man „Rasenden gewissermaßen Waffen in die Hand" (De or. III 55). Erst die Verbindung von Redefähigkeit *(eloquentia)*, Weisheit *(sapientia)* und moralischer Tugend *(virtus)* ergibt dagegen die Gesamtkompetenz öffentlicher Vernunft, die die kulturelle Lebenswelt nicht gefährdet, sondern bewahrt.

### *d) Bildung auf der Basis der Naturanlage*

Dem didaktischen Stil und Curriculum Quintilians liegt ein konnaturales Bildungsverständnis zugrunde, das das hellenistische Erziehungsideal der optimalen Ergänzung von *physis* und *techne* aufgreift und sich mit dem normativen Rückbezug menschlicher Institutionen auf die All-Natur im „Rahmen der stoisch gefärbten philosophischen Allgemeinbildung der Zeit"[9] befindet. Prinzipiell soll die menschliche Kultur durch die normative Ausrichtung der Kunst *(ars)* an der Natur *(natura)* den Charakter einer zweiten Natur *(altera natura)* annehmen. Bildung besteht demnach nicht in der künstlichen Umformung oder Unterdrückung, sondern in der kunstvollen Steigerung und Ausbildung der Natur des Menschen. Als Ausbildung öffentlicher Vernunft bezieht sie sich dabei primär auf diejenige Naturanlage *(ingenium)* des Menschen, die ihn vor den übrigen Lebewesen auszeichnet: die Fähigkeit zu Rationalität und Eloquenz.

Wenn aber bei jedem Lebewesen das die Tugend ist, wodurch es den übrigen ... überlegen ist, wie beim Löwen das Ungestüm, beim Pferd die Schnellig-

[9] F. R. Varwig, Der rhetorische Naturbegriff bei Quintilian. Studien zu einem Argumentationstopos in der rhetorischen Bildung der Antike, Heidelberg 1976, 158.

keit, so ist beim Menschen ganz gewiß, daß er durch seine Vernunft und Redegabe vor den anderen sich auszeichnet (Inst. or., II 20, 9).

Diese konnnaturale Bildungskonzeption wird getragen von einem Naturoptimismus, der bei den weitaus meisten Menschen Lernfähigkeit und Talent voraussetzt. Geistige Trägheit, Ungelehrigkeit von Geburt an, seien ebenso selten wie körperliche Mißbildungen.

Im Gegenteil nämlich lassen sich wohl viel mehr Menschen finden, denen ohne Mühe etwas einfällt, die schnell im Denken und rasch im Lernen sind. Denn das gehört ja zur menschlichen Natur (Inst. or. I 1, 1).

Die Gefährdung der Persönlichkeit liegt deshalb nicht auf der Ebene ihrer natürlichen Grundlagen und Talente, sondern ihrer kulturellen Vernachlässigung. „Ersterben diese (d.i. die höchsten Zukunftserwartungen) mit den Jahren, so liegt es auf der Hand, daß nicht die Natur versagt hat, sondern die Fürsorge" (Inst. or. I, 1, 2). Gerade an dieser Stelle wird deutlich, wie wenig Quintilian seine ›Institutio oratoria‹ als künstliche Institution begreift. Quintilians konnaturale Bildungskonzeption entspringt der tiefen Sorge *(cura)* um die personalen Naturanlagen des Menschen. Sie richtet sich gegen das Versagen der Zivilisation, die die natürlichen Talente der Menschen verkümmern und ihn seine natürliche Vernunftbestimmung verfehlen läßt.

Didaktik und Curriculum Quintilians haben den positiven Sinn, die natürliche Anlage zur öffentlichen und lebensweltlichen Vernunft freizusetzen. Zur optimalen Ausbildung der personalen *sapientia-eloquentia-virtus*-Struktur entwirft er ein redezentriertes und allgemeinbildendes Curriculum. Es beginnt bereits mit der sorgfältigen Planung des kleinkindlichen Spracherwerbes, setzt sich fort in Vorstudien der Grammatik, griechisch-römischer Literatur, Musik und Geometrie und gipfelt in der Ausbildung der fünf rhetorischen Künste, die von Studien zur Geschichts-, Rechtswissenschaft und Philosophie begleitet werden. Dabei ist das Studium der theoretischen Philosophie in den drei klassischen Disziplinen der Logik, Moral- und Naturphilosophie für Quintilian keineswegs nur Beiwerk. Ausdrücklich betont er, daß eine wirkliche Rede „ihrem Wesen nach mit allen diesen Wissensgebieten durchdrungen" (Inst. or. XII 2, 20) sein muß. Dennoch distanziert er sich auch von den griechisch geprägten Philosophenschulen der Epikureer, Akademiker, Peripatetiker oder Stoiker, die sich ihrer jeweiligen Lehre „durch Fahneneid verpflichtet oder durch Glaubenswahn gebunden" (Inst. or. XII 2, 26) fühlen. Gegen die abgeschiedene Esoterik der Schulphilosophie behauptet Quintilian: „der Redner aber hat es nicht nötig, auf die Satzung irgendeiner dieser

Schulen zu schwören" (Inst. or. XII 2, 26). Selbstbewußt vertritt er hier die Position weltbürgerlicher Weisheit, die ihre Kompetenz inmitten des bürgerlichen Lebens, vor Gericht, in den Volksversammlungen und der Verwaltung des Staates öffentlich ausweist. Ganz bewußt setzt er dem theoretischen Ideal griechischer Wissenschaft das praktische des römischen Weisen *(Romanus sapiens)* entgegen.[10]

Vielmehr soll der Mann, den ich unterweise, ein römischer Weiser sein, der nicht in abgeschiedenen Erörterungen, sondern in praktischen Versuchen und Leistungen sich als ein Mann von echter Bürgerart erweist (Inst. or. XII 2, 7).

Der römische Weise soll sich nicht nur in akademischer Zurückgezogenheit, sondern inmitten der *res publica* und im hellen Licht des forum – „in hac fori luce" (Inst. or. XII 2, 8) – bewähren und so Vernunftkompetenz auf dem Wege öffentlicher Redeaktion performativ realisieren.

### *e) Lob, Wettkampf und spielerische Simulation*

Das – gemessen am reintheoretischen Vernunftmodell – wohl auffälligste Moment der Ausbildung öffentlicher Vernunft betrifft deshalb die Übungen zu ihrer lebensweltangemessenen Performanz und rhetorischen *actio*. Die habituelle Bildung der Gesamtpersönlichkeit umfaßt nämlich neben der rein kognitiven Wissensvermittlung der Lehre *(doctrina)* vor allem auch die leibhaft-szenische Einübung *(exercitatio)* vernunftiger Redepraxis. Im Sinne ganzheitlicher Bildung gehört zum Curriculum Quintilians auch die musische Erziehung, die die Stimme, die Gebärdensprache und die Körperbewegung bilden soll. Diese ganzheitliche Ausbildung öffentlicher Vernunft schließt selbst einen Anteil schauspielerischer Unterweisung nicht aus. „Auch

[10] Die *vir-bonus-Konzeption* Quintilians bezieht sich nicht ausschließlich auf die Tradition griechisch-platonischer Schulphilosophie (s.: A. Brinton, Quintilian, Plato, and the *Vir Bonus*, in: Philosophy and Rhetoric, 16 [1983], 167–184), sondern auch auf die im römischen *sensus communis* gegenwärtigen Exempla vorbildlichen Handelns. „Diese Dinge werden sich gewiß nirgends in größerer Zahl und Bedeutung finden als in den Überlieferungen unseres eigenen Staates. Oder werden etwa die Tapferkeit, Gerechtigkeit, Treue, Beherrschung, Anspruchslosigkeit, Schmerz- und Todesverachtung andere besser lehren als Männer wie Fabricius, Curius, Regulus, Decius, Mucius und unzählige andere? Denn so wie die Griechen ihre Stärke in den Lehren haben, so die Römer, was schwerer wiegt, im vorbildlichen Leben" (Inst. or. XII 2,29f.).

dem Komödienschauspieler muß man an der Knabenerziehung etwas Anteil geben, jedoch nur so weit, wie es die Vortragstechnik für den künftigen Redner verlangt" (Inst. or. I 11, 1).

Bezeichnend für die Didaktik Quintilians ist, daß die Ausbildung der natürlichen Anlagen von frühester Jugend an mit äußerster Sorgfalt betreut werden soll und muß, da die ersten Bildungseindrücke unkorrigierbaren Charakter besitzen:

> Und von Natur halten wir am beharrlichsten fest, was unser Geist im frühesten Entwicklungsstadium in sich aufgenommen hat: wie ja auch die Gefäße dauernd nach dem schmecken, womit sie zuerst in Berührung gekommen sind ..." (Inst. or. I, 1, 5).

Die Amme sollte deshalb eine fehlerlose Sprache, möglichst philosophische Bildung, gute Sitten besitzen; die Eltern sollten so gebildet wie möglich sein, und für den ersten Lehrer gilt: „zur Einführung in geistige Bemühungen sei der vollkommenste Meister gerade gut genug" (Inst. or. I 1, 23).

Das direkte didaktische Hauptinstrument des Lehrers besteht lediglich im Lob, das die Liebe *(amor)* des Schülers zum Lernen hervorrufen und bestärken soll.

> Denn man muß ja vor allem verhüten, daß ein Kind, das geistige Arbeit noch nicht lieben kann, sie statt dessen hassen lernt und die bitteren Erfahrungen der frühesten Jugend auch noch über die Kinderjahre hinaus voll Angst und Abscheu bewahrt. Ein Spiel soll das Ganze sein. Man muß fragen, loben; immer soll das Kind strahlen, wenn es etwas gekonnt hat; ..." (Inst. or. I 1, 20).

Diese Rhetorik des Lobes schafft eine spielerische und angstfreie Lernatmosphäre, die die emotionale Grundlage für die optimale Entwicklung des Kindes darstellt.

Das indirekte didaktische Hauptinstrumentarium besteht ferner darin, den natürlichen sozialen Ehrgeiz des Kindes ins Spiel zu bringen.

> ... wenn es einmal selbst keine Lust hat, soll ein anderer drankommen, auf den es dann eifersüchtig ist; es soll immer einmal ein Wettkampf stattfinden, wobei es öfters das Gefühl haben soll, daß es gewinnt (Inst. or. I 1, 20).

Diese Schaffung agonaler Situationen durch Redewettkämpfe, die vor dem Hintergrund des Gemeinschaftsgeistes *(sensus communis)* den sozialen Ehrgeiz *(aemulatio)* anspornen, bewährt sich als didaktisches Mittel auch in der eigentlichen Ausbildung der jungen Männer. In rhetorischen Rollenspielen in und vor der Lerngemeinschaft, die typische Charaktere, Probleme und Situationen der Lebenswelt imitieren, bilden die Studierenden ihre Fähigkeiten aus. Die Ausbildung öffentlicher Vernunft ist nicht nur Sache theoretischer Belehrung, sondern spielerischer Inszenierung. Die rhetorische Situation vor einem größeren Publikum soll die Studierenden nicht nur auf die spätere Ernstsituation „in aller Öffentlichkeit und mitten im Licht des Staatslebens“ (I 2, 17) zu stehen, vorbereiten. Sie setzt auch geistige Leistungen frei, die allein oder im kleineren Gesprächskreis nicht zu erreichen wären. Dies gilt nach dem Zeugnis Quintilians selbst für den Lehrer:

> Ich möchte noch hinzufügen, daß auch die Lehrer selbst nicht so viel Geist und Feuer für ihren Vortrag gewinnen können, wenn immer nur ein Schüler da ist, wie wenn der reichliche Hörerkreis sie begeistert (Inst. or. I 2, 29).

Die gesellschaftliche Einbildungskraft, die reflexive Urteilskraft und das moralische Urteilsvermögen der jungen Männer wird geschult, indem sie Reden gegen lasterhafte Charaktere wie den Ehebrecher, den Spieler oder den Zudringlichen halten. Der nicht doktrinalen, sondern szenisch-agonalen Ausbildung öffentlicher Vernunft dienen u. a. auch die Suasorien oder Beratungsreden zu Themen wie „ob z. B. das Leben auf dem Lande oder in der Stadt besser sei“, ... „ob man eine Frau nehmen“, „ob man sich um Ämter bewerben soll“ (Inst. or. II 4, 24f.). Bei den sogenannten Kontroversien kommt es schließlich sogar zur spielerischen Simulation ganzer Gerichtsverfahren. Hier wird das kritisch-dialektische Argumentationsvermögen, eine Sache nach zwei entgegengesetzten Seiten durchzusprechen, in der lebensweltlichen Situation eines vor Gericht auszutragenden kontroversen Falles geübt. Dabei hatten in den strafrechtlichen Fällen die Schüler bald die Rolle des Anklägers, bald des Verteidigers und in privaten Streitfällen bald die des Sachwalters der klagenden bald der beklagten Partei zu übernehmen.[11]

[11] M. Fuhrmann gibt eine Beschreibung der Deklamationsübungen in den Rhetorikschulen des kaiserlichen Rom und zitiert u. a. ein typisches Thema für eine Kontroversie: „Zur Sommerszeit machten jungen Leute aus der Stadt einen Ausflug nach Ostia. Sie gingen an den Strand; sie wandten sich an die Fischer, die dort ihre Netze zogen; sie vereinbarten im voraus einen Preis für den Fang und zahlten. Sie mußten lange warten, bis die Netze herausgezogen wurden. Als sie endlich zum Vorschein kamen, fand sich kein einziger Fisch darin, wohl aber ein verschlossener Korb mit Gold. Da beanspruchten sowohl die Käufer als auch die Fischer den Fang für sich“ (M. Fuhrmann, Die antike Rhetorik, 68).

Beide didaktischen Mittel Quintilians – die direkte Rhetorik des Lobes und die indirekte Förderung durch die Schaffung szenisch-agonaler Situationen – motivieren, indem sie den affektiven Bereich der Lernenden ansprechen. Die positive Gefühlsverstärkung von Liebe und Ehrgeiz soll ermuntern und das natürliche Talent freisetzen. Gerade den Ehrgeiz zum Mittel der Erweckung und Steigerung des Ingenium zu wählen, erscheint Quintilian selbst unbedenklich: „mag auch der Ehrgeiz selbst ein Laster sein, häufig ist er doch der Grund der Tugenden" (Inst. or. I 2, 22). Der in den Redewettkämpfen entwikkelte soziale Ehrgeiz fördere den Lerneifer mehr als „alle Ermahnung der Lehrer, die Überwachung der Pädagogen und die Versprechungen der Eltern" (Inst. or. I 2, 25). Quintilian weiß offensichtlich aus eigener Erfahrung von der relativen Wirkungslosigkeit erzieherischer Strenge und der mit ihr verbundenen Rhetorik des Tadels, die durch negative Gefühlsverstärkung den Schüler niederdrückt und entmutigt. Vertrauend auf die Bildsamkeit der menschlichen Natur und eine Didaktik der affektiven Bestärkung stellen für ihn auch die ansonsten verlockenden Ablenkungen der römischen Jugend bei Schauspielen, Sport, Würfelspielen, müßigen Unterhaltungen und zeitraubenden Gastmählern keine Gefahr dar. Daß die von ihm entworfene Ausbildung öffentlicher Vernunft weit mehr Genuß bietet als diese ungebildeten Vergnügen läßt sich nicht nur allgemein damit begründen, „daß edles Tun auch größere Freude in sich trägt" (Inst. or. I 12, 18), sondern sicher auch mit dem konkreten Hinweis ihres angstfreien, spielerischen und inszenatorischen Charakters.

Insgesamt haben Cicero und Quintilian ein vollständiges Bildungsmodell öffentlicher Vernunft entwickelt, das von der Idee der Rhetorik als kulturstiftender Macht ausgeht, die Esoterik der reintheoretischen Schulphilosophie kritisiert, die Wiedervereinigung von *ratio* und *oratio* fordert, mit dem *orator perfectus* das Ideal römischer Bürgerkultur entwirft und auf dem Boden eines konnaturalen Bildungskonzeptes ein entsprechendes Curriculum vorlegt, das eine Didaktik des Lobes und der spielerischen Inszenierung kennzeichnet.

Die Verbindung der redezentrierten Kulturtheorie mit einem konkreten Ausbildungsprogramm zeigt, daß sich die *öffentliche Vernunft* nicht nur als theoretische Wissensform, sondern als personaler Lebensstil versteht, der sich im öffentlichen Leben der *res publica* zu bewähren hat. Dabei geht es Cicero, jenseits aller persönlichen Selbststilisierung, um die Bewahrung der stets gefährdeten politisch-staatlichen Kultur durch vernünftige Rede, in der das Moment rhetorischer Technik intellektuell und ethisch beherrscht werden sollte. Diese lebensweltnahe und rhetorikaffine Philosophie *öffentlicher Vernunft* steht sowohl dem latent destruktiven Potential reinrhetorischer Technik, die das öffentliche Leben direkt zu zerstören droht, als auch der reintheoretischen Schulphilosophie, deren politisches Desinteresse es indirekt aushöhlt, kritisch gegenüber. Wie ihre Zentralmetapher 'inmitten des Lichts des Staatslebens' zeigt, das Forum der politisch-staatlichen Lebenswelt ist der eigentliche Ort ihres Auftretens und ihrer praktischen Bewährung.

Trotz aller Kritik an der reintheoretischen Philosophie bleibt aber die *öffentliche Vernunft* bei Cicero und Quintilian dennoch auf die Maßstäblichkeit *reiner Vernunft* zurückbezogen und verliert sich nicht in der immanenten technisch-praktischen Bewältigung der politischen Lebenswelt. Sie bewegt sich nämlich zwischen den Horizonten der gesamten Philosophietradition und dem *sensus communis* hin und her, um in persönlicher Verantwortung für die *res publica* vernünftige Argumente situationsgerecht und in angemessener rhetorischer Form anbieten zu können. Damit wird auch die eigentliche und innovative Leistung der römischen Philosophie Ciceros und Quintilians deutlich, die man auf dem reintheoretischen Gebiet vielleicht vermißt. Sie liegt auf dem Gebiet der Kultivierung der *öffentlichen Vernunft*, die mit ihrer Vermittlungstätigkeit in der *rhetorischen Differenz* bewußt zum Zentrum des staatlich-politischen Lebens gemacht werden soll.

# III. DEUTSCHER IDEALISMUS

Das klassische Bild des Deutschen Idealismus zeigt ihn als zweiten Höhepunkt der Philosophiegeschichte, welcher zum Ende des 18. und zu Anfang des 19. Jahrhunderts eine „Fülle großartig entworfener und allseitig ausgebildeter Systeme ... erzeugt"[1] hat und in der „Geschichte des europäischen Denkens nur mit der großen Entfaltung der griechischen Philosophie"[2] zu vergleichen ist. Bei aller Zustimmung oder Ablehnung, den diese großangelegte neuzeitliche Systemphilosophie erfährt, sollte allerdings ihr politischer Charakter nicht übersehen werden. Die philosophische Bewegung, die ausgehend von Kant eine tiefgreifende 'Revolution der Denkart' auf allen Gebieten der bürgerlichen Kultur durchzusetzen versuchte, hat dabei durchaus eigene – über die reine Systemphilosophie weit hinausreichende – Formen *öffentlicher Vernunft* entwickelt. Der Deutsche Idealismus „entstammt der platonischen Metaphysik",[3] hat seine politischen Ambitionen durchaus geerbt und gehört auf seine Weise in das Problemfeld der *rhetorischen Differenz*.

Daß die Idealisten sich auch als politische Lehrer verstehen, läßt sich schon am sogenannten ›Ältesten Systemprogramm des deutschen Idealismus‹ (1796/97)[4] ablesen. Es handelt sich dabei um ein handschriftliches Textfragment Hegels, das gedanklich auch von Schelling oder Hölderlin stammen könnte und das allen gemeinsame Selbstverständnis des Frühidealismus spiegelt. In der öffentlichen Rede ent-

[1] W. Windelband, Lehrbuch der Geschichte der Philosophie, hrsg. v. H. Heimsoeth, Tübingen [15]1957, 454.

[2] Ebd.

[3] W. Janke, Von der dreifachen Vollendung des Deutschen Idealismus und der unvollendeten metaphysischen Wahrheit, in: Deutsche Zeitschrift für Philosophie 39 (1991), 304–320, hier 304.

[4] Zu dieser Datierung siehe: Mythologie der Vernunft. Hegels ›Ältestes Systemprogramm des deutschen Idealismus‹, hrsg. v. Ch. Jamme u. H. Schneider, Frankfurt a. M. 1984, 42. Einen neueren Überblick über die Forschungsgeschichte gibt: H.-J. Gawoll, Das Verschwinden des Originals – Apropos neuerer Forschungen zum sogenannten ›ältesten Systemprogramm‹ des deutschen Idealismus, in: Zeitschrift für philosophische Forschung 46 (1992), 413–428.

wirft hier ein fiktives Ich die zukünftigen Entwicklungen des Deutschen Idealismus, die in einer *Mythologie der Vernunft* ihre Vollendung finden sollen.[5] Demnach soll sich der Entwicklungsgang des Idealismus in drei Stufen vollziehen: ausgehend von der Phase seiner systematischen Entfaltung durch seine ästhetische Transformation hin zu seiner politischen Realisierung.

Der Prozeß der systematischen Erneuerung der Metaphysik auf dem Boden freier Subjektivität findet seinen Ausdruck in folgendem Fichtesch verwandelten Topos der *creatio ex nihilo*: „Die erste Idee ist natürlich die Vorstellung von mir selbst, als einem absolut freien Wesen. Mit dem freyen, selbstbewussten Wesen tritt zugleich eine ganze Welt – aus dem Nichts hervor – die einzig wahre und gedenkbare Schöpfung aus Nichts."[6] Die transzendentale Idee absolut freier Subjektivität wird dann programmatisch zur spekulativen Physik und zur Staats- und Religionskritik erweitert, um in der „Idee der Schönheit, das Wort in höherem platonischem Sinne genommen" (38f.) zu gipfeln.

Die intersubjektive Perspektive, die von der platonischen Idee der Schönheit – „die Idee, die alle vereinigt" (38) – ausgeht, führt dann zur Forderung eines ästhetisch verwandelten Selbstverständnisses der Philosophie. „Die Philosophie des Geistes ist eine ästhetische Philosophie" (45f.). Durch diese ästhetische Transformation soll die schwer verständliche Begriffsphilosophie ihre kommunikative Isolation überwinden und zur „Lehrerin der Menschheit" (52f.) werden. In dieser Ästhetisierung manifestiert sich das typisch rhetorische Moment *öffentlicher Vernunft*, das die Wahrheit der spekulativen Vernunft mit der bürgerlichen Lebenswelt vermitteln soll. Sie führt schließlich zur programmatischen Konzeption einer *Mythologie der Vernunft*, die der Verfasser des ›Systemprogramms‹ als völlig neue Idee proklamiert:

> Zuerst werde ich hier von einer Idee sprechen, die soviel ich weiss, noch in keines Menschen Sinn gekommen ist – wir müssen eine neue Mythologie haben, diese Mythologie aber muss im Dienste der Ideen stehen, sie muss eine Mythologie der *Vernunft* werden" (61ff.).

Die hier mit genialischem Gestus behauptete absolute Neuheit der

[5] Zur rhetorischen Form des ›Ältesten Systemprogramms‹ siehe: P. L. Oesterreich, Philosophie, Mythos und Lebenswelt. Schellings universalhistorischer Weltalter-Idealismus und die Idee eines neuen Mythos, Frankfurt a. M./Bern 1984, 167–179.

[6] Das ›Systemprogramm‹ wird im folgenden zitiert nach der Ausgabe: Schellingiana rariora, hrsg. v. L. Pareyson, Torino 1977, 51–53. Die Zeilenangaben werden den Zitaten direkt nachgestellt, hier 5ff.

Konzeption einer *Mythologie der Vernunft* darf nicht nur mit dem Verweis auf neuzeitliche Quellen wie Herders *Neue Mythologie*[7] oder Rousseaus *Zivilreligion*[8] bezweifelt werden; die Konzeption *öffentlicher Vernunft* in der Form eines philosophischen Mythos läßt sich sogar noch hinter Platon zurück bis zum griechischen Anfang der Metaphysik, dem ›Lehrgedicht‹ des Parmenides, verfolgen. Schon dort besitzt er eine durchaus vergleichbare persuasive Absicht: Die mythologische Form der Metaphysik soll den reinen Gedanken der spekulativen Vernunft eine dem religiösen Glauben ähnliche Glaubwürdigkeit vermitteln. Auffällige Gemeinsamkeiten sind auch die charismatische Charakterisierung des urstiftenden Philosophen – ein „höherer Geist vom Himmel gesandt" (78) – und die sich gegen die gewöhnliche Lebenswelt – die „Menschen ..., die keine Ideen verstehen" (48f.) richtende korrelierende *doxa*-Kritik.

Trotz dieser gemeinsamen Charakterisierung, die die Zugehörigkeit des ›Ältesten Systemfragments des deutschen Idealismus‹ zur metaphysischen Tradition öffentlichen Vernunftgebrauchs bezeugt, weist sein demokratisch-emanzipatorischer Zug es auch als Produkt der durch die Französische Revolution geprägten bürgerlichen Moderne aus: „Keine Kraft wird mehr unterdrückt werden, dann herrscht allgemeine Freiheit und Gleichheit der Geister" (76f.). Platons Konzeption einer philosophischen Eunomie, die – wie der ›siebte Brief‹ gezeigt hat – auf dem Wege der ‘Überredung eines Tyrannen’ realisiert werden sollte, ist auf dem Boden der egalitär-demokratischen Grundhaltung des ›Systemprogramms‹ undenkbar. Der potentielle Adressat der Philosophie ist nach dem ›Systemfragment‹ vielmehr das gesamte Volk. Die *öffentliche Vernunft* in der Form des philosophischen Mythos soll schließlich zu einer absoluten Vermittlung zwischen Volk und Philosophen führen:

> So müssen endlich aufgeklärte und Unaufgeklärte sich die Hand reichen, die Mythologie muss philosophisch werden, um das Volk vernünftig, und die Philosophie muss mythologisch werden, um die Philosophen sinnlich zu machen (68ff.).

[7] Zur Konzeption der Neuen Mythologie in Herders Iduna-Dialog s. P.L. Oesterreich, Geschichtliche Philosophie im Übergang zu Neuer Mythologie. Zur rhetorischen Metakritik mythoaffiner Philosopheme, in: Symbol. Mythos. Sprache. Ein Forschungsgespräch, hrsg. von G. Larcher, Annweiler 1988, 84–101, hier 85ff.

[8] Siehe: H. Kleger, A. Müller, Bürgerreligion und politische Verpflichtung. Rousseaus Konzept einer «religion civile», in: Archiv für Begriffsgeschichte, Bd. 29, 47–98, hier 47ff.

In dieser Utopie eines vernünftig gewordenen und durch eine gemeinsame *Mythologie der Vernunft* geeinigten Volkes wäre freilich die Differenz zwischen Philosophie und gewöhnlicher Lebenswelt, spekulativer Wahrheit und öffentlichem Glauben endgültig beseitigt. Dieser utopische Ansatz des ›Systemprogramms‹, der sich vom philosophischen Mythos die Lösung der Orientierungskrise der modernen bürgerlichen Gesellschaft verspricht, zeigt aber gerade durch den Gedanken absoluter Vermittlung eine bedenkliche Zweideutigkeit. Mit der Tendenz zur rückhaltlosen Selbstaufhebung der *reinen Vernunft* in die *Mythologie der Vernunft* nähert sich der Idealismus auf gefährliche Weise der sophistischen In-differenz von Wahrheit und öffentlicher Glaubwürdigkeit und droht, die Philosophie zur Ideologie zu verfälschen.

Das ›Älteste Systemprogramm‹ enthält mit der Idee der *Mythologie der Vernunft* eine weitgehende Programmidee *öffentlicher Vernunft*, die für die Hauptlinie des auf Identitätsstiftung zielenden Idealismus Hegels oder Schellings richtungsweisend gewesen ist. Dennoch darf nicht übersehen werden, das die ‘Revolution der Denkart’ auch in der entgegengesetzten Richtung interpretiert werden konnte. Ein solch unorthodoxer Typus *öffentlicher Vernunft*, der gerade die permanente ironische Nicht-Identität zum Prinzip erhebt, findet sich in den ›Athenaeum-Fragmenten‹ Friedrich Schlegels.

## 1. Ironie und absolute Liberalität: Friedrich Schlegels ›Athenaeum‹-Fragmente

In der von den Brüdern Schlegel zwischen 1798 und 1800 herausgegebenen Zeitschrift ›Athenaeum‹ erscheint die vom ›Systemfragment‹ geforderte *Mythologie der Vernunft* nicht mehr als eine Angelegenheit der Zukunft. Sie hat bereits im „großen Phänomen des Zeitalters, im Idealismus",[1] der ein „Beyspiel für die neue Mythologie"[2] war, begonnen sich zu realisieren. Insbesondere der Idealismus der Fichteschen ›Wissenschaftslehre‹ gewinnt in der Schlegelschen Beschreibung ihres geschichtsmächtigen Auftretens mythische Züge. In dieser auf die Philosophie selbst konzentrierten Umdeutung des Projekts der *neuen Mythologie* wird nun die Freiheitslehre des transzendentalen Idealismus als *creatio ex nihilo* geschildert, deren kulturrevolutionäre Gewalt sich scheinbar unaufhaltsam ausbreitet.

> Dieser ist auf eben die Weise gleichsam wie aus Nichts entstanden, und es ist nun auch in der Geisterwelt ein fester Punkt constituirt, von wo aus die Kraft des Menschen sich nach allen Seiten mit steigender Entwicklung ausbreiten kann, sicher sich selbst und die Rückkehr nie zu verlieren. Alle Wissenschaften und alle Künste wird die große Revolution ergreifen."[3]

Vor diesem Hintergrund der gesellschaftlich realisierbaren idealistischen 'Revolution der Denkart' entwerfen die ›Athaeneum‹-Fragmente F. Schlegels in literarischer Form die politisch-gesellschaftliche Utopie absoluter Liberalität. In ihrem Mittelpunkt steht das von allen Dogmatismen und äußeren Denkzwängen der bürgerlichen Gesellschaft befreite Individuum, das als solches eine scheinbar unendliche kreative Potenz zu entwickeln vermag. Dieser Gedanke der absoluten individuellen Freiheit, die alle Systemzwänge verneint, negiert folgerichtig auch die geschlossene Form des philosophischen Systems. Das in den ›Fragmenten‹ veröffentlichte ironische Philosophieren Schle-

[1] Athenaeum. Eine Zeitschrift, hrsg. v. A. W. u. F. Schlegel, 3 Bde., Berlin 1798ff., repr. Darmstadt 1983, hier Bd. III, 97.

[2] Athenaeum, Bd. III, 99.

[3] Athenaeum, Bd. III, 97.

gels bildet so den Kontrapunkt zum übrigen Systemernst des Deutschen Idealismus.

Es kann nicht verwundern, daß gerade Hegel die Schlegelsche Ironie als „Absolute Sophisterei“[4] und „das Böse“[5] in der Form der subjektiven Eitelkeit verurteilt hat. Erst in den letzten Jahrzehnten hat sich das Schlegelbild langsam vom Schatten dieses Hegelschen Vorurteils befreien können. Seine sogenannte ‘romantische Ironie’ erschien nicht länger nur als Ausdruck subjektiver Willkür oder annihilisierender Skepsis, sondern wurde ernsthaft auf ihre „Objektivität“[6] hin diskutiert und schließlich als die „Ermöglichung künstlerischer Objektivität“[7] herausgestellt. Inzwischen ist auch der schon von Hegel bemerkte Einfluß der Fichteschen Transzendentalphilosophie auf die Schlegelsche Konzeption der Transzendentalpoesie hervorgehoben und näher dargestellt worden.[8] Hinzu kommt die Entdeckung, daß die Poetik des frühen Schlegel sich zwar „auf ein intensives Studium der klassischen Rhetorik gegründet“ hatte,[9] aber bislang „diese Quelle der Schlegelschen Literaturtheorie kaum beachtet worden“[10] war.

Vor diesem Hintergrund verdichtet sich die Auffassung, daß sich hinter dem vieldeutigen und vielbesprochenen Namen ‘romantische

[4] G. W. F. Hegel, Werke in 20 Bänden, hrsg. v. E. Moldenhauer u. K. M. Michel, Frankfurt a. M. 1969 ff.; hier Bd. VII, Grundlinien der Philosophie des Rechts, 1970, 280.

[5] G. W. F. Hegel, Bd. VII, Grundlinien der Philosophie des Rechts, 279.

[6] R. Immerwahr, Die Subjektivität oder Objektivität von Friedrich Schlegels poetischer Ironie, in: Friedrich Schlegel und die Kunsttheorie seiner Zeit, hrsg. v. H. Schanze, Darmstadt 1985, 112–142, hier: 112.

[7] I. Strohschneider-Kohrs, Die romantische Ironie in Theorie und Gestaltung, Tübingen ²1977, 89.

[8] „Dieser Standpunkt ist eigentlich aus der Fichteschen Philosophie hervorgegangen, die das Ich als das Absolute ausspricht ...“ (G. W. F. Hegel, Bd. VII, Grundlinien der Philosophie des Rechts, 285). Zur transzendentalphilosophischen Begründung der Transzendentalpoesie s. R. Heine, Transzendentalpoesie. Studien zu Friedrich Schlegel, Novalis und E. T. A. Hoffmann, Bonn ²1985, 42 ff.

[9] E. Behler, Klassische Ironie. Romantische Ironie. Tragische Ironie. Zum Ursprung dieser Begriffe, Darmstadt 1981, 75. Zur klassischen Rhetorik als Hauptquelle der Schlegelschen Ironie s. H. Schanze, Romantik und Aufklärung. Untersuchungen zu Friedrich Schlegel und Novalis, Nürnberg 1976, 87 ff.

[10] E. Behler, Klassische Ironie. Romantische Ironie. Tragische Ironie, 75.

Ironie' bei Friedrich Schlegel nicht nur ein literarisches, literaturtheoretisches oder ästhetisches Konzept, sondern eine im Kontext des deutschen Idealismus entwickelte eigenständige *Philosophie der Ironie*[11] verbirgt. Diese entspringt im wesentlichen der Verbindung zweier Hauptquellen: der Tradition der klassischen Rhetorik und der von Kant und Fichte transzendentalphilosophisch begonnenen 'Revolution der Denkart'. Der ironische Idealismus Schlegels ist die Symbiose der Transzendentalphilosophie mit dem rhetorischen Tropus 'Ironie'. Als eigenständige Variante des Deutschen Idealismus entwickelt er einen ironischen Geistbegriff, der nicht am Maßstab dialektischer Modelle gemessen werden sollte.

### *a) Die unversöhnliche Nicht-Identität unendlicher Ironie*

Bekanntlich betont Schlegel den philosophischen Gebrauch der Ironie und relativiert ihren rhetorischen:

> Die Philosophie ist die eigentliche Heimat der Ironie ... Freilich gibts auch eine rhetorische Ironie, welche sparsam gebraucht vortreffliche Wirkung tut, besonders im Polemischen; doch ist sie gegen die erhabne Urbanität der Sokratischen Muse, was die Pracht der glänzendsten Kunstrede gegen eine alte Tragödie in hohem Styl."[12]

Diese Erhebung der Ironie von der rhetorischen auf die philosophische Ebene führt zwar von ihrem partikularen und technisch-polemischen Gebrauch weg. Dies geschieht aber trotz der kritischen Spitze gegen Schulrhetorik und Regelpoetik nicht im Sinne einer bloßen Negation rhetorischer Ironie – vielmehr im Sinne ihrer Potenzierung durch Infinitisierung. Der rhetorische Tropus wird „ins Unendliche entwickelt"[13] und die dergestalt infinitisierte Ironie erweitert sich zur Totalität urbaner Lebensform und durchgängig sokratischer Geistes-

[11] Zu Recht hat H. Dierkes den philosophischen Anspruch Schlegels herausgestellt und von einer „Philosophie des ironisch-absoluten Idealismus" gesprochen (H. Dierkes, Ironie und System. Friedrich Schlegels ›Philosophische Lehrjahre‹ [1797–1799], in: Philosophisches Jahrbuch 97 [1990], 251–276, hier 259). Allerdings bleibt die klassische Rhetorik als Quelle des ironischen Idealismus bei Dierkes unbemerkt.

[12] F. Schlegel, Kritische Friedrich-Schlegel-Ausgabe, hrsg. v. E. Behler, Bd. 1–35, München/Paderborn/Wien 1959–91, hier Bd. II, 1967, 152. Die Seitenzahlen dieser Ausgabe stelle ich im folgenden den Zitaten direkt nach.

[13] H. Schanze, Romantik und Aufklärung, 94.

haltung. Die Ironie steigert sich somit von der Redewendung zur existentiellen Grundfigur.

In den beiden folgenden ›Athenaeum‹-Fragmenten läßt sich sogar eine zweite Erweiterung des Ironiegebrauches erkennen:

> Ironie ist klares Bewußtsein der ewigen Agilität, des unendlich vollen Chaos (263).
>
> Nur diejenige Verworrenheit ist ein Chaos, aus der eine Welt entspringen kann (263).

Nur das durchgängig ironische Bewußtsein enthält die klare Erkenntnis des Weltgrundes, des kosmogonischen Chaos. Die Ironie wird hier auf das Seiende im Ganzen bezogen und damit zur ontologischen Kategorie.

Allgemein betrachtet läßt sich demnach Ironie als Redewendung, als Lebensform oder als ontologische Kategorie formulieren. Der Prozeß ihrer Infinitisierung verläuft über die Stufen ihres rhetorischen, existentiellen und ontologischen Gebrauchs:

a) *Ironia verbi:* Die Ironie als Redewendung ist nach Quintilian ein rhetorischer Tropus. Dieser gibt als vom Hörer durchschaute Verstellung „das Gegenteil von dem zu verstehen, was ausgesprochen wird“,[14] z. B. Lob durch Tadel oder Tadel durch Lob. Die Ironie thematisiert nicht direkt, sondern gibt etwas nur indirekt durch die Äußerung und gleichzeitige Aufhebung seines Gegenteiles zu verstehen.[15] Sie ist der typische Tropus geistreicher und in sich reflektierter Rede, die das Verstehen antithetischer Sinnebenen und die Operation der doppelten Negation voraussetzt.

b) *Ironia vitae:* Quintilian weist darauf hin, daß die Ironie nicht nur als vereinzelter Tropus, sondern auch als Figur, die das gesamte Denken, Reden und Handeln eines Menschen prägt, auftreten kann. Das Musterbeispiel für die ironische Verstellung, die als durchgängige Figur den gesamten Lebensstil einer Person prägt, ist Sokrates.

> Dagegen handelt es sich bei der Figur der Ironie um Verstellung der Gesamtabsicht, ..., da ja sogar ein gesamtes Leben Ironie zu enthalten scheint, wie es bei Sokrates der Fall zu sein schien – denn deshalb hieß er der „Iro-

[14] M. F. Quintilianus, Institutionis oratoriae, IX 2,44.

[15] Auf die Bedeutung des Gegensatzkriteriums (Gegensatz und nicht nur Abweichung von Gesagtem und Gemeinten) für die strikte Ironiedefinition hat W. G. Müller hingewiesen: Ironie, Lüge, Simulation, Dissimulation und verwandte rhetorische Termini, in: Zur Terminologie der Literaturwissenschaft, hrsg. v. Ch. Wagenknecht, Stuttgart 1988, 189–208.

niker“, weil er den Unwissenden spielte und Bewunderer anderer vermeintlich Weiser ...[16]

Die Ironie in ihren beiden Spielarten der Dissimulation (‘So tun als ob nicht’) und Simulation (‘So tun als ob’) wird beim Ironiker Sokrates zur existentiellen Grundfigur.[17]

*Ironia entis:* Die ontologische Ironie betrifft nicht nur die menschliche Existenz und Lebenswelt, sondern das Seiende im Ganzen. So stellt etwa Schelling in seinen ›Ideen zu einer Philosophie der Natur‹ die erscheinende Natur als Produkt göttlicher Dissimulation dar: „das Absolute verhüllt sich hier in ein andres, als es selbst in seiner Absolutheit ist, in ein Endliches ...“[18] Die Natur ist hier der objektive Ausdruck der Ironie des Absoluten.

Friedrich Schlegels ironischer Idealismus greift nun die grundsätzlichen Möglichkeiten der Infinitisierung von der *ironia verbi* über die *ironia vitae* bis zur *ironia entis* explizit auf. Dabei gelingt ihm in den frühen ›Lyceum‹- und ›Athenaeum‹-Fragmenten der Entwurf jenes radikalen geistigen Liberalismus, auf den im folgenden eingegangen werden soll.

Die philosophische Ironie entfaltet ein Widerspiel entgegengesetzter Momente, deren Zweideutigkeit sich nicht mehr in die Eindeutigkeit überführen und auflösen läßt. So bewegt sich die Sokratische Ironie zwischen absichtlicher und unbewußter Verstellung hin und her. Sie ist beides: eine „durchaus unwillkürliche und doch durchaus besonnene Verstellung“ (160). Diese Amphibolie der Ironie setzt sich in einer ganzen Reihe entgegengesetzter Bestimmungen fort. „In ihr soll alles Scherz und alles Ernst sein, alles treuherzig offen und alles tief verstellt“ (160). Als unaufhörliches Wechselspiel zwischen entgegengesetzten Momenten verweigert die Ironie die Auflösung von polarer Spannung. Permanent bewegt sie sich in der Mitte zwischen ihrer Auflösung durch Eindeutigkeit und diffuser Mehrdeutigkeit. Dabei vermittelt sie „das Gefühl von dem unauflöslichen Widerstreit des Unbedingten und des Bedingten, der Unmöglichkeit und Notwendigkeit einer vollständigen Mitteilung“ (160). Als „freieste aller Lizenzen“ (160) opponiert die vielwendige ironische Gesinnung gegen den ein-

[16] M. F. Quintilianus, Institutionis oratoriae, IX 2,46.

[17] Zur Ironie als existentieller Grundfigur s. P. L. Oesterreich, Fundamentalrhetorik, 132ff.

[18] F. W. J. Schelling, Sämmtliche Werke, 1. Abteilung, Stuttgart/Augsburg 1856–1861, 10 Bde.; repr. Darmstadt 1973–1976, hier 1,II, 1975, 67.

dimensionalen Ernst der „harmonisch Platten" (160), die „den Scherz gerade für Ernst und den Ernst für Scherz halten" (160).

Die Ironie ist im Gegensatz zum dialektischen Prozeß gegen jede Art von Identität und endgültiger Vermittlung unversöhnlich. Ohne das Moment der begrifflichen Aufhebung stellt sie in der permanenten Vergegenwärtigung des unauflöslichen Widerstreites ihre Ideen dar. „Eine Idee ist ein bis zur Ironie vollendeter Begriff, eine absolute Synthesis absoluter Antithesen, der stete sich selbst erzeugende Wechsel zwei streitender Gedanken" (184). 'Idee' im Sinne des ironischen Idealismus bestimmt sich demnach als absolute Synthesis absoluter Antithesen. Dabei übersieht der Kritiker Hegel die Eigenständigkeit des Schlegelschen Ansatzes, wenn er behauptet: das „Objektive der Ironie ist die Dialektik".[19] An die Stelle der Dialektik tritt bei Schlegel eine unversöhnliche *Ironik*, die im steten Wechsel zwischen besonderen Gegensätzen kein vermittelndes Allgemeines aufkommen läßt. Die Bewegung des rhetorischen Tropus, „das Widerspiel zweier konträrer Modalitäten",[20] wird hier verabsolutiert. Die Ironik erzeugt in der unaufhörlichen Vergegenwärtigung von absoluten Antithesen jene 'ewige Agilität' und jenes 'unendliche Chaos', aus dem durch absolute Synthesis der produktiven Einbildungskraft dennoch eine Welt entsteht. In künstlerischer Hinsicht erscheint die Ironik als poetische Reflexion, die Schlegels berühmtes Konzept der *progressiven Universalpoesie* – der Vereinigung von Poesie, Philosophie und Rhetorik – trägt. Dabei besteht ihr Wahrheitsanspruch darin, daß nur sie Kunstwerke ermöglicht, die „ein Spiegel der ganzen umgebenden Welt, ein Bild des Zeitalters werden" (182).

Die progressive Universalpoesie gründet in der geistigen Haltung „frei von allem realen und idealen Interesse auf den Flügeln der poetischen Reflexion in der Mitte (zu) schweben" (182). Hier tritt die neben der rhetorischen Ironie zweite Hauptquelle des ironischen Idealismus deutlich hervor: Fichtes Lehre von der produktiven Einbildungskraft in der ›Grundlage der Wissenschaftslehre‹ (1794).[21] Fichte bestimmt dort die „Einbildungskraft als ein Vermögen, das zwischen Bestimmung, und Nicht-Bestimmung, zwischen Endlichem, und

[19] G. W. F. Hegel, Bd. VII, Grundlinien der Philosophie des Rechts, 281.

[20] H. F. Plett, Einführung in die rhetorische Textanalyse, 93.

[21] Zu Fichtes Lehre von der produktiven Einbildungskraft siehe die Darstellung von W. Janke, Fichte. Sein und Reflexion. Grundlagen der kritischen Vernunft, Berlin 1970, 145 ff.

Unendlichem in der Mitte schwebt".[22] Als das „Schweben der Einbildungskraft zwischen widerstreitenden Richtungen" erscheint das 'Widerspiel' des rhetorischen Tropus hier transzendental vertieft. Dieses Hin- und Herschweben der transzendentalen Einbildungskraft bedeutet dabei ein absolutes Übergehen zwischen Gegensätzen. „Es hat keine fixen Pole und bestimmten Richtungen."[23] Die für den klassischen rhetorischen Tropus 'Ironie' definierte Fixierung eines eigentlich Gemeinten auf der einen Seite und des uneigentlichen Geäußerten auf der anderen hebt sich im absoluten Schweben der transzendentalen Einbildungskraft auf. Dagegen ist das Vermögen der Fixierung und der festhaltenden Bestimmung der Verstand: „Der Verstand ist Verstand, blos insofern etwas in ihm fixirt ist; und alles, was fixirt ist, ist blos im Verstand fixirt."[24] Die für den Schlegelschen Ironiebegriff bezeichnende Problematik der produktiven Einbildungskraft tritt hier zutage: Einerseits vermag ihr Schweben und Überleiten das Wunder der absoluten Synthesis absoluter Antithesen und bildet das Lebens- und Realitätsprinzip der organischen Einheit des Selbstbewußtseins. Andererseits vermag sie die von ihr permanent produzierte Realität nicht zu fixieren und zur gegenständlichen Bestimmtheit zu bringen. „Die Einbildungskraft produciert Realität; aber es *ist* in ihr keine Realität; erst durch die Auffassung und das Begreifen im Verstande wird ihr Produkt etwas Reales."[25] Die freischwebenden Produktionen der Einbildungskraft haben noch nicht den Charakter einer objektiv bestimmten Realität. In diesem Gegensatz der schwebenden Einbildungskraft zum fixierenden Verstand spiegelt sich die klassische Opposition des Erfindungsvermögens *(ingenium)* und des Beurteilungsvermögens *(iudicium)*. Die absolute *inventio* der Einbildungskraft schafft ein produktives Chaos, das erst durch die *dispositio* des urteilenden Verstandes zur objektiven Realität geordnet wird.

[22] J.G. Fichte, Gesamtausgabe der Bayerischen Akademie der Wissenschaften, hrsg. v. R. Lauth u. H. Jacob, 1. Abteilung, Werke in 8 Bdn., Stuttgart/Bad Cannstatt 1962 ff.; hier Bd. II, 1965, 360.

[23] W. Janke, Fichte, 151.

[24] J.G. Fichte, Gesamtausgabe, Bd. II, 374.

[25] Ebd.

### *b) Der Pluralismus der Persönlichkeit*

Das in Fichtes ›Wissenschaftslehre‹ von 1794 dargestellte vorbewußte Schweben der transzendentalen Einbildungskraft bildet allerdings noch nicht die hochbewußte Geisteshaltung der Schlegelschen Ironie. Diese entsteht erst dadurch, daß die vorbewußte „Freiheit des Schwebens"[26] mit Bewußtsein ergriffen und zur existentiellen Haltung eines kompromißlosen geistigen Liberalismus gesteigert wird. Seine infinite Ironik bedeutet dabei keineswegs – wie Hegel meinte – den bloßen Ausdruck willkürlicher Subjektivität, sondern eine bewußte Geisteshaltung, die dem vorbewußten Prinzip der produktiven Einbildungskraft entspricht. Die objektive Wahrheit der Ironie besteht somit darin, daß nur sie die ansonsten verborgene transzendentale Grundbewegtheit des gegenständlichen Welt- und Selbstbewußtseins öffentlich darzustellen vermag.

Mit der konsequenten Übernahme des transzendentalen Tätigkeitsmusters in die bewußte Lebensführung wird das absolute Schweben bei Schlegel zum leitenden Handlungsstil und die infinite Ironik – das unfixierte Hin und Her zwischen den Gegensätzen – zur existentiellen Grundfigur. Diese verabschiedet das Ideal uniformer personaler Identität und fordert den „steten Wechsel von Selbstschöpfung und Selbstvernichtung" (172), in dessen Rhythmus sich das Dasein zu einer „ununterbrochene(n) Kette innerer Revolutionen" (255) gestaltet.

Mit dieser ironischen 'Revolution der Denkart' vollzieht der absolute Liberalismus eine kritische Distanzierung vom „gemeinen Standpunkt" (261) der bürgerlichen Lebenswelt und der ihr korrelierenden historisch-kritischen Wissenschaft.

> Die beiden Hauptgrundsätze der sogenannten historischen Kritik sind das Postulat der Gemeinheit und das Axiom der Gewöhnlichkeit. Postulat der Gemeinheit: Alles recht Große, Gute und Schöne ist unwahrscheinlich, denn es ist außerordentlich und zum mindesten verdächtig. Axiom der Gewöhnlichkeit: Wie es bei uns und um uns ist, so muß es überall gewesen sein; denn es ist ja alles so natürlich (149).

Die moderne aufgeklärte Lebenswelt und ihre Wissenschaft bleibt gefangen in ihrem hartnäckigen dogmatischen Identitäts-Schein, der die produktive ironische Nicht-Identität des individuellen Geistes unterdrückt. Die positive Seite dieser Schlegelschen Kritik des bürgerlichen Kulturbetriebes und seiner positionellen Verhärtungen zielt auf

[26] J. G. Fichte, Gesamtausgabe, Bd. II, 380.

die Verwirklichung der universell gebildeten Persönlichkeit. „Liberal ist wer von allen Seiten und nach allen Richtungen wie von selbst frei ist und in seiner ganzen Menschheit wirkt ..." (253). Der positive Sinn der infiniten existentiellen Ironie besteht darin, alle inneren Fixierungen zu negieren und so im Individuum das Universelle des Menschheitlichen freizusetzen. Schlegel zeigt hier eine unverkennbare Affinität zum humanistischen Ideal des *homo universalis*. „Schaffe dir Ironie und bilde dich zur Urbanität" (251). Für ihn verbindet die allseitige Persönlichkeit in sich die Momente ironischer Liberalität und universeller Bildung.

Ein recht freier und gebildeter Mensch müßte sich selbst nach Belieben philosophisch oder philologisch, kritisch oder poetisch, historisch oder rhetorisch, antik oder modern stimmen können, ganz willkürlich, wie man ein Instrument stimmt, zu jeder Zeit und in jedem Grade (154).

Kennzeichnend für die universelle Persönlichkeit ist eine extreme innere Pluralität, die den gewöhnlichen Erwartungen eindimensionaler personaler Identität radikal widerspricht. Absolute Liberalität und Bildung erfordern einen „Geist, der gleichsam eine Mehrheit von Geistern, und ein ganzes System von Personen in sich enthält" (185).

Schlegels Postulat von der inneren Pluralität der Persönlichkeit nimmt dabei einen zentralen Gedanken aus Kants ›Kritik der Urteilskraft‹ auf, den der *erweiterten Denkungsart*. Diesen für die aufgeklärte Subjektivität kennzeichnenden Denkstil erwirbt – so Kant – jemand,

... wenn er sich über die subjektiven Privatbedingungen des Urteils, wozwischen so viele andere wie eingeklammert sind, wegsetzen, und aus einem *allgemeinen Standpunkte* (den er dadurch nur bestimmen kann, daß er sich in den Standpunkt anderer versetzt) über sein eigenes Urteil reflektiert.[27]

Aufklärung entsteht hier durch die Verbindung von erweiternder und steigernder Amplifikation: Erstens wird das Bewußtsein durch die mentale Transposition in 'den Standpunkt anderer' erweitert und zweitens durch die reflektierende Urteilskraft in einen 'allgemeinen Standpunkt' gesteigert.

Der liberale Denkstil Schlegels nimmt das Aufklärungskonzept der erweiterten Denkart Kants auf und wandelt es zugleich ab:

Aber sich willkürlich bald in diese bald in jene Sphäre, wie in eine andre Welt, nicht bloß mit dem Verstande und der Einbildung, sondern mit ganzer

[27] I. Kant, Werke. Akademie-Textausgabe, 9 Bde., repr. Berlin 1968; hier Bd. V, 1968, Kritik der Urteilskraft, B 159.

Seele versetzen; bald auf diesen bald auf jenen Teil seines Wesens frei Verzicht tun, und sich auf einen andern ganz beschränken, jetzt in diesem, jetzt in jenem Individuum sein Eins und Alles suchen und finden, und alle übrigen absichtlich vergessen ... (185).

Schlegel greift hier zweifellos den Gedanken einer erweiternden Amplifikation des Bewußtseins auf: die Negation der eigenen Beschränkungen und die Selbstversetzung in die Position der anderen. Die von Fichtes Theorie der produktiven Einbildungskraft her gedachte existentielle Ironik wird – mittels der Kantischen Idee des Sichversetzens „an die Stelle jedes andern“[28] – zu einem Hin- und Herschweben zwischen gegensätzlichen Weltansichten, in dem sich der innere Pluralismus der universellen Persönlichkeit erzeugt. Dabei entfällt im Zuge der Infinitisierung dieses interpersonalen Schwebens bei Schlegel bezeichnenderweise die steigernde Amplifikation des Bewußtseins bis zu einem ‘allgemeinen Standpunkt’, die bei Kant die eigentliche Leistung der reflektierenden Urteilskraft war. Der absolute geistige Liberalismus verweigert sich auch hier der Aufhebung in allgemeine Identität. Die infinite Ironie Schlegels entflieht jedem positionellen Denken: der Macht des fixierenden Verstandes bei Fichte, dem allgemeinen Standpunkt der reflektierenden Urteilskraft bei Kant und der dialektischen Aufhebung bei Hegel. Nur in der kompromißlosen Permanenz der ‘Freiheit des Schwebens’ glaubt der ironische Idealismus sein positives Ziel, die Selbstschöpfung, die allseitige Persönlichkeit, in deren „Innern das Universum ... reif geworden ist“ (185), erreichen zu können.

### *c) Die Gefahr der Selbstaufhebung ‘öffentlicher Vernunft’ im unendlichen ironischen Regreß*

Die infinite Ironie durchdringt im ironischen Idealismus nicht nur die literarische Form ihrer Darstellung, sondern auch ihren eigenen Begriff. In Schlegels ironisch gemeintem „System der Ironie“ (369) bezeugt sich ihr Zug zum radikalen Pluralismus in einer Vielfalt von Ironiebegriffen: der ‘groben’, ‘feinen’, ‘delikaten’, ‘extrafeinen’, ‘redlichen’, ‘dramatischen’ und ‘doppelten’ Ironie. Nach der Verdopplung folgt die Potenzierung zur „Ironie der Ironie“ (369). Diese von jedem positionellen Denken befreite und potenzierte Ironie, in der sich die ‘Freiheit des Schwebens’ ewig erhalten soll, stellt den äußersten Gedanken der Schlegelschen Philosophie der Ironie dar.

[28] I. Kant, Bd. V, Kritik der Urteilskraft, B 158.

Die Gefahren seiner extremen Ironie der Ironie werden von Schlegel selbst benannt. Die Attraktivität der Ironie besteht in ihrer Abweichung und Kontrastwirkung zur Gewöhnlichkeit, die durch ihren unbegrenzten Gebrauch sich selbst zerstört. So kann es selbst der Ironie der Ironie geschehen, „daß man sie doch eben auch überdrüssig wird, wenn sie uns überall und immer wieder geboten wird" (369). Im Zuge der unbegrenzten Ironisierung droht ferner die Freiheit des ironischen Idealismus in die Notwendigkeit eines Ironiezwanges umzuschlagen, da man nun permanent „wider Willen Ironie machen muß" (369). Schließlich – „wenn die Ironie wild wird und sich gar nicht mehr regieren läßt" (369) – scheint sich der Prozeß progressiver Ironisierung zu verselbständigen und sich gegen den zu kehren, der sie einst selbst entfesselt hat.

Dennoch ist der von Schlegel um 1800 vertretene *ironische Idealismus* nicht mit dem massendemokratischen und postmodernen *Ironismus* des 20. Jahrhunderts zu verwechseln. Die infinite Ironie verweilt bei ihm in den Grenzen „der synthetisch-harmonisierenden Denkfigur"[29] bürgerlicher Geisteshaltung, die sich immer noch im traditionellen Horizont der Platonischen Metaphysik bewegt. Innerhalb der Grenzen bürgerlicher Vernunft bleibt die Ironie an das Ideal der universellen Persönlichkeit und den zugrundeliegenden transzendentalen Gedanken der organischen Einheit produktiver Einbildungskraft gebunden.

Erst durch die Entkopplung der Figur der infiniten Ironie von ihrem transzendentalen Fundament wird dann der *Ironismus* des 20. Jahrhunderts entstehen, der für die massendemokratische Gesellschaft und ihren postmodernen Pluralismus kennzeichnend ist. Im Gegensatz zum binären Modell des rhetorischen Tropus – der fixierten Opposition von Innen und Außen, Gemeintem und Gesagtem, Eigentlichem und Uneigentlichem – übernimmt später – der sich allerdings schon bei Nietzsche abzeichnende – *postmoderne Ironismus* den Gedanken der infiniten Vertauschbarkeit, nach der die Gegensätze und Pole „vertauscht und einander willkürlich substituiert werden können".[30] Die prinzipielle „Nicht-Entscheidbar-

[29] P. Kondylis, Der Niedergang der bürgerlichen Denk- und Lebensform. Die liberale Moderne und massendemokratische Postmoderne, Weinheim 1991, 17.

[30] P. de Man, Rhetorik der Tropen (Nietzsche), in: Rhetorik, Bd. II, hrsg. v. J. Kopperschmidt, Darmstadt 1991, 170–188, hier 175.

keit“[31] des Sinnes und das Moment eines „radikalen Pluralismus“[32] sind Signaturen des postmodernen Ironismus, der den urbanen Geist der „liberalen Utopie“[33] absoluter individueller Selbstschöpfung wiederholt.

Losgelöst von Transzendentalphilosophie und Rhetorik wird die infinite Ironie als Figur unbegrenzter Vertauschbarkeit freigesetzt, die alle festen Oppositionen dekonstruiert und den Prozeß der progressiven Ironisierung aller Verhältnisse unumkehrbar zu machen scheint. Die derart freigesetzte infinite Ironie potenziert allerdings auch die schon von Schlegel gesehene Gefahr, daß die durch sie gewonnene individuelle Freiheit unvermittelt in die Zwangslage umschlägt, daß man „nicht wieder aus der Ironie herauskommen kann“ (369). Der in den unendlichen ironischen Regreß geratenen Subjektivität bliebe so am Ende nur noch die – vielleicht sogar ernsthaft gestellte – Frage: „Welche Götter werden uns von allen diesen Ironien erretten können?“ (369). Der öffentliche Vernunftgebrauch des ironischen Idealismus droht in letzter Konsequenz im unendlichen Regreß seiner von ihm selbst literarisch inszenierten Ironie zu scheitern.

Die ›Athenaeum-Fragmente‹ zeigen mehr als bloß den Variantenreichtum der öffentlichen Vernunftformen innerhalb des Deutschen Idealismus. Als ein literarischer Höhepunkt idealistisch befreiter Subjektivität bezeugen sie gleichzeitig schon ein Bewußtsein ihrer latenten Krise. Die entfesselte ironische Negativität, die durch die Aufhebung aller äußeren dogmatischen Geltungsansprüche zuerst die Emanzipation des Individuums vorantreibt, stellt sich hinterher selbst als existentielles Problem des befreiten Ich dar: Es droht sich selbst in einer haltlosen Fluchtlinie von unendlich ironisierbaren und letztlich gleich beliebigen Möglichkeiten zu verlieren. Die absolut befreite Subjektivität wird sich somit der inneren Maß- und Haltlosigkeit ihrer absoluten Freiheit bewußt, deren Seins- und Wirklichkeitscharakter zunehmend fraglich wird. Im unfixierbaren ‘Hin- und Herschweben’ der ironischen Existenz bricht schließlich die *doxale Differenz* des ‘hin und her schwankenden Sinnes’ im Innern der aufgeklärten Subjektivität auf. Das moderne Individuum vor diesem inneren Nihilismus seiner subjektiven und schrankenlosen Freiheit zu bewahren, bildet

[31] J. Derrida, Sporen. Die Stile Nietzsches, in: Nietzsche aus Frankreich, hrsg. v. W. Hamacher, Frankfurt a. M. 1986, 131–168, hier 152.

[32] Wege aus der Moderne. Schlüsseltexte der Postmoderne-Diskussion, hrsg. v. W. Welsch, Weinheim 1988, 39.

[33] R. Rorty, Kontingenz, Ironie und Solidarität, Frankfurt a. M. [2]1991, 15.

eine nicht zu unterschätzende innere Triebfeder der ernsthaften idealistischen Systemphilosophie. Im Hinblick auf die objektiven Phänomene 'Natur' und 'Kunst' hat vor allem der objektive Idealismus Schellings versucht, der Subjektivität auf ihrem eigenen Boden einen maßgeblichen Seinsbezug zurückzugewinnen.

## 2. Die konnaturale Erneuerung des öffentlichen Lebens bei F. W. J. Schelling

F. W. J. Schelling stellt ein außergewöhnlich variantenreiches Bild des engagierten philosophischen und politischen Lehrers dar, der Einfluß auf die studentische Elite und die Staatsführung seiner Zeit zu nehmen versucht. In seinen Jenaer ›Vorlesungen über die Methode des akademischen Studiums‹ (1802) entwirft er das Programm der Erneuerung der akademischen Lehre. Die 'Revolution der Denkart' soll sich auch im Raum der Universität durchsetzen und zu neuen Formen selbstbestimmten Lehrens und Lernens führen. Im Mittelpunkt steht dabei die Ablösung der geisttötenden 'historischen' Lehrmethode durch die lebendige 'genetische' Vortragsart, die die universelle Bildung autonomer Persönlichkeit fördern soll.[1] Später, in seiner Münchener Zeit, war Schelling Lehrer und Berater von König Maximilian II. von Bayern.[2] Im Gegensatz zu Platon und Dionysios II. entwickelte sich zwischen Schelling und Maximilian II. ein fruchtbares Lehrer-Schüler-Verhältnis, durch das der späte Schelling als politischer Lehrer langjährigen Einfluß gewinnen konnte.[3]

[1] P. L. Oesterreich, Universelle Philosophie der Didaktik. Schellings Methodenlehre des akademischen Studiums, in: Lehren und Lernen der Philosophie als philosophisches Problem, Bd. 1, hrsg. v. H. Girndt u. L. Siep, Essen 1987, 82–102.

[2] Die Beziehung zwischen Schelling und Maximilian II. ist dokumentiert in: Schelling Leonbergensis und Maximilian II. von Bayern. Lehrstunden der Philosophie, hrsg. v. W. E. Ehrhardt, Stuttgart/Bad Cannstatt 1989. Nach Schellings Tod im Jahre 1854 hat Maximilian II. „seinem geliebten Lehrer" ein Denkmal mit der Aufschrift „Dem ersten Denker Deutschlands" errichten lassen (s.: Schelling Leonbergensis und Maximilian II., 123).

[3] So nimmt Schelling z. B. Stellung zu der – für die Monarchie existentiellen – Frage: „Ist anzunehmen, daß, nachdem sich die Monarchien durch geeignete Einrichtungen gestärkt, die Völker von den modern-liberalen Ideen zurückkommen werden?" (Schelling Leonbergensis und Maximilian II., 103). In seiner Antwort führt Schelling vor dem Hintergrund seiner späten ›Philosophie der Mythologie und Offenbarung‹ u. a. aus: „Dahin muß es kommen, daß

Die folgende Darstellung wird allerdings Schellings Rolle als akademischen Lehrer und fürstlichen Privatlehrer nicht weiterverfolgen, sondern sich auf Beispiele seines öffentlichen Vernunftgebrauchs jenseits der akademischen Lehre und des fürstlichen Privatunterrichts konzentrieren. Das erste Beispiel bildet Schellings Einleitungsschrift in seine Naturphilosophie, die sich an die literarische Öffentlichkeit der gelehrten 'Leserwelt' richtet: die ›Ideen zu einer Philosophie der Natur‹ (1797). Das zweite Beispiel, die Münchener ›Rede über das Verhältnis der Bildenden Künste zu der Natur‹ (1807), entstammt dagegen der unmittelbar oratorischen Situation öffentlicher Rede.

Die ›Ideen‹ mögen vielleicht für das Thema 'Politik' auf den ersten Blick enttäuschend sein. Die in der Französischen Revolution geschichtlich aufgetretene reale Freiheit verwandelt sich im Zuge der philosophischen 'Revolution der Denkart' zur transzendentalen Freiheit der Schellingschen Naturphilosophie.[4] Diese transzendentale Vertiefung des Freiheitsgedankens in der idealistischen Philosophie bedeutet aber nur scheinbar ihre Entpolitisierung. Liest man die beiden in diesem Kapitel vorgestellten Beispiele im Zusammenhang, so stellt sich heraus, daß durch die transzendentale Vertiefung des Freiheitsgedankens in den ›Ideen‹ das Programm einer kulturpolitischen Erneuerung in der ›Münchener Rede‹ vorbereitet wird. Die veränderte Sicht der *physis* führt in letzter Konsequenz zur Forderung nach einer veränderten *polis*. Die ›Ideen‹ sind somit das Produkt indirekter philosophischer Politik, die – wie sich zeigen wird – mit rhetorischen Mitteln um Zustimmung für einen neuen Naturbegriff wirbt, in dessen Konsequenz ein Programm zur realen politischen Umgestaltung und Erneuerung liegt.

wir den Staat als eine bloße höhere Potenz der Natur, aber eben darum auch in seinen Grundlagen als eine Art von Mysterium ansehen, das durch beständiges Hervorziehen und in Frage Stellen dieser Grundlagen (die sogenannten konstitutionellen Erörterungen) nur entweiht werden kann" (Schelling Leonbergensis und Maximilian II., 106).

[4] Zu den unterschiedlichen logischen Niveaus von realer, praktischer und transzendentaler Freiheit siehe: H. Krings, Reale Freiheit. Praktische Freiheit. Transzendentale Freiheit, in: Ders., System und Freiheit. Gesammelte Aufsätze, Freiburg i. Br./München 1980, 40–68.

### *a) Die Mythologie der Freiheit in den ›Ideen zu einer Philosophie der Natur‹*

Solange ich selbst mit der Natur *identisch* bin, verstehe ich was eine lebendige Natur ist so gut, als ich mein eigenes Leben verstehe.[5]

Schellings ›Ideen zu einer Philosophie der Natur‹ (1797) sollen hier als literarisches Beispiel öffentlichen Vernunftgebrauches interpretiert werden, das im Zuge der ‘Revolution der Denkart’ die Idee der Freiheit inhaltlich und formal nun auch auf dem Gebiet der Naturphilosophie zur Geltung bringt.[6] Diese programmatische Schrift, die bezeichnenderweise den Untertitel ›Einleitung in das Studium dieser Wissenschaft‹ trägt, wirbt mit unterschiedlichen narrativen und argumentativen Mitteln für ihre neue naturphilosophische Überzeugung. Dabei entwickelt Schelling die Grundgedanken seiner Naturphilosophie am Anfang des Textes vor einem narrativen Hintergrund: dem philosophischen Mythos von der Emanzipation und Reintegration der menschlichen Freiheit. Dieser erzählt im wesentlichen die eine Naturgeschichte des menschlichen Geistes in drei Epochen. Die geistige Evolution geht aus der Natur hervor und soll am Ende wieder zu ihr zurückkehren. Zwischen den friedlichen Epochen des anfänglichen Natur- und endgültigen Kulturzustandes liegt allerdings die der Emanzipation und notwendigen Entzweihung.

a) Die Epoche des philosophischen Naturzustandes:

„Damals war der Mensch noch einig mit sich selbst und der ihn umgebenden Welt“ (12). Im „bloßen Genuß ihres Reichthums begriffen“ (12) betet er die „verschleierte Göttin“ (12) Natur an und begnügt sich mit der Unmittelbarkeit der Naturerfahrung, ohne die Frage nach den Bedingungen ihrer Möglichkeit zu stellen. Das Bewußtsein der Menschen befindet sich dabei in einem unmittelbaren Gleichgewicht, „in welchem Subjekt und Objekt innigst vereinigt sind“ (15).

b) Die Epoche der Reflexion, Befreiung und Entfremdung:

Das Zeitalter der Reflexion beginnt mit der Frage nach den Möglichkeitsbedingungen der Naturerfahrung und dem Zweifel an ihrer

[5] Ideen zu einer Philosophie der Natur, in: F. W. J. Schelling, Sämmtliche Werke, Bd. II, 47. Die Seitenangaben dieser Ausgabe werden den Zitaten direkt nachgestellt.

[6] Zum Diskussionsstand um den problematischen epistemologischen Status der Schellingschen Naturphilosophie s.: P. L. Oesterreich, Die Naturgeschichte des menschlichen Geistes. Schellings ›Ideen zu einer Philosophie der Natur‹ als Entwurf konnaturaler Vernunft, in: Fichte-Studien 5 (1993), 159–170.

Wahrheit und Wirklichkeit. Dadurch setzt sich der menschliche Geist freiwillig in den Widerspruch zur äußeren Natur.

Mit jener Trennung zuerst beginnt Reflexion; von nun an trennt er (i. e. der Mensch) was die Natur auf immer vereinigt hatte, trennt den Gegenstand von der Anschauung, den Begriff vom Bilde, endlich (indem er sein eigenes *Objekt* wird) sich selbst von sich selbst" (13).

Die philosophische Reflexion löst die Einheit der Welt in die Differenz einer erscheinenden materiellen Natur einerseits und einer rein intellektuellen Welt andererseits auf.[7] Ihr Übermaß hebt letztlich die Produktivität des Menschen völlig auf. Seine praktischen Kräfte werden nicht mehr in der „Berührung und Wechselwirkung" (13) mit der äußeren Realität geübt, und seine Geisteskraft verschwendet er „im Kampf gegen das Hirngespinnst einer eingebildeten Welt" (13). Die Gesundheit seiner Innenwelt, die im dynamischen „Gleichgewicht der Kräfte und des Bewußtseyns" (13) bestehen könnte, wird infolgedessen zerstört. Ganzheitliche Identität findet der Mensch nicht in der ichbezogenen und theoretischen Reflexionstätigkeit, sondern eher in den Formen praktischen Handelns und künstlerischer Produktivität. „Denn das Wesen des Menschen ist Handeln ... Seine edelste Thätigkeit ist die, die sich selbst nicht kennt" (13). Dieser Grundüberzeugung von der Überlegenheit der sich in der Natur manifestierenden unbewußten Produktivität wird Schelling bis in sein spätes politisches Denken treu bleiben. Gegen den „politischen Rationalismus"[8] wird Schelling noch 1852 die Auffassung vertreten, daß der Staat kein Produkt künstlicher politischer Konstruktion darstellt, sondern – ähnlich wie die Natur – auf einer „Art von Mysterium" beruht, das sich einer bloßen konstitutionellen Reflexion als ein „Unantastbares"[9] entzieht.

Innerhalb dieser Rationalismuskritik werden auch die Formen des modernen Philosophierens, in denen die auf die eigene Subjektivität bezogene Reflexion dominiert, als Krankheitsphänomene diagnostizierbar: insbesondere dem Kantischen Kritizismus mit seiner für Schelling fragwürdigen Ding an sich Konzeption gilt hier der Angriff.

[7] Reflexion ist für Schelling notwendig eine partikulare Tätigkeit, die die ganzheitliche Existenz des Menschen aufhebt. „Sobald er sich selbst zum Objekt macht, handelt nicht mehr der *ganze* Mensch, er hat einen Theil seiner Thätigkeit aufgehoben, um über den andern reflektiren zu können" (13).

[8] Schelling Leonbergensis und Maximilian II. von Bayern, 108.

[9] Schelling Leonbergensis und Maximilian II. von Bayern, 106.

Denn sie (die Reflexion) peinigt die menschliche Vernunft mit Chimären, gegen welche, weil sie jenseits aller Vernunft liegen, selbst kein Krieg möglich ist. Sie macht jene Trennung zwischen dem Menschen und der Welt *permanent*, indem sie die letzte als ein *Ding an sich* betrachtet, das weder Anschauung noch Einbildungskraft, weder Verstand noch Vernunft zu erreichen vermag (14, Anm.).

Das unglückliche Bewußtsein der Trennung des menschlichen Geistes von der inneren und äußeren Natur ist demnach anscheinend das Schicksal der europäischen Aufklärung. Gilt somit schon Schelling der Fortschrittsglaube der neuzeitlichen Subjektivitätsphilosophie als bloßer sinnleerer Schein, oder läßt sich trotz aller Entfremdungserscheinungen im Reflexionszeitalter ein sinnvolles Motiv ausmachen, das den Aufbruch aus dem naiven Naturzustand des menschlichen Geistes rechtfertigt? Schelling jedenfalls meint: Das positive Motiv sei das Emanzipationsstreben des menschlichen Geistes weg von der Vormundschaft der Natur gewesen. Die politische Idee der Befreiung vom Despotismus wird hier als Leitmotiv der gesamten kulturellen Evolution entfaltet. Die Emanzipation der menschlichen Kultur erfordert den aktiven Aufstand gegen sie: „denn freiwillig entläßt die Natur keinen aus ihrer Vormundschaft, und es gibt keine *geborenen* Söhne der Freiheit" (12). Dieses Motiv der Befreiung des Geistes, der zuerst die reflexive Differenz zur Natur um seiner Selbstwerdung willen suchen muß, führt aber in seiner Konsequenz durch das Zeitalter der Reflexion hindurch und hinaus zur Wiederherstellung seiner Identität mit ihr.

c) Das Zeitalter der wiederhergestellten Identität:

Insgesamt erzählt Schelling die Geschichte des Verhältnisses von menschlichem Geist und Natur nicht linear, sondern als Entwicklungsgeschehen, in dem sich durch das Differenz- und Konfliktzeitalter die ursprüngliche Identität des anfänglichen Naturzustandes potenziert und reproduziert:

Es wäre auch nicht zu begreifen, wie der Mensch je jenen Zustand verlassen hätte, wüßten wir nicht, daß sein Geist, dessen Element *Freiheit* ist, sich *selbst* frei zu machen strebt, sich den Fesseln der Natur und ihrer Vorsorge entwinden und dem ungewissen Schicksal seiner eigenen Kräfte überlassen mußte, um einst als Sieger und durch eigenes Verdienst in jenen Zustand zurückzukehren, in welchem er, unwissend über sich selbst, die Kindheit seiner Vernunft verlebte (12f.).

Die Naturgeschichte des menschlichen Geistes – typischerweise in der Metaphorik der Lebenszeitalter formuliert – führt zu einer durch Freiheit vermittelten Identität mit der Natur zurück. Schelling hat diese Epoche der freiwilligen Reintegration und wiederhergestellten Identität in den ›Ideen‹ nur angedeutet. Aber zweifellos sah er seine eigene Naturphilosophie, die er ausdrücklich als Freiheitstat des menschlichen Geistes deklariert hat, als avantgardistische und diesem neuen Zeitalter angemessene Denkform an. Durch die Mythologie der Freiheit wird die 'Revolution der Denkart', die hier die neue Naturphilosophie hervorbringt, in den größeren Zusammenhang der Menschheitsgeschichte eingebettet. Die philosophische und die politische Revolution werden so als Momente einer großen Geschichtsbewegung sichtbar, der der gemeinsame Akt der Selbstaffirmation von Freiheit zugrunde liegt, durch den sich die Subjektivität von jeglicher Art der Vormundschaft befreit und so ihre Autonomie gewinnt.

### *b) Die Entstehung konnaturaler Vernunft als freie Geistestat*

Am Ende seiner ›Ideen‹ faßt Schelling den Hauptgedanken in der folgenden Sentenz zusammen:

> Die Natur soll der sichtbare Geist, der Geist die unsichtbare Natur seyn (56).

Die chiastische Form dieser zentralen Sentenz unterstreicht ihren Inhalt: die wechselseitige Identität von Geist und Natur. Diese betonte Identitätsbehauptung wendet sich gegen die cartesianische Trennung von Geist *(res cogitans)* und Körperwelt *(res extensa)* und das mit ihr verbundene mechanistische Weltbild der Newtonschen Physik. Das Universum soll eben nicht als bloßer kausalmechanischer Apparat und perfekter Automat gedacht werden, dem die Wesenszüge geistiger Freiheit, d.h. Selbsttätigkeit (Spontaneität), Selbstbezüglichkeit (Reflexivität) und Ideenbezug (Idealität), grundsätzlich fehlen.

Hat es hier aber nicht den Anschein, als setze Schelling dem cartesianischen Dualismus mit seiner problematischen Trennung von Geist und Natur einen ebenso fragwürdigen Monismus entgegen, in dem Geist und Natur unmittelbar identisch sein sollen? Dagegen spricht, daß Schellings Idee von der Identität keineswegs einen indifferenten Monismus, sondern einen differenzierten Holismus behauptet. Dies läßt sich schon aus der genauen Formulierung seiner Identitätsthese entnehmen. Sie lautet ja nicht lapidar: Die Natur soll Geist und der Geist soll Natur sein, sondern: „Die Natur soll der sichtbare Geist, der Geist die unsichtbare Natur seyn."

Dazu ist zu sagen:

a) In der Identität von Geist und Natur herrscht die Differenz von Sichtbarkeit und Unsichtbarkeit. Natur und Geist gehören in einem Offenbarungs- und Verbergungsgeschehen zusammen; in der Natur erscheint der ansonsten unsichtbare Geist und im Geist verbirgt sich die ansonsten sichtbare und offen zu Tage liegende Natur. Die Natur ist dem menschlichen Geist kein absolut Fremdes, Anderes und möglicherweise unerkennbares Ding an sich, sondern prinzipiell und essentiell – gerade in den differenten Existenzformen und Potenzen ihrer jeweiligen objektiven Erscheinung – dasselbe wie der Geist, so daß der Geist mit der Natur immer auf unzertrennliche Weise „durch jenes geheime Band" (55) verknüpft bleibt.

b) Diese harmonistisch erscheinende Behauptung der prinzipiellen Identität von Geist und Natur darf allerdings nicht als deskriptiv gemeinte dogmatische Setzung verstanden werden. Genau gelesen formuliert der Schellingtext nämlich keine Identitätsbehauptung, sondern ein Postulat konnaturaler Vernunft, das einer transzendentalphilosophischen Fragestellung entspringt:

> Die Natur soll der sichtbare Geist, der Geist die unsichtbare Natur seyn. Hier also, in der absoluten Identität des Geistes *in* uns und der Natur *außer* uns, muß sich das Problem, wie eine Natur außer uns möglich sey, auflösen.

Wenn Schelling grundlegend nach der „Möglichkeit einer Natur" (12) fragt, so nimmt er zweifellos die transzendentale Fragestellung nach den Bedingungen der Möglichkeit und Gültigkeit unseres Wissens von der Natur auf. Seine Naturphilosophie fragt nicht naiv und dogmatisch nach den objektiven Bedingungen der Natur, sondern kritisch nach den Bedingungen der Möglichkeit eines objektiven *Wissens von* der Natur. Wie kann aber die Natur als unabhängige Realität außerhalb unseres Bewußtseins angemessen gedacht werden, wenn sie für uns nur in der Abhängigkeit von diesem Bewußtsein und seinen Bedingungen erscheint? Eine Naturphilosophie, die die Natur nicht zu einem bloßen Denkprodukt depotenzieren, sondern als das Andere des Geistes die selbständige Realität im Wissen selbst bewahren will, sprengt den egologischen Rahmen eines subjektiven Idealismus. Aber von welchem Standpunkt jenseits des naiven Objektivismus und subjektiven Idealismus ist eine Wissenschaft von der Natur möglich?

Die für den objektiven Idealismus Schellings einzig denkbare Antwort lautet hier: Nur vom Standpunkt der absoluten Identität aus, wenn also die Bedingungen der Möglichkeit der Natur zugleich und in eins die Bedingungen der Möglichkeit unseres Wissens von der Natur sind. Die äußere Reihe der Naturdinge und die innere Vorstellungsreihe des Geistes können nicht als nachträglich vereinigt gedacht werden, sondern unter der prinzipiellen Bedingung ihrer wesentlichen Identität, allerdings bei (quantitativer) Differenz ihrer jeweiligen Existenzformen. Erst aufgrund dieses Identitätsprinzips ergibt sich die Konsequenz, daß das System unserer Naturvorstellungen nicht ein bloßer intersubjektiver Wissensschein, sondern eine objektive Wissenschaft sein kann. Denn für die letztere muß gelten: „Das System der Natur ist zugleich das System unseres Geistes ...“ (39).

Die hier behauptete ‘Passung’ der kognitiven Strukturen des menschlichen Geistes mit den objektiven Strukturen einer äußeren Natur hat begründungstheoretisch keinerlei Nähe zum Realismus der evolutionären Erkenntnistheorie,[10] sondern ist eine direkte Folgerung aus dem idealistischen Identitätspostulat, das die apriorische Idee objektiver Naturphilosophie formuliert.

Aber setzt Schelling mit dieser prinzipiellen Behauptung einer ursprünglichen Identität von Geist und Natur nicht neben das mechanische Wissensbild von der Natur einfach noch ein beliebiges weiteres – identitätsphilosophisches – Naturweltbild? Wie die Vielzahl anderer philosophischer Naturdeutungen beweist, ist der Standpunkt der Identitätsphilosophie keine dem menschlichen Geist eingeborene Idee, ein unmittelbar allgemeingültiges ‘geistiges Naturereignis’. Sie ist das Ergebnis des freien Entschlusses, konsequent zu philosophieren und die in transzendentaler Reflexion gewonnene konnaturale Identitatsidee zum normativen Prinzip naturphilosophischer Konstruktion zu machen. Ihre Verbindlichkeit ist durch die persönliche intellektuelle Willensfreiheit vermittelt. Ausdrücklich betont Schelling:

> Die Sache ist diese. Philosophie ist nicht etwas, was unserem Geist ohne sein Zuthun, ursprünglich und von Natur beiwohnt. Sie ist durchaus ein Werk der Freiheit. Sie ist jedem nur das, wozu er sie selbst gemacht hat; und darum

[10] Zur Auseinandersetzung des (hypothetischen) Realismus G. Vollmers mit dem Kantischen Transzendentalismus s.: Eine Kopernikanische Wende? Zur Kritik an der Evolutionären Erkenntnistheorie, in: Transzendentale oder evolutionäre Erkenntnistheorie?, hrsg. v. W. Lütterfelds, Darmstadt 1987, 81–113. Zu dem aus der immanenten Kritik an der evolutionären Erkenntnistheorie hervorgegangenen Standpunkt eines Minimalrealismus s. u. a. E.-M. Engels, Erkenntnistheoretischer Konstruktivismus, Minimalrealismus, empirischer Realismus – Ein Plädoyer für einige Unterscheidungen, in: Zeitschrift für philosophische Forschung 44 (1990), 28–54.

ist auch die Idee von Philosophie nur das Resultat der Philosophie selbst, welche als eine unendliche Wissenschaft zugleich die Wissenschaft von sich selbst ist (11).

Diese Erklärung, die Philosophie sei nicht das Produkt geistiger Naturnotwendigkeit, sondern die freie Tat eines konsequenten philosophischen Willens, kennzeichnet Schellings Naturphilosophie als Metaphysik auf dem Boden freier Subjektivität. Die Überwindung der – bei Schlegel im unendlichen ironischen Regreß sich andeutenden – Haltlosigkeit rein subjektiver Freiheit soll durch sie selbst geschehen: als freie Annahme der maßgebenden absoluten Identität von Geist und Natur.

Die konnaturale Vernunft des objektiven Idealismus verdankt ihre geschichtliche Existenz demnach einem freien Entschluß. Dieser ist erstens ein *Entschluß von Freiheit*, der in einem freien Akt der Subjektivität besteht, das Prinzip der absoluten Identität zu akzeptieren. Zweitens ist er aber auch ein *Entschluß für Freiheit*, der das Freiheitsmoment auch in der Natur entdecken läßt und sie vom Schein des bloßen Mechanismus befreit. Die Anerkennung anderer Freiheit stellt sich damit als ein Grundzug der Schellingschen Naturphilosophie heraus. Diese bleibt aber nicht auf menschliche Subjekte beschränkt, sondern anerkennt darüber hinausgehend auch die freie Subjektivität der Naturwesen.

Mit diesem realen Entschluß von *Freiheit für Freiheit* entsteht nun allererst die geschichtliche Existenz konnaturaler Vernunft. Die unbedingte Aktualität der transzendentalen Freiheit – „der unbedingte Entschluß von Freiheit für Freiheit“[11] – bricht damit auf empirischer Ebene augenblickshaft durch und manifestiert sich als freie geistige Tat, die mit alten Systemzwängen bricht und eine neue Wissensordnung begründet. Naturphilosophie und Politik verbindet kein oberflächliches Freiheitsmotiv; als Akte radikaler Befreiung wurzeln die philosophische und die politische Revolution in derselben transzendentalen Freiheit, die in ihnen empirisch zum Vorschein kommt.

Die neue Naturphilosophie versteht sich somit vor dem Hintergrund des philosophischen Freiheitsmythos als ein radikaler kulturgeschichtlicher Wendepunkt. Die ›Ideen‹ werben für den entscheidenden Schritt zur freiwilligen Reintegration des menschlichen Geistes und damit für den Übergang in die dritte Epoche des wiederhergestellten Friedens mit der Natur. Sie versuchen die wissenschaftlichen

[11] Vgl. H. Krings, Reale Freiheit. Praktische Freiheit. Transzendentale Freiheit, 60f.

Konsequenzen aus dem Grundgedanken zu ziehen, daß die menschliche Selbstbestimmung sich durch die Anerkennung der Natur als Subjekt zu vermitteln hat. Dieser freiwillige Übertritt zum Standpunkt der Naturphilosophie bleibt allerdings unplausibel, solange die Natur bloß als Objektwelt wahrgenommen wird. Deshalb verweist der Text auf das *exemplum* der organischen Natur als Manifestation der transzendental behaupteten Subjektivität.

### *c) Die rhetorische Vermittlung des geschichtlichen Anfangs der Naturphilosophie*

Wenn das Identitätsprinzip gelten soll, die Natur also der sichtbare Geist sein soll, dann ist sie in erster Linie nicht als mechanische und äußerlich bewegte Objektivität, sondern als lebendige und sich selbst organisierende Subjektivität aufzufassen. Als Subjekt-Objekt kann die Natur zwar zweifellos – in der reduzierten Sicht des empirischen Objektivismus – ihre kausalmechanische und geistlose Außenseite zeigen. Doch ihre eigentliche Innenseite, ihre dem Menschlichen geistverwandte Subjektivität und Lebendigkeit bleibt dann verborgen. Schelling selbst hat die Erfahrung beschrieben, die die Natur in zwei gegensätzlichen Grunderfahrungen und Gegebenheitsweisen erscheinen läßt: In der konnaturalen Identitätserfahrung als dem menschlichen Geist affines allgemeines Leben und in der Differenzerfahrung als geistfremder und toter Mechanismus:

> Solange ich selbst mit der Natur *identisch* bin, verstehe ich was eine lebendige Natur ist so gut, als ich mein eigenes Leben verstehe; begreife, wie dieses allgemeine Leben der Natur in den mannichfaltigsten Formen, in stufenmäßigen Entwicklungen, in allmählichen Annäherungen zur Freiheit sich offenbaret; sobald ich aber mich und mit mir alles Ideale von der Natur trenne, bleibt mir nichts übrig als ein todtes Objekt und ich höre auf, zu begreifen, wie ein *Leben außer* mir möglich sey (47f.).

Dieses sympathetische Erlebnis der Natur als Subjektivität erschließt in erster Linie kein gegenständliches Sein, sondern einen stufenweisen Werde- und Offenbarungsprozeß geistiger Freiheit. Naturerfahrung wird somit zur Selbsterfahrung des menschlichen Geistes, der den Prozeß seiner eigenen allmählichen Selbstwerdung im Formenreichtum des allgemeinen Naturlebens dokumentiert sieht. Auch in diesem entwicklungsgeschichtlichen Sinn ist die Naturphilosophie „*eine Naturlehre unseres Geistes*" (39).

Die Grundeigenschaft der Organismen ist die Organisation zu

einem selbständigen Ganzen. Im organischen Naturleben zeigen sich die Vorstufen eines in der menschlichen Existenz endgültig durchbrechenden Fürsichseins und der Freiheit. Schelling betont: „Organisation aber producirt *sich selbst*, entspringt *aus sich selbst* ... Jedes organische Produkt besteht *für sich selbst*, sein Daseyn ist von keinem andern Daseyn abhängig" (40). Diesen Geist in der Natur, die Kraft und Energie ihrer spontan-lebendigen und gestalthaften Selbstorganisation nennt Schelling als deren eigentliches Wesens- und Lebensprinzip 'Seele'. „Geist als Princip des Lebens gedacht, heißt *Seele*" (51). Die objektiv vorfindliche Natur *(natura naturata)* ist somit als Organismus lediglich „der bloße Leib oder Symbol" (67) des sie ermöglichenden Tätigkeits- und Selbstorganisationsprinzips *(natura naturans)*. Die Subjektivität der Natur bleibt demnach keine obskure Qualität. Sie symbolisiert sich für jeden unbefangenen Beobachter in der Arten- und Formenvielfalt des Allorganismus und nicht primär in den subjektiven Anordnungen des Experimentes oder in den Formeln ihrer mathematischen Rekonstruktion. Aber selbst wenn der hier undurchdringliche Schleier des mechanistischen Weltbildes zerrissen ist, der durchscheinende Symbolschleier zeigt noch nicht das nackte Antlitz der Göttin Natur: „... das Absolute verhüllt sich hier in ein andres, als es selbst in seiner Absolutheit ist, in ein Endliches, ein Seyn, welches sein Symbol ist ..." (67).

Die gesamte erlebte Naturwelt bleibt, trotz ihres ersichtlichen autopoietischen Charakters, eine Außenseite und durch den Grundzug ironischer Verstellung bestimmt. Das dynamische Innere der *natura naturans* zeigt sich nämlich in den Spielarten der organischen Naturprodukte nur, indem es sich zugleich in der ihm entgegengesetzten Form der Endlichkeit und Objektivität verbirgt. Dennoch kommt – nicht so sehr in der isolierten Betrachtung einzelner Objekte, sondern in der symbolisch-ästhetischen Durchsicht der vielfältigen Spielarten des gesamten Universums – das Absolute zum Vorschein. Kann die Naturphilosophie aber auch hinter diesen symbolischen Schleier der Natur blicken? Mit dieser Frage nach der Möglichkeit einer unverhüllten wissenschaftlichen Einsicht in die innere Dynamik der Natur ist allerdings die Grenze der von Schelling beschriebenen vorwissenschaftlichen Erfahrung erreicht. Jenseits dieser Grenze liegen die zahlreichen konstruktiven Entwürfe der *spekulativen Physik*, die versuchen, das Innere der Natur direkt und unverhüllt darzustellen.

Das moderne Freiheitsmoment, das im Gegensatz zur Parmenideischen Identität von Denken und Sein im Schellingschen Postulat der absoluten Identität von Natur und Geist hervortritt, bestimmt auch die Form des öffentlichen Vernunftgebrauches in Schellings ›Ideen‹. Der ‘Aufstieg’ in den Bereich philosophischer Wahrheit erscheint in den ›Ideen‹ bezeichnenderweise nicht mehr – wie am Anfang der Metaphysik – durch göttliche Mächte eröffnet. Die peithische Vermittlung der Philosophie für die ‘Leserwelt’ übernimmt nun der Philosoph selbst, der an die Freiheit des Lesers appelliert und ihn auffordert, in einem freien Akt das grundlegende Prinzip der spekulativen Naturphilosophie zu akzeptieren.

Schelling zeigt dabei in den ›Ideen‹, daß der logisch nicht erzwingbare konnaturale Vernunftglaube dennoch nicht dem Zufall überlassen zu werden braucht. Ähnlich wie der Politiker bleibt dem Philosophen die Möglichkeit, mit rhetorischen Mitteln um freie Zustimmung zu werben, wo er logisch nicht zwingen kann und soll. So bleibt der geschichtliche Anfang der Naturphilosophie, der ihrer systematischen Entfaltung vorhergeht, durch das rhetorische Werben um die Glaubwürdigkeit ihres Prinzips vermittelt.

Zu Überzeugungsmitteln philosophischer Psychagogie gehören erstens narrative wie die Mythologie der Freiheit, zweitens die transzendentalen Argumente für die absolute Identität von Geist und Natur und drittens die Form exemplarischer Argumentation wie der Hinweis auf die organische Natur. Mit unterschiedlichen literarischen Mitteln wird so inhaltlich dieselbe konnaturale Idee vertreten: die ursprüngliche Zusammengehörigkeit von Natur und Geist. Diese Bündelung unterschiedlicher Überzeugungsmittel hat durchaus einen psychagogischen Sinn und läßt durch ihre topische Methode[12] das typisch rhetorikaffine Moment öffentlichen Vernunftgebrauches erkennen. Die Fülle unterschiedlicher Überzeugungsmittel, die dem rein logischen Verstand redundant erscheinen, hat den rhetorischen Sinn der möglichst vielseitigen Überzeugung.

Schellings ›Ideen‹ bilden insgesamt ein gutes Beispiel für den literarisch vermittelten ‘Aufstieg’ der ‘Leserwelt’ zum Prinzip der Philosophie, die vorläufig nur eine indirekte philosophische Politik beinhaltet. Das Paradigma des ‘Rückweges’ von der Höhe der Naturphilosophie zur konkreten politischen Lebenswelt findet sich dagegen in seiner ›Rede über das Verhältnis der bildenden Künste zu der Natur‹. Dabei wird sich zeigen, daß der latente politikbegründende Charakter der

[12] „Die Kritik ist die Kunst des wahren, die Topik aber die der reichhaltigen Rede“ (G. B. Vico, De nostri temporis studiorum ratione / Vom Wesen und Weg der geistigen Bildung, lat.-deutsch, hrsg. v. W. F. Otto, Darmstadt ³1984, 31).

›Ideen‹ sich am Ende noch zum politischen Programm einer durchgreifenden Erneuerung des öffentlichen Lebens entwickelt.

### *d) Die schweigende Beredsamkeit der Natur: Schellings ›Rede über das Verhältnis der bildenden Künste zu der Natur‹*

Die ›Rede über das Verhältnis der bildenden Künste zu der Natur‹ hat Schelling zum Namensfest des Königs am 12. Oktober 1807 in der Akademie der Wissenschaften zu München vorgetragen. Caroline Schelling berichtet triumphierend über diese „Sternstunde“[13] ihres Mannes:

> Schelling hat mit einer Würde, Männlichkeit und Begeisterung geredet, daß Freund und Feind hingerissen war, und nur Eine Stimme darüber gewesen ist vom Kronprinzen und den Ministern an, die gegenwärtig waren, bis zu den Geringsten. Es ist mehrere Wochen nachher bey Hof und in der Stadt von nichts die Rede gewesen als von Schellings Rede.[14]

Schelling gelingt hier offensichtlich eine Vermittlung von Philosophie und öffentlicher Rede, die seine ästhetische Theorie zu einem gesellschaftlich-politischen Ereignis werden läßt. Sein Vortrag ist vielleicht ein Musterbeispiel für den reflektierten und akzeptablen Rhetorikgebrauch in der Philosophie.

Tatsächlich erweckt die Redeeröffnung kunstgerecht das Wohlwollen, die Aufmerksamkeit und die Lernbereitschaft seines Publikums. Schelling knüpft zunächst an die gehobene öffentliche Stimmung des königlichen Geburtstags an, verspricht, im Gegensatz zu seinen Vorgängern endlich bis zur „Urquelle der Kunst“[15] zurückgehen zu wollen und „das Kunstwerk überhaupt seinem Wesen nach zu enthüllen und vor dem geistigen Auge gleichsam entstehen zu lassen“ (291).

Das Versprechen eines durch Rede vermittelten geistigen Vor-Augen-Führens ist hier keineswegs nur im Sinne eines äußeren rheto-

[13] X. Tilliette, Schelling als Philosoph der Kunst, in: Philosophisches Jahrbuch 83 (1976), 30–41, hier 34.

[14] Brief von Caroline Schelling an Luise Gotter vom 12. 10. 1807 zitiert nach: F. W. J. Schelling, Über das Verhältnis der bildenden Künste zu der Natur, hrsg. v. L. Sziborsky, Hamburg 1983, 69f.

[15] Über das Verhältnis der bildenden Künste zu der Natur, in: F. W. J. Schelling, Sämmtliche Werke, Bd. VII, 292. Die Seitenangaben dieses Bandes stelle ich im folgenden den Zitaten direkt nach.

rischen Kunstgriffes gemeint. Es nimmt vielmehr den schon in den ›Vorlesungen über die Methode des akademischen Studiums‹ vertretenen Grundgedanken eines lebendigen und genetischen Vortragsstils auf. Die Evidenz-Rhetorik der „lebendigen Lehrart" soll „das Ganze der Wissenschaft gleichsam erst vor Augen des Lehrlings entstehen"[16] lassen. Die klassische rhetorische Figur der *evidentia* entspricht somit der genetischen Methode der Transzendentalphilosophie, die ihren Gegenstand nicht als historisch vorgegeben betrachtet, sondern in der intellektuellen Anschauung methodisch erzeugt.

In der ›Rede über das Verhältnis der bildenden Künste zu der Natur‹ tritt zur Übereinstimmung von rhetorischem Duktus und philosophischem Denkstil noch die des zu behandelnden Gegenstandes hinzu. Das *evidentia*-Motiv wird hier dadurch überboten, daß die bildende Kunst von sich selbst her schon einen objektiven und öffentlichen Charakter besitzt. Gewöhnliche Gegenstände müssen „durch Beredsamkeit gehoben" (292) und in ihrer höheren geistigen Bedeutung sichtbar gemacht werden. Die philosophischen Ideen, die für die alltägliche Lebenswelt „etwas Ueberschwengliches an sich haben", müssen „durch die Darstellung glaublich gemacht werden" (292). Das Kunstwerk dagegen, durch das das Ideelle „verkörpert vor die Augen tritt" (292), besitzt durch sich selbst symbolische Evidenz. Die öffentliche Wahrheit und objektive Realität der Kunst bekundet sich durch sich selbst und bedarf keiner weiteren Beglaubigung durch Redekunst.

Als „stumme Dichtkunst" (292) gleicht die bildende Kunst der „schweigende(n) Natur" (292), die ebenfalls im Medium ihrer sinnlichen Gestalten und Formen einen intelligiblen Sinn symbolisiert. Im Selbstverständnis des objektiven Idealismus soll die Natur eben „der sichtbare Geist"[17] sein. Durch ihre visuelle Symbolik ist sie – wie die bildende Kunst – von sich selbst her auf schweigende Weise beredt, so daß die philosophische Rede nur noch das zur Sprache bringen muß, was ihr Gegenstand schon auf nonverbale Art ausdrückt.

Natur und Kunst beglaubigen somit mit ihrer evidenten visuellen Ausdruckskraft die im schematischen Medium der Sprache vorgetragene philosophische Rede. Ihre Überzeugungskraft gründet nicht allein im subjektiven Moment der Redekunst, sondern vor allem in der objektiven Wahrheit des Redegegenstandes. Die Bedeutung stellt demnach kein rein artifizielles Produkt dar, sondern konstituiert sich

[16] F. W. J. Schelling, Sämmtliche Werke, Bd. V, 234.

[17] F. W. J. Schelling, Sämmtliche Werke, Bd. II, 56.

in der Bezugnahme auf die redeunabhängige, sich selbst bekundende Realität des „wie durch Sinnbilder redenden Naturgeistes" (301). Der alte *ars-natura*-Konflikt ist somit bereits in der Anlage der ›Münchener Rede‹ zugunsten der Natur entschieden. Die Evidenz ihrer gestalthaften Wirklichkeit ist das beste inartifizielle Argument des philosophischen Redners. Nicht nur das Kunstwerk, sondern auch die Redekunst soll möglicherweise „aus der Tiefe der Natur" (321) emporwachsen. Der konnaturale Denkstil bestimmt schon das Ethos des philosophischen Redners: als *interpres naturae* beansprucht er, frei von künstlicher Konstruktion und subjektiver Willkür, die schweigende Beredsamkeit des objektiven Naturgeistes und die in ihr fundierte bildende Kunst zur Sprache zu bringen.

### *e) Die 'Gewalt der Schönheit': Charakteristische Kunst als ethische Macht*

„Diese ganze Abhandlung weist die Basis der Kunst und also auch der Schönheit in der Lebendigkeit der Natur nach" (321). In dieser Absichtserklärung Schellings wird die konnaturale Wendung der Ästhetik, die sich in seiner ›Rede über das Verhältnis der bildenden Kunst zu der Natur‹ vollzieht, deutlich. Die Kunst wird hier nicht wie in der ›Philosophie der Kunst‹ (1802/3) als symbolische „Darstellung des Absoluten"[18] bestimmt. Die ›Münchener Rede‹ vollzieht eine deutliche Umkehr der Begründungsrichtung: Ihre konnaturale Ästhetik argumentiert nicht mehr identitätsphilosophisch von der Höhe des Absoluten, sondern naturphilosophisch von der 'Tiefe der Natur' her.

Die Grundabsicht der konnaturalen Ästhetik, die Lebendigkeit der Natur als Basis für die Existenz von Schönheit und Kunst nachzuweisen, schließt sich dabei erst einmal wenig spektakulär dem alten Topos der *imitatio naturae*, daß nämlich die „Kunst Nachahmerin der Natur seyn solle" (293), an. Erst durch die Auslegung im Sinne des dynamischen Naturbegriffs seiner spekulativen Physik kann Schelling ihm eine neue – und wie er meint endgültig klärende – Ausdeutung geben.

Schellings Neuinterpretation des Topos der *imitatio naturae* setzt beim Problem der „Vieldeutigkeit des Begriffs der Natur" (293) an und nennt in diesem Zusammenhang drei unterschiedliche Grundeinstellungen zur Natur:

[18] F. W. J. Schelling, Sämmtliche Werke, Bd. V, 406.

a) die des wissenschaftlichen Objektivisten, der die Natur „als das todte Aggregat einer unbestimmbaren Menge von Gegenständen, oder ... Raum, in den er sich die Dinge wie in ein Behältniß gestellt denkt“ (293), vorstellt.
b) die des Pragmatikers, der sie nur als ökonomisch ausbeutbare Ressource, als „Boden, von dem er seine Nahrung und Unterhalt zieht“ (293), sieht.
c) die des Naturphilosophen, dem allein sich die Natur als Subjekt universeller Selbstorganisation oder – wie Schelling enthusiastisch formuliert – als „die heilige, ewig schaffende Urkraft der Welt, die alle Dinge aus sich selbst erzeugt und werkthätig hervorbringt“ (293), zeigt.

Schelling will hier keine vollständige Liste der Naturvorstellungen geben und betont ausdrücklich, daß es von der Natur „fast so viele Vorstellungen als verschiedene Lebensweisen gibt“ (293). Damit macht er aber gerade auf die grundsätzliche Korrelation von Naturvorstellung und Lebensweise aufmerksam. Die sich als Lebensweise manifestierende habitualisierte Geisteshaltung, das Ethos, bestimmt jeweils eine ihr korrelierende Naturvorstellung. In der objektivistischen und ökonomisch-pragmatischen Einstellung erscheint die Natur prinzipiell nur in verdinglichter Form und wird als empirisches oder ökonomisches Objekt vorgestellt. Die hinter dieser gegenständlichen Außenseite verborgene Innenseite, ihre Subjektivität oder Lebendigkeit, erschließt sich dagegen nur dem Naturforscher, der ausgehend vom Postulat der absoluten Identität von Geist und Natur, seinen eigenen Geist einsetzt, um die subjektive Innenseite der Natur zu entdecken. Dabei gilt, daß – *similia similibus* – Subjektivität nur durch Subjektivität erkannt werden kann: „unser eignes Gemüth, unsern eignen Geist müssen wir daransetzen, daß sie uns antworten“ (294).

Dieser behauptete Zusammenhang von Ethos und Erkenntnis ist eine typische Gedankenfigur des Idealismus. Man denke etwa an Fichtes berühmtes Wort „Was für eine Philosophie man wähle, hängt sonach davon ab, was man für ein Mensch ist ...“[19] Die in der ›Münchener Rede‹ angesprochene konnaturale Geisteshaltung ist ebenfalls keineswegs notwendig oder selbstverständlich, sondern setzt ein bestimmtes Ethos und Pathos voraus: Den in der Grundstimmung der Begeisterung vollzogenen Entschluß, mit der Natur in freier Form zu kommunizieren.

Erst diese konnaturale Einstellung ermöglicht dann die Erfahrung

[19] J.G. Fichte, Werke, hrsg. v. I.H. Fichte, Bd. I, 434.

des Naturschönen, die als phänomenale Basis Schellings Ästhetik trägt. Dabei geht es nicht um die unmittelbare Betrachtung der schönen Form, sondern die sie durchdringende Freilegung ihres produktiven Prinzips: „Wir müssen über die Form hinausgehen, um sie selbst verständlich, lebendig und als wahrhaft empfundene wiederzugewinnen" (299). Die Auflösung der Form in Richtung auf das sie begründende dynamische Prinzip bildet das negative Moment geistiger Naturwahrnehmung. Dabei soll die „harte Form geistig gleichsam schmelzen" (299), um in das ungegenständliche Innere des Naturschönen einzudringen.

Für Schelling ist die extensive Größe der räumlichen Proportion, die Form – gefaßt als geometrisch bestimmbares Nebeneinander im Auseinander des Raumes – keine primäre Kategorie der Ästhetik. Mit der Auflösung der Form verläßt sie die Perspektiven der cartesianischen Verdinglichung der Natur als *res extensa* und die ihr korrelierende geometrisch-mathematische Methode. Diese transzendierende Bewegung des Geistes, die die gegenständliche Außenseite in Richtung auf ihre innere Subjektivität hin durchdringt, bedeutet einen Wechsel von der extensiven Kategorie der Form zur intensiven der Kraft. Die Auflösung der Form zielt auf Entdeckung der „positive(n), dem Außereinander vielmehr entgegenwirkende(n) Kraft" (299).

In diesem dynamischen Denken Schellings bekommt die idealistische Theorie der produktiven Einbildungskraft einen präpolitischen Ton. Schelling sieht schon das Naturschöne als Streitprodukt gegeneinander gerichteter Kräfte. Schönheit läßt die siegreiche Unterwerfung der Vielheit unter die Einheit des Begriffes sichtbar werden. Sie ist nicht das Resultat eines freien Spiels der Vermögen, sondern versinnlicht die produktive Herrschaft des einheitlichen Begriffes über die widerstrebenden Tendenzen der materiellen Teile. Die positive Naturkraft ermöglicht die organische Gestaltung der Dinge, indem sie die „Mannichfaltigkeit der Theile der Einheit eines Begriffs unterwirft" (299).[20]

[20] Ein weiteres Beispiel für die präpolitische Akzentuierung der Natur bildet folgende Analogie: „Stellt doch die Natur in ihrem weiten Kreise das Höhere immer mit seinem Niederen zugleich dar: Göttliches schaffend im Menschen, wirkt sie in allen übrigen Produkten den bloßen Stoff und Grund desselben, welcher seyn muß, damit im Gegensatz mit ihm das Wesen als solches erscheine. Wird ja doch in der höhern Welt des Menschen selbst die große Masse wieder zur Basis, an der sich das in wenigeren rein enthaltene Göttliche durch Gesetzgebung, Herrschaft, Glaubensstiftung manifestirt" (308).

Dieser präpolitische Ton erklärt sich aus Schellings Übertragung der Kategorie der Macht aus der Ästhetik des Erhabenen in die des Schönen. Kant hatte bekanntlich in seiner ästhetischen Theorie vom Dynamisch-Erhabenen auf den Machtcharakter der Natur aufmerksam gemacht. In diesem Zusammenhang definiert er 'Macht' als „ein Vermögen, welches großen Hindernissen überlegen ist".[21] Schelling entnimmt diesen Machtcharakter nun Kants Theorie des Erhabenen, verbindet ihn mit dem von Fichte stammenden Konzept der *„schaffenden Einbildungskraft"*[22] und kommt so zu seinem Begriff des Dynamisch-Schönen. In der kraftvollen Schönheit des organischen Naturproduktes bezeugt sich die überlegene Kraft seines positiven Bildungsprinzips. Im Unterschied zum Dynamisch-Erhabenen Kants manifestiert sich das Dynamisch-Schöne Schellings allerdings nicht nur in einzelnen spektakulären Naturszenen wie „drohende Felsen, am Himmel sich auftürmende Donnerwolken, mit Blitzen und Krachen einherziehend",[23] sondern im gesamten Leben der organischen Natur. Die von Pseudo-Longin stammende Vorstellung von der plötzlich-blitzhaft einbrechenden Übermacht des Erhabenen,[24] weicht bei Schelling der Idee der stetigen und allumfassenden Macht des organischen Bildungsprinzips. In seinem höchsten Produkt, dem menschlichen Leib, wirkt dieses positive Bildungsprinzip bezeichnenderweise „wie ein sanfter magnetischer Strom (der) in menschlichen Bildungen den Theilen der Materie eine solche Stellung und Lage untereinander gibt, durch welche der Begriff, die wesentliche Einheit und Schönheit sichtbar werden kann" (299).

In Verbindung mit der gemäßigten und sanften Macht des Dynamisch-Schönen greift Schelling ferner seine These von der bewußtlosen Tätigkeit der Natur, die als „Poesie in der Kunst"[25] das geniale Kunstschaffen bestimmt, wieder auf. In der ›Münchener Rede‹ bezeichnet Schelling die poetische Tätigkeit der Natur – zur Empörung seines Gegenspielers Jacobi – auch als „werkthätige Wissenschaft" (299). Der angebliche „Betrug, welcher darin durchaus mit der Sprache getrieben wird"[26] besteht nach Jacobi darin, daß Schelling

[21] I. Kant, Bd. V, Kritik der Urteilskraft, B 103.

[22] J. G. Fichte, Werke, Bd. I, 284.

[23] I. Kant, Bd. V, Kritik der Urteilskraft, B 105.

[24] „Das Erhabene aber, bricht es im rechten Moment hervor, zersprengt alle Dinge wie ein Blitz ..." (Pseudo-Longinos, Vom Erhabenen, Griechisch u. Deutsch, hrsg. v. R. Brandt, Darmstadt ²1983, I 4).

[25] F. W. J. Schelling, Sämmtliche Werke, Bd. III, 618.

[26] Jacobi an Fries, den 26. 11. 1807, in: F. W. J. Schelling, Über das Ver-

ein tätiges Prinzip, das nicht das reflexive Moment des Sichwissens enthält, dennoch als „Geist“ oder „Wissenschaft“ bezeichnet. Daß es eine „blinde, unvorsetzliche“,[27] bloß werktätige Wissenschaft des Naturgeistes geben soll, muß für den Personalisten Jacobi unverständlich bleiben und seinen Pantheismusverdacht gegen Schelling weiter verstärken.

Für Schelling dagegen handelt es sich um die konsequente Fortsetzung der Kritik seines objektiven Idealismus an der ontologischen Tragfähigkeit reflexiver Wissensformen. Schon 1797 in den ›Ideen‹ formuliert Schelling seinen anthropologischen Zweifel am Wert der bloßen Reflexion: „Denn das Wesen des Menschen ist Handeln. Je weniger er aber über sich selbst reflektiert, desto thätiger ist er ... Die bloße Reflexion also ist eine Geisteskrankheit des Menschen ...“[28] Schellings Argument aus dem prinzipiellen Antagonismus von Reflexivität und Produktivität lautet hier: Die Reflexion hemmt prinzipiell die Produktivität der menschlichen Existenz und hebt – ins Extrem getrieben – deren Wirklichkeitscharakter ganz auf. Diese philosophische Grundüberzeugung von der Überlegenheit reflexionsloser Produktivität findet sich in der ›Münchener Rede‹ im Gedanken der ‘werktätigen Wissenschaft’ wieder. „Die Wissenschaft, durch welche die Natur wirkt, ist freilich keine der menschlichen gleiche, die mit der Reflexion ihrer selbst verknüpft wäre: in ihr ist der Begriff nicht von der That, noch der Entwurf von der Ausführung verschieden“ (299). Was Schelling hier fasziniert, ist die in der Natur erschaute Idee rein positiver Produktivität, die im Unterschied zur menschlichen nicht durch das negative Moment der Reflexion gebrochen und durch Differenz von Entwurf und Ausführung zerdehnt ist.

Die konnaturale Ästhetik Schellings gewinnt von dieser Idee des ursprünglich positiven Naturprinzips ihre eigentümliche Auslegung des Topos der *imitatio naturae*. Die Kunst soll nicht die gegenständliche Außenseite der Natur schildern, sondern die ungegenständliche, schöpferische Macht der Natur inmitten der menschlichen Kultur darstellen. Das Dynamische des Naturschönen bildet für Schelling eine durch Reflexion ansonsten unerreichbare ‘Tiefe der Natur’, deren erneuernde Macht sich nur durch charakteristische Kunst der menschlichen Lebenswelt mitzuteilen vermag.

hältnis der bildenden Künste zu der Natur, hrsg. v. L. Sziborsky, Hamburg 1983, 74.

[27] Ebd.

[28] F. W. J. Schelling, Sämmtliche Werke, Bd. II, 13.

Schelling greift aus der zeitgenössischen Diskussion den umstrittenen Terminus des Charakteristischen auf, um ihn in seinem konnaturalen Sinne auszudeuten.[29] Das Charakteristische unterscheidet sich dementsprechend von jeder Art des bloß subjektiv Individuellen oder Interessanten, das z.B. durch kalkulierten Konventionsbruch bewerkstelligt wurde. Es verleiht als „Siegel bewußtloser Wissenschaft" (300) dagegen dem Kunstwerk „jene unergründliche Realität" (301), die dem bewußt konzipierten Artefakt notwendig abgeht. Die schöpferische Kraft der Natur fließt durch den Anteil bewußtloser Tätigkeit in das wahre Kunstwerk ein und macht seine durch verständige Reflexion unergründliche Realität aus. Zweifellos greift Schelling die schon im ›System des transzendentalen Idealismus‹ vorgetragene Konzeption genialer Produktivität auf, die in einer Verbindung von bewußter und bewußtloser Tätigkeit besteht. Noch einmal betont er,

> daß in der Kunst nicht alles mit dem Bewußtseyn ausgerichtet wird, daß mit der bewußten Thätigkeit eine bewußtlose Kraft sich verbinden muß, und daß die vollkommne Einigkeit und gegenseitige Durchdringung dieser beiden das Höchste der Kunst erzeugt (300).

Bezeichnend für den Perspektivwechsel von der Genieästhetik des transzendentalen Idealismus zur konnaturalen Ästhetik der ›Münchener Rede‹ ist allerdings, daß die Kunst nicht mehr von der transzendentalen Subjektivität, sondern der „Schöpfungskraft" (324) der Natur her gedacht wird. Dieser Blickwechsel zugunsten der Objektivität der Natur macht die Einführung des Mimesiskonzeptes in die idealistische Ästhetik verständlich. Dabei hält Schelling einerseits an der – aus der antiken Rhetoriktheorie stammenden und von Kant transzendental gedeuteten[30] – Idee des *ingenium* fest, dergemäß gerade das Vermögen genialer Erfindung, die *inventio*, eine nicht lehr- und lernbare Naturanlage darstellt. „Diese geistige Zeugungskraft kann keine Lehre oder Anweisung erschaffen. Sie ist das reine Geschenk der Natur, welche hier ... ihre Schöpfungskraft in das Geschöpf legt" (324). Andererseits tritt in der ›Münchener Rede‹ auch das Modell

[29] F.W.J. Schelling, Über das Verhältnis der Bildenden Künste zu der Natur, 54f. – Schelling greift dabei vor allem Goethes Auffassung „Das Charakteristische liegt zum Grunde, auf ihm ruhen Einfalt und Würde ..." (54) und die Forderung F. Schlegels nach einem „neuen ‚Objektiven'" (55) in der Kunst der Moderne auf.

[30] Siehe P.L. Oesterreich, Das Verhältnis von ästhetischer Theorie und Rhetorik in Kants Kritik der Urteilskraft, in: Kant-Studien 83 (1992), 324–335.

künstlerischer Nachahmung hinzu: „Jenem im Innern der Dinge wirksamen durch Form und Gestalt nur wie durch Sinnbilder redenden Naturgeist soll der Künstler allerdings nacheifern, und nur insofern er diesen lebendig nachahmend ergreift, hat er selbst etwas Wahrhaftes erschaffen" (301). Die Betonung des mimetischen Charakters künstlerischer Produktivität weist den Gedanken absoluter Originalität auf dem Boden genialer Subjektivität zurück. Nicht nur die Anlage, sondern auch die Möglichkeit der Ausbildung seiner schöpferischen Kraft verdankt der Künstler der Natur. Das Dynamische der Natur bildet nicht nur die Basis, sondern auch das Vorbild künstlerischer Produktivität. Damit verlagert sich die Position absoluter Originalität von der menschlichen Subjektivität auf die der schöpferischen Natur, auf eben jenen 'wie durch Sinnbilder redenden Naturgeist', den die Kunst lebendig nachahmen soll. Die schöpferische Macht, die sich in der visuellen Beredtheit der organischen Natur zeigt, ist jene absolute Originalität, die nach gelungener künstlerischer Mimesis als das Charakteristische der menschlichen Kunst erscheint. Das charakteristische Kunstwerk repräsentiert ebenfalls das Positive jener 'unergründlichen Realität', das sich gegen seine vollständige reflexive Durchdringung sperrt und der rationalen Verfügung entzogen bleibt. In einer Welt allseitiger Vermitteltheit hebt es sich durch seine künstlerisch vermittelte Unmittelbarkeit von der umgebenden Welt der bloßen Artefakte ab.

Schelling gibt der ästhetischen Kategorie des Charakteristischen in diesem Zusammenhang eine ontologische Bedeutung. Im lebendigen Charakter drückt sich die dem Seienden „einwohnende Kraft, mit der es sich als ein eignes Ganzes dem Ganzen gegenüber behauptet" (303), aus. Das Charakteristische bestimmt sich somit als Ausdruck der individuellen Subsistenz, der essentialistisch nicht faßbaren positiven Kraft, in sich zu gründen und von sich selbst her auf jeweils eigene Weise da zu sein. Alles von Natur aus Seiende hat als Produkt der schöpferischen Macht der *physis* diesen lebendigen Charakter der Subsistenz, die den artifiziellen Produkten rein technischer Herstellung abgeht. Die hier ansetzende ontologisch begründete Kulturkritik Schellings, die die „Leerheit" und die innere „Nichtigkeit" (305) kunst- und naturferner Produktion kritisiert, verweist auf den Mangel an Sein und selbständiger Wirklichkeit des von ihr Verfertigten. Am charakteristischen Kunstwerk soll sich der moderne Prozeß der fortschreitenden artifiziellen Entwirklichung der Welt brechen und durch die symbolische Gegenwärtigkeit der schöpferischen Naturmacht inmitten menschlicher Kultur umgekehrt werden.

Schellings konnaturale Ästhetik setzt dabei das klassische Kulturmodell mit seinen Konzepten des Nachahmens oder Übertreffens der Antike außer Kraft. Das Prinzip der Mimesis des dynamischen Naturschönen macht eine generelle Orientierung an geschichtlich tradierten Kunstformen sinnlos. Dies zeigt Schellings Kritik am Klassizismus Winkelmanns, dessen antikisierenden Idealismus er folgendermaßen beschreibt: „Lebhaft bewegt durch die Schönheit der Formen in den Bildungen des Alterthums lehrte er, daß Hervorbringung idealischer und über die Wirklichkeit erhabener Natur sammt dem Ausdruck geistiger Begriffe die höchste Absicht der Kunst sey" (295). Die klassizistische Aneignung antiker Kunstformen, so Schellings Kritik, verbleibt ebenso wie die naturalistische Kopie in der Widerspiegelung der Außenwelt und damit in der unoriginellen Sicht der „Dinge als eines leblosen Vorhandenen" (295). Ihre äußerliche Imitation des antiken Ideals, die lediglich die gegenständliche Form, aber nicht den sie erfüllenden Geist zum Vorbild nimmt, bleibt letztlich einer dogmatischen Ontologie des Vorhandenen verhaftet.

Beispiele exemplarischer Kunst findet Schelling daher nicht im zeitgenössischen Klassizismus, sondern in der antiken Plastik – der Niobe und dem Apoll von Belvedere – und vor allem in der Renaissance-Malerei. So schildert er eine aufsteigende Linie der Verklärung von ungebändigter Kraft zur Grazie, die ausgehend von Michelangelo, über Correggio und Raphael bis zu Guido Reni reicht. Dabei wirkt insbesondere das Lob Guido Renis, der den „heiteren Olymp" Raphaels als „der eigentliche Maler der Seele" (320) noch überboten haben soll, konstruiert. Das Dynamische des charakteristischen Kunstwerkes wird dagegen noch am ehesten in der Beschreibung Michelangelos und Correggios sichtbar. In Michelangelo stellt sich für Schelling „die älteste und mächtigste Epoche der freigewordenen Kunst dar, wo sie in ungeheuren Geburten ihre noch ungebändigte Kraft zeigt" (318). Ihm folgt Correggio, der Maler des Hell-Dunkel.

> Nach der Besänftigung der ersten Gewalt und des heftigen Triebs der Geburt verklärt sich in Seele der Naturgeist, und die Grazie wird geboren ... hier lächelt spielende Unschuld, heitere Begier und kindliche Lust aus offnen und fröhlichen Gesichtern, und hier werden die Saturnalien der Kunst gefeiert. Der Gesammtausdruck jener sinnlichen Seele ist das Helldunkel, welches Correggio mehr als irgend ein anderer ausgebildet (319 f.).

Trotz dieses Hinweises auf die Präsenz des Charakteristischen im magischen Hell-Dunkel Correggios sprengt Schellings konnaturale Ästhetik den Rahmen ihrer kunstgeschichtlichen Beispiele. Die eigentliche Intention der ›Münchener Rede‹ zielt auf das erst zu schaffende charakteristische Kunstwerk der Zukunft. Schellings ganze Rede ist getragen von der Hoffnung „eines neuen Auflebens einer durchaus eigenthümlichen Kunst“ (328) in Deutschland.

Diese neue charakteristische Kunst soll die schöpferische Kraft der Natur inmitten der Kultur als ethische Macht repräsentieren. ‘Charakter’ steht in Schellings Rede als Übersetzung von ‘Ethos’, dessen maßvolle sittliche Energie das unmäßig-leidenschaftliche ‘Pathos’ beherrscht. Die charakteristische Kunst soll daher exemplarisch zeigen, wie die „Kräfte der Leidenschaften“ durch die „Gewalt des Charakters niedergehalten werden“ (310).

Auch dieser klassische Gegensatz von Ethos und Pathos wird hier im Lichte der Kantischen Lehre vom ‘Dynamisch-Erhabenen der Natur’ gedeutet. Eine ‘Gewalt’ kann demnach diejenige Macht genannt werden, die „auch dem Widerstande dessen, was selbst Macht besitzt, überlegen ist“.[31] Gewalt ist gesteigerte Macht, die sich gegen die stärksten Widerstände durchsetzt. Daß sich das Dynamische der Natur nun vorzüglich im Menschen selbst darstellt und nicht – wie bei Kant – in der Distanz eines äußeren Naturschauspiels, gründet in einer gewandelten Anthropologie. Als Naturwesen rückt der Mensch in die zentrale Stellung eines Mikrokosmos, der die makrokosmischen Entwicklungsstufen in sich konzentriert und so „alles in Einem Punkte versammelt“ (305). Die schöpferische Kraft der Natur, die sich in den anderen Naturwesen nur in „einzelnen Fulgurationen“ (305) zeigt, findet nach Schelling im Menschen erst ihren vollen Ausdruck. Die „gesammte Natur (ist) nur im Menschen zu sehen“ (305), und deshalb ist die menschliche Gestalt das eigentliche Thema der charakteristischen Kunst. In der Darstellung der ‘Gewalt des Charakters’, der die empörten Leidenschaften beherrscht, zeigt sich die schöpferische Kraft der Natur als sittliche Energie des Ethos.

Die konnaturale Ästhetik Schellings enthält eine Ethik des Ethos, die die konkrete Sittlichkeit des Menschen im positiven Bildungsprinzip der Natur gründen läßt. Sie stellt sich nicht durch schematische Normen und Regeln dar, sondern symbolisiert sich u.a. in den Werken charakteristischer Kunst, in welchen die überlegene Gewalt des Charakters über die Leidenschaften nicht nur gefordert, sondern lebendig vor Augen geführt werden soll.

Diese ästhetisch vermittelte Ethik des Ethos wendet sich vor allem gegen jenen Typus normativer Ethik, der auf eine völlige Negation und Abtötung der Leidenschaften abzielt. Nach Schelling handelt es sich dabei um einen ‘seichten Moralismus’, welcher, „um mit dem

[31] I. Kant, Bd. V, Kritik der Urteilskraft, B 103.

Menschen fertig zu werden, lieber die Natur in ihm verstümmeln und alles Positive aus den Handlungen" (310) entfernen will. Im Gegensatz zur stoisch-kantischen Tradition bilden für Schelling die Leidenschaften positive Grundkräfte menschlicher Existenz, ohne deren Aktualisierung die Entwicklung des sittlichen Willens nicht möglich wäre. Nur im realen Konflikt der nicht verdrängten natürlichen Leidenschaften bildet sich der Charakter.

Die symbolische Darstellung der Herrschaft des Ethos über das entfesselte Pathos in der charakteristischen Kunst bricht konsequenterweise mit dem klassischen Schönheitsideal und der Regel der Mäßigung der Leidenschaften. „Denn wie die Tugend nicht in der Abwesenheit der Leidenschaften, sondern in der Gewalt des Geistes über sie besteht: so wird Schönheit nicht bewährt durch Entfernung oder Verminderung derselben, sondern durch die Gewalt der Schönheit über sie" (310). Die 'Gewalt der Schönheit' markiert zwar die nachklassische Position der konnaturalen Ästhetik Schellings, beinhaltet aber keinen „Abbau der Schönheit als Prinzip der Kunst".[32] Sie kennzeichnet jedoch den Wechsel von der klassisch-harmonischen zur dynamisch-charakteristischen Schönheitsidee, die den Untergang der gegenständlichen Welt des schönen Scheins in der modernen Kunst mit einleitet.

### *f) Politische Ästhetik: Der kulturelle Pluralismus der Nationen*

Insbesondere am Ende der ›Münchener Rede‹ wird deutlich, daß Schelling nicht nur als Ästhetik-Theoretiker, sondern vor allem als politischer Lehrer spricht, dem es gerade in seiner Kritik des Klassizismus darum geht, in Deutschland eine von fremden Vorbildern freie Kultur zu entwickeln. Die Selbständigkeit und Originalität, die die Deutschen durch die Entdeckung der Transzendentalphilosophie seit Kant philosophisch erreicht haben, soll sich nun auch durch die Kunst in der gesamten Breite der öffentlichen Kultur entfalten: „Dieses Volk, von welchem die Revolution der Denkart in dem neueren Europa ausgegangen, ..., dieses Volk muß in einer eigenthümlichen Kunst endigen" (328).

[32] O. Marquard, Zur Bedeutung der Theorie des Unbewußten für eine Theorie der nicht mehr schönen Künste, in: Die nicht mehr schönen Künste. Grenzphänomene des Ästhetischen, hrsg. v. H. R. Jauß, München 1968, 375–392, hier 381.

Schellings Forderung nach einer eigenständigen deutschen Kunst darf jedoch nicht nationalistisch mißverstanden werden. Sie schließt die Anerkennung der kulturellen Eigenleistungen anderer Völker und Epochen, insbesondere der italienischen Renaissance, ebenso ein wie die Erkenntnis ihrer Unwiederholbarkeit:

> ... eine Kunst, die nach allen Bestimmungen dieselbe wäre wie die der früheren Jahrhunderte, wird nie wieder kommen; denn nie wiederholt sich die Natur. Ein solcher Raphael wird nicht wieder seyn, aber ein anderer, der auf eine gleich eigenthümliche Weise zum Höchsten der Kunst gelangt ist (328).

Schelling vertritt hier offensichtlich einen nationalen Pluralismus, der den Grundgedanken der dynamischen Natur politisch umsetzt. Das für Schelling in der Natur sichtbare Prinzip origineller Variation soll auch die Welt der Nationen beherrschen. Die Egalität der Völker besteht demnach nicht in der Gleichheit, sondern in der gleichen Originalität ihrer kulturellen Formen, die sich als charakteristische Kunst darstellt.

Die charakteristischen Kunstwerke, um die herum sich eine kulturelle Lebenswelt organisiert, werden von Schelling nicht als Produkte eines isoliert schaffenden Originalgenies gedacht. Gerade die geniale Kunst ist von „öffentlicher Stimmung abhängig, sie bedarf eines allgemeinen Enthusiasmus für Erhabenheit und Schönheit, wie jener ... in dem Medicäischen Zeitalter ..., einer Verfassung, wie sie uns Perikles im Lob Athens schildert" (326). Das Zusammenwirken der *physis* mit einer günstig gestimmten und verfaßten *polis* bildet die Grundbedingung für große Kunst. Die konnaturale Ästhetik übersieht keineswegs die historisch-politischen Bedingungen der Kunst. Schellings ›Münchener Rede‹ ist selbst das beste Beispiel für den rhetorischen Versuch, die Grundstimmung öffentlicher Begeisterung für eine Erneuerung der Kunst zu wecken. Der in der 'Lebendigkeit der Natur' sich gründenden Kunst muß durch den politischen Lehrer und Redner die Realisation in der konkreten geschichtlichen Lebenswelt ermöglicht werden.

Dabei rechnet Schelling – wie die folgende Passage zeigt – durchaus mit dem Widerstand der Bequemlichkeit und Gewohnheit:

> Die Forderung, daß die Kunst wie alles andere Lebendige von den ersten Anfängen ausgehen und, um lebendig sich zu verjüngen, immer neu auf diese zurückgehen müsse, mag eine harte Lehre dünken in einem Zeitalter, dem so vielfältig gesagt worden, wie es die gebildetste Schönheit schon fertig von vorhandenen Kunstwerken abnehmen und so wie mit Einem Schritt zum letzten Ziel gelangen könne (324).

Schelling zeigt hier bei aller Betonung der mächtigen, schöpferischen Natur die Kontingenz ihrer Gegenwart innerhalb der geschichtlichen Lebenswelt, die der rhetorischen Vermittlung bedarf. Dem 'durch Sinnbilder redenden Naturgeist' und der 'stummen Dichtkunst' der bildenden Kunst muß deshalb die philosophische Rede zur Seite gestellt werden, um im historisch richtigen Augenblick überzeugen zu können. Die ›Münchener Rede‹ als glaubhaftes Redekunstwerk ist Schellings Antwort auf das Problem der historischen Vermittlung der konnaturalen Ästhetik. Sie selbst ist das beste Argument gegen den Vorwurf einer regressiven „Abkehr von der Geschichte".[33]

Sie steht auch gegen Adornos These, daß seit Schellings ›Philosophie der Kunst‹ „das ästhetische Interesse sich auf die Kunstwerke zentriert"[34] hätte und das bei Kant noch gegenwärtige Naturschöne kaum noch thematisch sei. Schellings konnaturale Ästhetik von 1807 intendiert ganz entschieden, die Dynamik des Naturschönen als Basis des Kunstschönen wieder freizulegen. Dabei beansprucht sie 'Natur' gerade nicht als vorgeschichtlich Identisches. Die 'Gewalt der Schönheit' zeigt das Nicht-Identische des dramatischen Konfliktes zwischen elementaren Mächten der menschlichen Natur. Sie durchbricht den harmonisierenden Schein der Gegenstandswelt und legt den ihr zugrundeliegenden Urkonflikt der ungegenständlichen schöpferischen Potenzen frei. Der von Schelling geforderte Wechsel von der idealischen zur charakteristischen Schönheit hat mit romantischer Regression nichts zu tun, sondern vertritt konsequent die 'Revolution der Denkart' auf dem Gebiet der Kunst. Die Dynamisierung der Naturphilosophie durch die transzendentale Wahrheit, die die gegenständliche Realität als Konfliktprodukt ursprünglicher Kräfte erklärt, setzt sich konsequent im Gebiet der Ästhetik fort. Das charakteristische Kunstwerk führt durch den öffentlich dargestellten Konflikt von Ethos und Pathos vor Augen, daß die konkrete Sittlichkeit einer kulturellen Lebenswelt weder vorhanden noch aus traditionellen Formen ableitbar ist, sondern dem eigenen geschichtlichen Dasein stets erneut abgerungen werden muß. In letzter kulturpolitischer Konsequenz fordert Schelling eine Art 'permanenter Revolution', in der sich die Identität der jeweiligen Nationalkultur stets neu zu bilden hat, um als charakteristischer Aspekt der menschheitlichen Pluralität erhalten zu bleiben.

[33] O. Marquard, Zur Bedeutung der Theorie des Unbewußten für eine Theorie der nicht mehr schönen Künste, 385.

[34] Th. W. Adorno, Gesammelte Schriften, Bd. VII, hrsg. v. R. Tiedemann, Frankfurt a. M. [5]1990, 97.

Insgesamt zeigten die ›Ideen‹ von 1797 und die ›Münchener Rede‹ von 1807, daß Schelling die *rhetorische Differenz* sowohl literarisch als auch oratorisch in seinem Sinne gestalten kann. Insbesondere die ›Münchener Rede‹ hinterläßt den Eindruck eines gelungenen Beispiels philosophischer Rede, die der Wahrheit in einer ihr angemessenen Weise öffentliche Glaubwürdigkeit zu vermitteln vermag. Sie wirbt – bei aller impliziten Rhetorik – ohne jedes persuasive Zwangsmoment um die freie Zustimmung der Hörer. Dabei vertritt Schelling als politischer Lehrer die menschheitlich orientierte, tolerante Position einer Pluralität nationaler Kulturen. Einen anderen Charakter haben dagegen Fichtes ›Reden an die deutsche Nation‹. Diese zeigen die Züge einer äußersten persuasiven Mobilisierung der Philosophie, die mit allen Mitteln versucht, direkt in eine geschichtlich-politische Situation einzugreifen und mit der einseitigen Bevorzugung des Deutschen die Grenzen zur Demagogie stellenweise überschreitet.

## 3. Philosophie an der Grenze zur Demagogie: Fichtes ›Reden an die deutsche Nation‹

Mit seinen ›Reden an die deutsche Nation›, die er im Winter 1807/8 in Berlin vorgetragen hat, ist es dem politischen Philosophen Fichte tatsächlich gelungen, entscheidenden Einfluß auf das politische Weltbild der Deutschen zu gewinnen. Es ist nicht übertrieben zu behaupten, „daß das Selbstverständnis der Deutschen und die aus diesem ausfließende Tat – bis hin zur Erhebung vom November 1989 – ... nicht mehr zureichend zu verstehen sind, wenn man nicht auf Fichtes Bestimmung der Nation zurückgreift“.[1] Trotz dieser Wirkmächtigkeit können die ›Reden‹ keineswegs als unumstritten gelten. Sie hinterlassen die fragwürdige Geschichte ihres nationalistischen und nationalsozialistischen Mißbrauches und einer sich daran anschließenden ideologiekritischen Verurteilung. So wurde der Redner Fichte einerseits – durchaus in philosophischen Fachzeitschriften – neben Luther zur Präfiguration Hitlers stilisiert[2] und als „der erste

[1] R. Lauth, Der letzte Grund von Fichtes ›Reden an die deutsche Nation‹, in: Fichte-Studien 4 (1992), 197–230, hier 197.

[2] „Wir Deutschen leben heute in dem beglückenden Gefühl eines neuen Vertrauens zu uns selbst. Wer geschichtlich zu denken vermag, wird nicht ohne Ergriffenheit den großen Vorgang betrachten, wie aus der ungebrochenen, unverbildeten Kraft eines Mannes aus dem Volke ein Glaube an deutsches Wesen entsprungen ist, der nun auf alle Kreise unseres Volkes übergegriffen hat. Und aus diesem Glauben entspringt der Mut zu einer Neugestaltung unserer Nation. Ein jeder, der deutsch zu empfinden vermag, wird sich seine Aufgabe in diesem Kampf um und für uns selbst suchen. Die deutschen Philosophen werden die großen deutschen Lösungen des Weltproblems für die Gegenwart lebendig zu erhalten haben, und sie werden mitarbeiten an der Lösung der Fragen, die überall unser deutsches Leben umgeben. Wir stellen uns bewußt und ernst in den Dienst der Erneuerung unseres Volkes. Wir suchen wie Fichte es tat, und wollen wie er die bewegenden Kräfte des Geistes in unser Volk überführen. Wir teilen seinen Glauben und die Hoffnung: ‚Der deutsche Geist, wenn er nur sucht, so findet er mehr als er suchte, denn er gerät hinein in den Strom lebendigen Lebens‘“ (P. Menzer, Deutsche Philosophie als Ausdruck deutscher Seele, in: Kant-Studien 39 [1934], 271–285, Zitat 285).

und stärkste Vorläufer des Nationalsozialismus"[3] gefeiert. Auf der anderen Seite wurden später gerade die ›Reden an die deutsche Nation‹ als rein vom politischen Selbstbehauptungswillen Fichtes geprägte gefühlsbetonte rhetorische Ausschweifungen verurteilt: „..., so wird jetzt in den ›Reden‹ die Freiheit in jedem sinnvollen Verstande beseitigt und Erziehung wird zum terroristischen Zwangssystem."[4] Auch A. Ehrlich kommt aufgrund ihrer umfangreichen und im ganzen zutreffenden rhetorischen Textanalysen zu dem Ergebnis, „daß Fichtes rhetorische Ambitionen sich bis ins Agitatorische gesteigert haben und demagogische Züge ... enthalten".[5]

Tatsächlich enthalten Fichtes ›Reden‹ auf den ersten Blick eine heute schwer erträgliche und maßlose intellektuell-moralische Überschätzung des Deutschtums, begleitet von einer abschätzigen Polemik gegen jede Art „unwürdige(r) Ausländerei"[6] und eine autoritäre Bildungs- und Staatsideologie mit polemischen Invektiven gegen „Humanität, Liberalität und Popularität" (270). Der politische Lehrer Fichte scheint stellenweise der Verführung rhetorischer Wirksamkeit zu erliegen und die philosophische Wahrheit zugunsten der öffentlichen Glaubwürdigkeit zurückzustellen. Auf der anderen Seite enthalten die ›Reden‹ grundlegende und durchaus diskutable sprach- und

[3] „Es geht gewiß zu weit, wenn Fichte von H. (richtig: E.) Bergmann (Fichte und der Nationalsozialismus, Breslau 1933) als erster Nationalsozialist bezeichnet wird, aber er ist ‚der erste und stärkste Vorläufer des Nationalsozialismus'" (F. Sawicki, Rez. von H. Brunner: Die Wirtschaftsphilosophie Fichtes, in: Philosophisches Jahrbuch 50 [1937], 506).

[4] B. Willms, Die totale Freiheit. Fichtes politische Philosophie, Köln/Opladen 1967, 155.

[5] A. Ehrlich, Fichte als Redner, München 1977, 149. Weitere Literatur zur Rhetorik bei Fichte: R. Schottky, Bemerkungen zu Fichtes Rhetorik in ›Grundzüge des gegenwärtigen Zeitalters‹, in: Transzendentalphilosophie als System. Die Auseinandersetzung zwischen 1794 und 1806, hrsg. v. A. Mues, Hamburg 1989, 415–434. Schottky zeigt u. a. anhand der „metakommunikativen Selbstkommentierungen" des Redners Fichte, wie dieser bewußt versucht, die anfänglich kritische Distanz zwischen Publikum und Redner im Verlauf seiner Vorlesungen zugunsten einer übersteigerten Nähe und Identifikation einzuebnen. Die von Fichte selbst gezogene Analogie seiner Lehrrhetorik zum animalischen Magnetismus thematisiert H. Girndt: Fichtes Begriff der Philosophie und der philosophischen Bildung, in: Lehren und Lernen der Philosophie als philosophisches Problem, hrsg. v. H. Girndt u. L. Siep, 55–77, hier 71 ff.

[6] J. G. Fichte, Werke, Bd. VII, hrsg. v. I. H. Fichte, 338. Im folgenden werden die Seitenangaben den Zitaten dieser Ausgabe direkt nachgestellt.

kulturphilosophische Erkenntnisse. Dazu gehören eine eigene transzendentalrhetorische Sprachtheorie und ein daran anschließender – an die Nationalsprache gebundener – Kulturbegriff. Zudem bilden die ›Reden‹ in ihrer rhetorischen Vollzugsform selbst ein bemerkenswertes Beispiel nationaler Selbstbestimmung, das einen aufschlußreichen Einblick in die Konstitutionsbedingungen nationaler Deutungswelten gibt. Diese unterschiedlichen Aspekte der ›Reden‹ sollen im folgenden getrennt interpretiert werden.[7]

### a) *Das geschichtliche Volk als Produkt ursprünglicher Redetätigkeit*

Die Sprache erscheint in der dynamischen Denkweise Fichtes nicht in erster Linie als ein empirisch vorfindliches und strukturell analysierbares Zeichen- und Textsystem. Ähnlich wie Schelling die Natur, so denkt Fichte die Sprache als Subjekt. Ihr Wesen erschließt sich nicht von seiten der Objektivität ihres Sprach*systems*, sondern von der Subjektivität ursprünglicher Sprach*tätigkeit*; sie ist nicht in erster Linie *ergon*, sondern *energeia*. Dabei entwickelt Fichte in den ›Reden‹ eine eigene *energetische* Sprachphilosophie, die – im Gegensatz zur grammatologisch-sprachbauorientierten Ausrichtung Humboldts – eine transzendentalrhetorisch-politische Akzentuierung aufweist.

Die Sprach- und Redetätigkeit besitzt nach Fichte aufgrund ihrer unaufhörlichen rhetorischen Wirksamkeit eine unmittelbar gemeinschaftsstiftende und damit politische Bedeutung. Die aus der ‘reinmenschlichen’ Sprache unter bestimmten historischen Bedingungen gesetzmäßig entstandene und sich fortentwickelnde Gegenwartssprache hat immer schon die einzelnen Individuen zur Lebensgemeinschaft eines Volkes vereint.

> Nenne man die unter denselben äusseren Einflüssen auf das Sprachwerkzeug stehenden, zusammenlebenden und in fortgesetzter Mittheilung ihre Sprache fortbildenden Menschen ein Volk, so muss man sagen: die Sprache dieses Volkes ist nothwendig so wie sie ist, und nicht eigentlich dieses Volk spricht seine Erkenntniss aus, sondern seine Erkenntniss selbst spricht sich aus aus demselben (315).

[7] Als Vorstudien liegen meinen Ausführungen zugrunde: P. L. Oesterreich, Politische Philosophie oder Demagogie? Zur rhetorischen Metakritik von Fichtes ›Reden an die deutsche Nation‹, in: Fichte-Studien 2 (1990), 74–88 u.: Aufforderung zur nationalen Selbstbestimmung. Fichtes ›Reden an die deutsche Nation‹, in: Zeitschrift für philosophische Forschung 46 (1992), 44–55.

An dieser Stelle wird schon deutlich, daß Fichtes politische Philosophie keineswegs 'völkisch' argumentiert. Das Volk ist bei ihm durchaus keine undurchschaubare 'mythische' Letztgegebenheit, sondern gesetzmäßig erklärbare Erscheinung der menschheitlichen Sprachnatur in der Geschichte. Dementsprechend läßt das Wesen eines bestimmten Volkes sich nicht durch vorhandene – z. B. rassische – Eigenschaften, sondern nur durch seine spezifische Sprach- und Redetätigkeit erklären: Das Wesen eines Volkes ist seine Sprachtätigkeit. Ihre inneren Möglichkeiten und Grenzen bestimmen langfristig das Gelingen oder Verderben jeder kulturellen Lebensgemeinschaft. Kulturgeschichte ist deshalb wesentlich Sprachgeschick. Fichte erläutert dies im weiteren durch seine symbolische Sprachtheorie.

Die Sprache hat demnach selbst ihre Geschichte. Am Beginn steht nach Fichte überall dieselbe Grundform: Sie bildet ein Zeichensystem, das ausschließlich „als Bezeichnung der Gegenstände unmittelbar sinnlicher Wahrnehmung" (316) gebraucht wird. Das Sprechen verweist auf die anschaulichen Gegebenheiten der sinnlichen Welt, lenkt die Aufmerksamkeit der anderen dorthin und läßt sie an dem so Bedeuteten teilhaben. Die Evidenz dieser plastischen Grundform menschlicher Sprache gründet nicht zuletzt darin, daß sie das von ihr Bezeichnete durch direkte Deixis innerhalb der Unmittelbarkeit objektiver Erfahrungswelt aufzuweisen vermag. Ihre Redetätigkeit begründet somit ein evidentes und sicheres Seins- und Einverständnis, das sich im Umkreis konkret bildhafter Lebenswirklichkeit aufhält und ihr zugleich verhaftet bleibt.

Die über diese deiktische Grundform hinausgehende Steigerungsstufe der Sprache entsteht allerdings erst in einer kulturellen Lebenswelt, die ihre primitive Vorstufe der rein sinnlichen Wahrnehmungswelt hinter sich gelassen und sich zur geistigen Welt der nicht mehr unmittelbar vorfindlichen 'übersinnlichen' Ideen oder Begriffe erweitert hat. Erst mit dieser Aufgabe der Repräsentation intelligibler Gehalte – d. h. der Vergegenwärtigung des sinnlich nicht Gegenwärtigen – gewinnt die menschliche Sprache ihre eigentliche rhetorische Qualität. Denn das Hintergrundwissen gemeinschaftsstiftender Ideen entsteht nach Fichte in der oratorischen Situation lehrhafter Rede: Ein Einzelner teilt seine originellen intelligiblen Einsichten den anderen mit. Die Sprache wird dabei nicht nur „zur beliebigen Wiederholung und zur Vermeidung der Verwirrung mit dem Sinnlichen für den ersten Einzelnen", sondern gerade auch „zur Mittheilung und zweckmässigen Leitung für andere" (316) gebraucht. Die klare und sichere sprachliche Erfassung intelligibler Zusammenhänge durch den Einzelnen soll hier in praktischer Absicht auf andere übertragen werden. Die Sprache zielt demnach keineswegs auf zweckfreie Kommunikation, sondern beabsichtigt als leitende Rede die Bildung von geistigen Überzeugungs- und Lebensgemeinschaften. Das genuin rhetorische Moment menschlicher Sprache verbindet hier die Energie ihrer begrifflich-theoretischen Fassungskraft mit der ihrer praktisch-politischen Gestaltungskraft.

Die Grundfrage dieser lebensweltgestaltenden politischen Rhetorik ist allerdings, wie das durch deiktische Rede in die sinnlich präsente Umwelt eingewöhnte Bewußtsein von dieser abgezogen werden kann, um es dann auf die zunächst ungegenwärtigen Zusammenhänge der übersinnlichen Ideenwelt zu lenken. Verliert die Sprache nicht jede Bezeichnungskraft, wenn sie ihre Gegenstände nicht in direkter Deixis auszuweisen vermag? Die Lösung liegt nach Fichte in der indirekten analogischen Darstellungsmöglichkeit, Verhältnisse der übersinnlichen Welt durch ähnliche der sinnlichen darzustellen. Die Sprache wird dadurch sinnbildlich oder symbolisch: „sie giebt ein sinnliches Bild des Uebersinnlichen bloss mit der Bemerkung, daß es ein solches Bild sey“ (317).

Fichte macht hier – möglicherweise Hamanns Sprachmetakritik aufgreifend[8] – auf den unhintergehbar metaphorischen Charakter gerade der geistige Gegenstände bezeichnenden Sprachausdrücke aufmerksam. Rhetoriktheoretisch meint „Sinnbildlichkeit“ hier eine potenzierte metaphorische Synthesis: die versinnlichende Übertragung der unanschaulichen intelligiblen Gehalte in bildhafte Anschaulichkeit und umgekehrt zugleich die vergeistigende Rückübertragung der konkreten Bildhaftigkeit in ihren intelligiblen Sinn. Die Symbolsprache – auch der philosophischen Rede – ist somit eine fortgesetzte potenzierte Metapher. In ihr löst sich die kommunikationshemmende Unanschaulichkeit der reinen Begriffssprache, die aus den unbildlichen Charakterismen der *cognitio symbolica* besteht, in den bildhaft ansprechenden Sinn symbolischer Wortzeichen auf.[9] Als absolute „In-

[8] Hamann hatte u. a. in seiner ›Metakritik über den Purismum der Vernunft‹ schon auf die logisch-ästhetische Vermitteltheit der sprachlichen Ausdrücke hingewiesen. „Wörter haben also ein ästhetisches und logisches Vermögen. Als sichtliche und lautbare Gegenstände gehören sie mit ihren Elementen zur Sinnlichkeit und Anschauung, aber nach dem Geist ihrer Einsetzung und Bedeutung, zum Verstand und Begriffen“ (J. G. Hamann, Schriften zur Sprache, 226).

[9] Zur Unterscheidung von *symbolum* und *Charakter* und zur Entwicklung der Sprachphilosophie Fichtes hin zur symbolischen Sprachtheorie der ›Reden‹

einsbildung“ des Sensiblen und Intelligiblen ist sie ferner nicht das Resultat reinrationaler Konstruktion, sondern ein Gebilde produktiver Einbildungskraft *(imaginatio)*.[10]

Durch die Betonung des sinnlichen Momentes kultureller Symbolsprache wird folgerichtig die spezifische Entwicklungsstufe der Sinnlichkeit eines Volkes ausschlaggebend für die unterschiedlichen Nationalsprachen. Die jeweilige „Nationaleinbildungskraft“ (322) muß sich nämlich in ihren sinnbildlichen Bezeichnungen des Übersinnlichen „jedesmal nach der Stufe der Entwickelung des sinnlichen Erkenntnissvermögens unter dem gegebenen Volke“ (317) richten. So z. B. bezieht sich nach Fichte der symbolische Ausdruck ‘Idee’, der sich mit ‘Gesicht’ übersetzen läßt, in seinem sinnlichen Moment auf den wachen Gesichtssinn und seinen Erfahrungsbereich, dem u. a. das Phänomen des Regenbogens zugehört. Die Griechen verdanken ihre geistige Klarheit nicht etwa einem stärkeren Sinn fürs Übersinnliche, sondern ihrer sinnlichen Klarheit. Allgemein läßt sich formulieren: „So richtet alle Bezeichnung des Uebersinnlichen sich nach dem Umfange und der Klarheit der sinnlichen Erkenntniss desjenigen, der da bezeichnet“ (318). Die bildhafte Evidenz des in sinnlicher Wahrnehmung zugänglichen Erfahrungsraumes der geschichtlichen Lebenswelt bestimmt somit die Möglichkeit und Grenzen der Symbolbildung durch die jeweilige Nationaleinbildungskraft. Die intellektuelle Sprachkultur eines Volkes ruht also auf der Basis seiner sinnlichen Grunderfahrungen. Die jeweilige Gegenwartssprache bildet dabei den geschichtlichen Horizont nicht nur der vergangenen und gegenwärtigen, sondern auch der zukünftigen gemeinsamen Erkenntnismöglichkeiten einer Nationalkultur. Indem sie sowohl die deiktischen Basisbezeichnungen als auch ihren in der Vergangenheit gewonnenen symbolisch erweiterten Gebrauch versammelt, bestimmt sie den Umkreis der gegenwärtigen Weltansicht eines Volkes und gibt zugleich

s. W. Janke, Die Wörter „Sein“ und „Ding“ – Überlegungen zu Fichtes Philosophie der Sprache, in: Der transzendentale Gedanke. Die gegenwärtige Darstellung der Philosophie Fichtes, hrsg. v. K. Hammacher, Hamburg 1981, 49–69.

[10] Dieser von der synthetisierenden Tätigkeit der produktiven Einbildungskraft her gedachte Symbolbegriff, die „Ineinsbildung“ oder absolute Indifferenzierung des bildhaft Besonderen und begrifflich Allgemeinen, findet sich auch in Schellings ›Philosophie der Kunst‹ (Sämmtliche Werke, Bd. V, 406 ff.). Wie Schelling dort durch das Symbolische die eigentümliche Wahrheit und Aussagekraft von Kunst und Mythos erklärt, so Fichte hier die Wahrheit und Wirksamkeit der volkssprachlichen Ausdrücke.

den Möglichkeitshorizont für die zukünftige ab. Ausdrücklich betont hier Fichte die Zukunftsbedeutung des Sprachganzen in seiner mehrschichtigen sinnlich-übersinnlichen Bezeichnungskraft: „die mögliche künftige übersinnliche Erkenntniss wird nun nach ihrem Verhältnisse zu der ganzen in der gesammten Sprache niedergelegten übersinnlichen und sinnlichen Erkenntniss bezeichnet" (318). Die geschichtliche Sprache in ihrer konkreten Gesamtheit ist somit der unhintergehbare Unter- und Hintergrund für Fortschritts- und Entwicklungsmöglichkeiten einer Nationalkultur.

Diese symbolische Sprache der Nationaleinbildungskraft mit ihrer potenzierten metaphorischen Energie entfaltet frei von aller subjektiven Reflexion und Willkür eine mehrschichtige persuasive Wirkung. In der Rhetoriktradition wird dem Tropus Metapher eine dreifache Wirksamkeit nachgesagt. Erstens vermag die Metapher durch das Sehenlassen von Ähnlichkeitsbeziehungen *(similitudines)* zu belehren *(docere)*, zweitens durch ihre bildhafte Anschaulichkeit und Klarheit *(enargeia)* zu beleben und zu erfreuen *(delectare)* und drittens durch die ihr eigene Bewegungskraft *(energeia)* den Hörer zum Handeln zu bewegen *(movere)*.[11] Die Metaphorik der Symbolsprache, die Fichte im Auge hat, liegt allerdings nicht auf der Kunstebene *(ars)* der Schulrhetorik, sondern der transzendentalrhetorischen Natürlichkeit *(natura)* ursprünglicher Sprachtätigkeit. Gemeint ist nicht die Metapher als Tropus, d. h. als ein Mittel willkürlicher elokutionärer Stilisierung, vielmehr die transzendentale Metaphorik unwillkürlicher Symbolbildung, in der sich das absolute Redesubjekt volkssprachlich artikuliert. Dem transzendentalen Ansatz Fichtes gemäß bedeutet die Unwillkürlichkeit kreativer Sprachbildung, die gleichsam hinter dem Rücken und durch die empirischen Subjekte hindurchdringend geschieht, keine Minderung ihrer rhetorischen Qualität und Effektivität. Im Gegenteil beruht das Geheimnis der persuasiven Verbindlichkeit der Symbolsprache darauf, daß sie als „unmittelbare Naturkraft aus dem verständigen Leben ausbricht" (318f.), ihre Wirkung nicht durch die Willkür subjektiver Reflexion unterbrochen und damit in ihrer Unmittelbarkeit gebrochen wird. Die Sprache einer geschichtlichen Lebenswelt, die dergestalt der direkten Linie transzendentalrhetorischer Kreativität entstammt, besitzt erstens eine allgemeine intellektuelle Evidenz: „Allen, die nur denken wollen, ist das in der Sprache niedergelegte Sinnbild klar" (319). Rein intellektuelle Wirksamkeit *(docere)* reicht aber für die Gestaltung

[11] Zur energetisch-enargetischen Wirkung der Metapher s. H. F. Plett, Rhetorik der Affekte, 184ff.

einer gemeinsamen geschichtlichen Lebenswelt nicht hin. Immer wieder betont Fichte deshalb auch die darüber hinausgehende belebende *(delectare)* und lebenspraktisch bewegende *(movere)* Kraft der Volkssprache. Ihre veranschaulichende enargetische Kraft macht sie zweitens zu einer 'lebendigen' Sprache. Diese wiederum entfaltet drittens über die pathetische Betroffenheit eine zum Handeln treibende lebensweltgestaltende Energie: Das Zeichen der lebendigen Symbolsprache ist nämlich „selbst unmittelbar lebendig und sinnlich und wieder darstellend das ganze eigene Leben, und so dasselbe ergreifend und eingreifend in dasselbe" (332).

Durch die Evidenz der bildhaften Anschaulichkeit, ihre ergreifende Lebendigkeit und ihre in das Leben eingreifende Energie verdichten sich die sinnbildlichen Bezeichnungen zu innerkulturellen Einheiten mit dinghaftem Realitätscharakter.

> Wie die unmittelbar gegenwärtigen Dinge den Menschen bewegen, so müssen auch die Worte einer solchen Sprache den bewegen, der sie versteht, denn auch sie sind Dinge, keineswegs willkürliches Machwerk (319).

Das symbolsprachliche Wort *(verbum)* gewinnt in der kulturellen Lebenswelt aufgrund seiner unmittelbaren rhetorischen Wirksamkeit, die nicht als künstliches 'Machwerk' in der Verfügungsgewalt der betroffenen empirischen Subjekte steht, den Charakter eines wirklichen und selbständigen Dinges *(res)*. Es bildet in seiner Unmittelbarkeit und subjektiven Unvermitteltheit eine zweite Natur *(altera natura)* in der menschlichen Kultur. Die geschichtlich gewordenen und durch die transzendentalmetaphorische Tätigkeit der jeweiligen Nationaleinbildungskraft variierenden Symbolbildungen des menschheitlichen Redesubjektes erbilden somit eine zweite Welt sprachlicher Gegebenheiten, die der ersten der sinnlichen Gegenstände in ihrer handlungsmotivierenden Bedeutung keineswegs nachsteht, sondern sie vielleicht sogar übertrifft. In wassermetaphorischen Formulierungen bestätigt Fichte diese zentrale kulturstiftende Macht der sowohl den Einzelnen wie die Allgemeinheit prägenden persuasiven Symbolsprache. Als „der wahre gegenseitige Durchströmungspunct der Sinnenwelt und der der Geister" entfaltet sie einen „unermesslichen Einfluß auf die ganze menschliche Entwicklung" (326).

Der Bereich der politischen Öffentlichkeit in der geschichtlichen Lebenswelt ist – nach dem bisher Gesagten – die reale Kommunikationsgemeinschaft des jeweiligen Volkes und wird ermöglicht durch die ständige rhetorisch-hermeneutische Tätigkeit der Volkssprache. Die allgemeine Verbindlichkeit des durch sie konstituierten Seins- und Einverständnisses beruht auf ihrem durch die jeweilige Nationaleinbildungskraft erzeugten Symbolismus, der in den sinnlichen Grunderfahrungen der Lebenswelt wurzelt. Darüber hinaus gibt es zwar bei Fichte auch die menschheitliche Perspektive der 'reinmenschlichen Sprache', die den Grund für die Übersetzungs- und Erweiterungsmöglichkeit volkssprachlicher Kommunikation abgibt. In den ›Reden‹ überwiegt aber die Überzeugung, daß politische Selbstbestimmung erst einmal im Medium der eigenen Nationalsprache zu vollziehen sei.

### *b) Der Vollzug politischer Selbstbestimmung im Medium der Nationalsprache*

Fichte behandelt in den ›Reden an die deutsche Nation‹ nicht explizit den Begriff der nationalen Selbstbestimmung. Er spricht nicht über sie, sondern er vollzieht sie. Anders ausgedrückt, stellen die ›Reden‹ selbst den Versuch dar, durch Redetätigkeit die militärische und ideologische Niederlage zu wenden und die Deutschen zur Einheit eines neuen gemeinsamen Selbstverständnisses zu führen. Exemplarisch führen die ›Reden‹ Fichtes Vorstellung von der rhetorischen Konstitution eines Volkes in der Sphäre volkssprachlich-politischer Öffentlichkeit vor. Nationale Selbstbestimmung vollzieht sich dabei in der Form der Rhetorik der Aufforderung.

Am Beispiel von Text-Passagen aus der ersten Rede sollen nun einige Grundoperationen von Fichtes Rhetorik der Aufforderung vorgeführt werden. Die erste Rede bildet das Exordium seiner ganzen Vorlesungsreihe, und Fichte gestaltet es, indem er die schon von Aristoteles hervorgehobenen Konstituenten der rhetorischen Kommunikation explizit anspricht: erstens das Ethos des Redners, zweitens die betreffende Sache und drittens das Pathos des Zuhörers.[12] Durch diese rednerische Initiative entreißt er die Einschatzung der Kommunikationssituation der Unbestimmtheit unterschiedlicher Deutungsmöglichkeiten und gestaltet sie in der symbolischen Welt seiner Rede zu einem bestimmten Bild aus.

a) Das Ethos des Redners ist das der Redlichkeit, Selbsttreue und Pflichtgemäßheit. Fichte stellt sich selbst als aufrichtigen Geschichtsdeuter vor, der nicht aus Änderung seiner persönlichen Grundüberzeugungen, sondern der grundlegenden Änderung der historischen

[12] Aristoteles, Rhetorik, 1356a.

Situation eine – im Gegensatz zu den ›Grundzügen des gegenwärtigen Zeitalters‹ – neue Deutung der historischen Situation vorlegt.

> Wer es einmal unternommen hat, seine Zeit zu deuten, der muss mit seiner Deutung auch ihren Fortgang begleiten, falls sie einen solchen Fortgang gewinnt; und so wird es mir denn zur Pflicht, vor demselben Publicum, vor welchem ich etwas als Gegenwart bezeichnete, dasselbe als vergangen anzuerkennen, nachdem es aufgehört hat, die Gegenwart zu seyn (264).

b) Die betreffende Sache, um die es in den gesamten Reden geht, ist nach Fichtes eigenen Worten das „Erzeugungsmittel eines neuen Selbst und einer neuen Zeit, ... für ein Geschlecht, das sein bisheriges Selbst, und seine bisherige Zeit und Welt verloren hat; ..." (265). Das zentrale Thema der Reden ist reflexiv; es betrifft die Redeparteien selbst. Fichte spricht hier nichts Abgelegenes, sondern die sowohl für den Redner als auch seine Hörer entscheidende Angelegenheit an: nämlich den kollektiven Selbst- und Weltverlust und die Möglichkeit einer neuen gemeinsamen Identitätsfindung.

c) Fichte redet seine Hörer pathetisch als Deutsche an. Der Grundakt der Aufforderung zur nationalen Selbstbestimmung vollzieht sich dabei in einer völligen Umgestaltung des Selbstbildes und der Grundbefindlichkeit seiner Zuhörer. Diese grundlegende rhetorische Operation der pathetisch appellierenden und ethosumwandelnden Anrede hat Fichte selbst in drei Abschnitte aufgeteilt:

1. Die erste Anredefigur ist die der Amplifikation der personalen Selbstwahrnehmung. Fichte redet seine Hörer ausdrücklich als Deutsche an:

> Ich rede für Deutsche schlechtweg, von Deutschen schlechtweg, nicht anerkennend, sondern durchaus bei Seite setzend und wegwerfend alle die trennenden Unterscheidungen, welche unselige Ereignisse seit Jahrhunderten in der einen Nation gemacht haben (266).

Durch die ausdrückliche Anrede als Deutsche werden die individuellen Differenzen der Hörer untereinander und des Redners zu den Zuhörern aufgehoben. Im symbolischen Vorstellungsraum der Rede entsteht so erst die interpersonale Realität der einen Nation. Das individuelle Ich-Selbst sieht sich zum nationalen Wir-Selbst erweitert. Fichte steigert diese Vergegenwärtigung noch folgendermaßen:

> Sie, E. V., sind zwar meinem leiblichen Auge die ersten unmittelbaren Stellvertreter, welche die geliebten Nationalzüge mir vergegenwärtigen, ...; aber mein Geist versammelt den gebildeten Theil der ganzen deutschen Nation, aus allen den Ländern, über welche er verbreitet ist ... (266).

Das Publikum wird hier in der Form einer personalen Synekdoche *(pars pro toto)* zum Repräsentanten der gesamten Nation. Den Höhepunkt nationaler Vergegenwärtigung erreicht Fichte in der rhetorischen Vorstellung einer Versammlung der gesamten Nation im Geist des Redners. Ihre verbale Evokation hat sich hier zu einer rhetorischen Konpräsenz aller gebildeten Deutschen gesteigert, in der das *principium individuationis* trennender Räumlichkeit völlig überwunden zu sein scheint. Die Amplifikation des individuellen Selbst zielt hier auf die alle persönlichen Differenzen negierende überindividuelle Identität der Einheit der Nation. Diese bedeutet ein quantitatives Maximum, aber auch – wie der Text andeutet – ein wertqualitatives Optimum personaler Selbstwahrnehmung: In ihr realisiert sich nach Fichtes Worten „der gemeinsame Grundzug der Deutschheit" (266), durch den allein der Untergang der Nation abgewehrt werden könne.

2. Die zweite Anredefigur ist die Steigerungsamplifikation der Stimmung. Die Rhetorik der Aufforderung stellt an die Deutschen dabei eine pathische Anforderung:

Ich setze voraus solche deutsche Zuhörer, welche nicht etwa mit allem, was sie sind, rein aufgehen in dem Gefühle des Schmerzes über den erlittenen Verlust; ...; sondern solche, die selbst über diesen gerechten Schmerz zu klarer Besonnenheit und Betrachtung sich schon erhoben haben, oder wenigstens fähig sind, sich dazu zu erheben (267).

Das Eingehen des Redners auf die Gefühle der Hörer hat hier nicht den Sinn der Bestärkung des vorhandenen bloßen Pathos, sondern seiner Mäßigung und Umstimmung zur Besonnenheit. Der pathische Appell Fichtes spricht im Publikum die Fähigkeit an, sich über die Empfindung grenzenlosen Schmerzes hinwegzusetzen, um mit Mut und neuem Selbstvertrauen die eigene Handlungsfähigkeit zurückzugewinnen. Die Steigerung der Stimmung bedeutet – in der Terminologie der klassischen Rhetorik gesprochen – eine Umstimmung vom heftigen und besinnungslosen Pathos zum gemäßigten und rationalverträglichen Ethos. In Fichtes Rhetorik der Aufforderung erhält diese Umstimmung einen subjektrestitutiven Sinn. Die im Schmerz als passives Objekt dem äußeren Schicksal hingegebenen Menschen gewinnen mit dem Mut ihre Subjektivität, das Vertrauen ins eigene Handelnkönnen, zurück. Die Anmutung des Redners Fichte zielt genau auf diesen Punkt, passive Besinnungslosigkeit zu besonnener Selbsttätigkeit zu steigern.

Ich werde darum allerdings einen gewissen Grad der Besinnung, eine gewisse Selbstthätigkeit und einige Aufopferung anmuthen, und rechne darum auf Zuhörer, denen sich soviel anmuthen läßt (268).

3. Mit der Steigerung der Gefühlslage vom passiven Pathos zum aktiven Ethos ist der Weg zum eigentlichen Ziel der Anredepassage frei: die Aufforderung zur intellektuellen Selbständigkeit und Redlichkeit.

> Ferner setze ich voraus, dass diese Zuhörer in dieser Betrachtung mit eigenen Augen den Muth haben, redlich hinzusehen auf das, was da ist, und redlich sich zu gestehen, was sie sehen ... (268).

Diese Aufforderung zur selbsteigenen Einsicht richtet sich bezeichnenderweise als ethisch-pathetischer Appell nicht an den Intellekt, sondern das ‘Herz’ oder Gemüt der Hörer. Die Bereitschaft zur kritischen und selbstkritischen Situationsanalyse, die sich über die Bequemlichkeit der Selbsttäuschung hinwegsetzt, verlangt nämlich die „mannhafte Kühnheit, das Uebel fest ins Auge zu fassen“ (269). Fichtes Rhetorik der Aufforderung realisiert sich auch hier wieder als en-thymematische Rede, die im wortwörtlichen Sinne in das Gemüt seiner Hörer hinein spricht und dort den Mut zum vorbehaltlosen gemeinsamen Selbstdenken weckt.

Selbstbestimmung kommt hier weder als völkerrechtlicher noch staatsphilosophischer oder transzendentaler Begriff, sondern in seinem rhetorisch-politischen Sinn zum Vorschein. Dieser wird ersichtlich in Zusammenhang mit der rednerischen Erzeugung des nationalen Selbst, das im Medium der symbolischen Realität volkssprachlicher Öffentlichkeit entsteht. Selbstbestimmung ist dabei von der leitenden Stimme des Redners und der Gestimmtheit der Hörer unablösbar. Genauer gesprochen wird sie erst freigesetzt durch die leitende enthymematische Rede, die das individuelle zum nationalen Selbst erweitert und die Stimmung der Niedergeschlagenheit zu neuem Mut und Selbstvertrauen erhöht, um dann durch ethisch-pathetische Appellation die Energie der kritischen Besinnung bei den Hörern zu wecken. Damit wird aber nicht behauptet, in der wichtigen Sache der Selbstbestimmung der Völker sei an die Stelle einer nomothetischen Logik des Verstandes eine reinpathetische Rhetorik des Herzens zu setzen. Fichtes enthymematische Rhetorik der Aufforderung macht aber darauf aufmerksam, daß gerade die rationale Energie der nationalen Selbstverständigung nur auf dem Grunde gemeinsamer ethisch-pathetischer Gefühlsbindung möglich ist. Auch und gerade für nationale Kommunikation gilt anscheinend, daß die Möglichkeiten und Grenzen gemeinsamer und lebensformtragender Überzeugungen dieses affektischen Grundes bedürfen: „Wer dasselbe in sich fühlt, der wird überzeugt werden; wer es nicht fühlt, kann nicht überzeugt werden ...“(399).

### c) *Polemik und nationale Polarisierung*

Das legitime Anliegen der politischen Selbstbestimmung wird in den ›Reden‹ durch einige polemische Passagen gegen die französische Kultur gefährdet, die die Grenze zur Demagogie überschreiten und sich auch nicht mit dem Hinweis rechtfertigen lassen, daß Fichte 1807/8 in einem „Akt der Notwehr“[13] gehandelt habe. Fichtes rhetorische Strategie der Freund-Feind-Polarisierung, die in keinem notwendigen Zusammenhang mit seiner übrigen Sprachphilosophie steht, beginnt mit dem Entwurf einer polemischen Kulturtypologie. Der Typus der Vorbildkultur gründet demnach in einer unvermischten und unversehrten Volkssprache, die „ununterbrochen aus dem wirklichen gemeinsamen Leben eines Volkes sich entwickelt hat und ... eine wirkliche erlebte Anschauung dieses Volkes“ (319) jeweils im Zusammenhang mit allen übrigen Anschauungen ausdrückt. Innerhalb dieses volkssprachlichen Purismus sind Authentizität und Originalität, Echtheit und Eigentlichkeit die positiv ausgezeichneten Qualitäten. Das negative Gegenbild stellt eine Zivilisation dar, die durch den Bruch ihrer Sprachtradition ihre geistigen Grundlagen verloren hat.

Fichte hat hier insbesondere den Fall der sich selbst überfremdenden Erobererkultur, die die Sprache der Besiegten übernommen hat, im Auge. Die militärischen Sieger sind in diesem Falle die kulturellen Verlierer. Da ihnen die sinnlichen Anschauungen fehlen, die der fremden Symbolsprache entwicklungsgeschichtlich zugrundeliegen, verlieren ihre Sinnbilder ihre unmittelbare Evidenz. Nach dem Verlust des ursprünglichen geistigen Sinnfundamentes vermittelt die nachträgliche Erklärung lediglich „die flache und todte Geschichte einer fremden Bildung, keineswegs aber eigene Bildung“ (321).

Durch Anwendung auf die kritische militärisch-politische Gegenwart, die Besiegung Österreichs und Preußens durch Napoleon, formt Fichte diese allgemeine Kulturtypologie endgültig zu einem polemischen realpolitischen Mittel aus.[14] Dem „Volk der lebendigen

[13] R. Lauth, Der letzte Grund von Fichtes ›Reden‹, 200.

[14] „Die Situation verschärfte sich dramatisch, als Napoléon nach der Besiegung Österreichs (1805) und der Errichtung des Rheinbundes (1806), die ihrerseits die Selbstauflösung des Heiligen Römischen Reiches zur Folge hatte (ebenfalls 1806), mit Preußen, dem einzigen großen Staat des Heiligen Reiches, der noch unabhängig geblieben war, in den Krieg trat und es in den Schlachten von Jena und Auerstedt zu Boden warf“ (R. Lauth, Der letzte Grund von Fichtes ›Reden‹, 199).

Sprache“ wird das „der todten Sprache“, dem „Fleiss und Ernst“ das „genialische Spiel“, der „Naturgemässheit von deutscher Seite“ die „Unnatur“ (337) des französischen Auslandes entgegengesetzt. Fichtes radikale Polarisierung in diese unvereinbaren Gegensätze ist keineswegs willkürlich, sondern als eine mögliche Konsequenz seines transzendentalnaturalistischen Theoriehintergrundes zu sehen. Dessen einseitige Akzentuierung der *ars-natura*-Differenz – die theoretische Stilisierung der Volkssprache zur ursprünglichen Naturkraft – spiegelt sich wider in der folgenden politischen Grundunterscheidung: „Naturgemässheit von deutscher Seite, Willkürlichkeit und Künstelei von der Seite des Auslandes sind die Grundunterschiede“ (337).

Diese durch radikale Polarität gekennzeichnete Beschreibung gibt den Deutschen die Möglichkeit zu einer positiven Identifikation, in der ihre militärische Niederlage durch eine sprachkulturelle Überlegenheit kompensiert werden kann. Die in sich abgeschlossene neulateinische Sprache in ihrer abgestorbenen Sinnbildlichkeit, hat demnach angeblich noch nicht einmal eine Restevidenz, die als Kriterium für eine kritische Selbstüberprüfung oder Basis für eine Übersetzung in andere Sprachen dienen könnte. Der „Neulateiner, der im Grunde in dem Umkreise derselben Einen Sprache gefangen bleibt“ (326), ist somit von einem adäquaten Selbst-, aber auch Fremdverständnis grundsätzlich ausgeschlossen. Umgekehrt folgt:

> ... dass daher der Deutsche, wenn er sich nur aller seiner Vortheile bedient, den Ausländer immerfort übersehen und ihn vollkommen, sogar besser, denn er sich selbst, verstehen, und ihn nach seiner ganzen Ausdehnung übersetzen kann ... (326).

Aufgrund der behaupteten Überlegenheit seiner Symbolsprache versteht der Deutsche den Ausländer somit prinzipiell besser als dieser sich selbst. Die hier einzig mögliche weltbürgerliche Perspektiverweiterung besteht demnach in der Entfaltung einer okkupativen Hermeneutik, die den vermeintlichen sprachkulturellen Vorrang des Deutschen zur Geltung bringt.

Dem imperialen Anspruch nach außen entspricht ein purgatorischer nach innen. Er richtet sich gegen die „Ausländerei“ der Deutschen selbst in der Meinung, „dass alle die Uebel, an denen wir jetzt zu Grunde gegangen, ausländischen Ursprungs sind“ (337). An diesen Topos des importierten Übels schließt sich der der nationalen Erneuerung durch ein Bildungsprogramm – in dem nach Fichte bezeichnenderweise seiner Philosophie eine Führungsrolle zukommen soll – mühelos an. Dabei kommt auch der Sprachkritik, die die deutsche Rede von Fremdworten reinigen soll, eine wichtige Bedeutung zu. Denn diese verunklären nicht nur das Gesagte, sondern haben darüber hinaus – als „Einhüllung in Unverständlichkeit und Dunkel“ (324) – einen virtuell täuschend-verdeckenden Charakter. Konsequent fordert Fichte im Sinne einer puristischen nationalen Sprachreform ihre „Uebersetzung in rechtes wahres Deutsch“ (324).

### *d) Charisma und Pathos*

Fichtes eigene Rhetorik in den ›Reden‹ schließt sich an dieses Programm reindeutscher Rede an, das eine optimale Entfaltung symbolischer Sprachkraft erstrebt. Anlaß dazu gibt auch die von Fichte ausdrücklich eingestandene Niederlage seiner bisherigen Philosophie. Fichte weiß um die persuasive Predigtform und die lebensweltbildenden Absichten des Deutschen Idealismus ebenso wie um dessen bisheriges Versagen. Schonungslos spricht er dieses rhetorische Scheitern aus und stellt fest,

... dass hier abermals die Sätze und Ansichten ausgesprochen werden, welche die neuere deutsche Philosophie seit ihrer Entstehung geprediget hat, und wiederum geprediget, weil sie eben nichts weiter vermochte, denn zu predigen. Dass diese Predigten fruchtlos verhallet sind in der leeren Luft, ist nun hinlänglich klar, ... (309).

Der Grund des Scheiterns – insbesondere wohl seiner ›Wissenschaftslehre‹ – ist nach Fichte ihre Unzeitgemäßheit. Die Transzendentalphilosophie paßt nicht zum intellektuellen Entwicklungsstand der gegenwärtigen Generation, sie eilt ihr als „Vorgriff der Zeit“ (309) voraus. Die idealistische Transzendentalphilosophie stößt hier auf ihre eigene wirkungsgeschichtliche Kontingenz. Aufgrund ihrer mangelnden Angemessenheit *(decorum)* zur Gegenwartskultur bleibt sie dieser fremd: „in dem wirklichen Leben der Zeit aber ist gar keine Verwandtschaft zu dieser Philosophie“ (309). Als Ausweg aus diesem rhetorischen Entfremdungszustand konzipiert Fichte eine philosophische Bildung, die die Differenz zwischen seiner Philosophie und dem geistigen Entwicklungsstand seiner Hörer aufheben soll. Das von Fichte in den Reden vorgeschlagene Programm einer Nationalbildung ist in erster Linie als Versuch seiner Philosophie zu beurteilen, sich – trotz des gegenwärtigen Scheiterns – durch gezielte Bildungsanstrengungen einen zukünftigen Erfolg zu sichern.

Auf das gegenwärtige Geschlecht muss sie Verzicht thun, damit sie aber bis dahin nicht müssig sey, so übernehme sie dermalen die Aufgabe, das Geschlecht, zu welchem sie gehört, sich zu bilden (309).

Diese wirkungsgeschichtliche Selbstvermittlung der Philosophie verfolgt die persuasive Langzeitstrategie, ihr rhetorisch-politisch notwendiges Lebenswelt-*decorum* durch Bildung ihres Publikums zu erreichen. Der politische Redner Fichte will seinen ansonsten gefährdeten zukünftigen Redeerfolg sicherstellen, indem er sich die ihm zugehörige Hörergeneration selbst erzieht.

Die ›Reden an die deutsche Nation‹ selbst, die dieses Programm einer Nationalbildung erst durchsetzen müssen, sind in einer Übergangsrhetorik abgefaßt, die auf die Erfordernisse der bisher noch philosophierepugnanten Lebenswelt eingeht. In direkter und eigentlicher Rede wäre die Sache des Philosophen gegenwärtig noch eine dunkle und unverständliche Angelegenheit *(causa obscura)*. Die allegorische Übergangsrhetorik stellt sie dagegen in der Evidenz der topischen Sinnbilder reindeutscher Rede dar und schafft ihr somit Klarheit und anschauliche Gegenwärtigkeit.

Damit verbunden ist ein Wandel des Philosophenbildes. Der Philosoph wird zum Dichter, d.h. zum Sprachschöpfer „und falls er dies nicht ist, wird ihm schon beim ersten Gedanken die Sprache, und beim Versuche des zweiten das Denken selber ausgehen" (333). Denn für die notwendige Übergangsrhetorik kann er nicht reproduktiv in den vorhandenen topischen Symbolsprachhorizonten verbleiben, sondern muß diese seinen bildenden Intentionen gemäß – „über den bisherigen Umkreis der Sinnbildlichkeit hinaus neu erschaffend" (333) – kreativ transzendieren. Wenigstens dem von Fichte in den ›Reden‹ entworfenen Selbstbild gemäß, tritt der Denker als *philosophus-poeta-orator* aus seiner wirklichkeitsfremden Isolation heraus und wird zur Avantgarde seiner kulturellen Lebenswelt. Die Klimax dieser Selbstbeschreibung in den Reden ist die folgende Selbststilisierung des Denkers zum Heilsbringer.

> Denn eben weil jenes Denken Leben ist, wird es gefühlt von seinem Besitzer mit innigem Wohlgefallen, in seiner belebenden, verklärenden und befreienden Kraft. Aber jeder, dem Heil aufgegangen ist in seinem Innern, will nothwendig, dass allen andern dasselbe Heil widerfahre, und er ist so getrieben und muss arbeiten, dass die Quelle, aus der ihm sein Wohlseyn aufging, auch über andre sich verbreite (333).

Der philosophische Redner stellt sich hier selbst in der topischen Rolle des Heilandes seines Volkes vor.[15] Das positive existentielle

[15] Der späte Fichte dichtet hier einen pseudoreligiösen Mythos philosophischer Subjektivität und knüpft somit an das mythoaffine Selbstverständnis seiner frühen ›Wissenschaftslehre‹ und des Deutschen Idealismus überhaupt

Leitbild, „sein Leben, als ein ewiges Glied in der Kette der Offenbarung des göttlichen Lebens“ (298) zu sehen, formt hier ein asymmetrisches Redner-Hörer-Verhältnis. Der Redner Fichte schmiedet – um Fichtes mechanische Metapher aufzugreifen – die Vorstellung einer rhetorischen Kette heilsbringender Worte, die das absolute göttliche Leben und das deutsche Volk durch das Mittelglied des philosophischen *orators* verbindet. Er nimmt so selbst die Autorität des Göttlichen in Anspruch und schreibt seiner Rede eine zentrale religiöse Vermittlungsposition zu.

Der politische Philosoph Fichte tritt im symbolischen Raum seiner ›Reden‹ in der Rolle des charismatischen Lehrers auf, der ein verborgenes göttliches Wissen verkündigt und unter Berufung auf das Absolute intersubjektive Zustimmung einfordert.[16] Fichte betreibt damit in den ›Reden‹ eine Politik, die auf fragwürdige Weise religiöse Kategorien ins Gebiet des Politischen überträgt. Jede charismatisch politische Gemeinschaft steht in der Gefahr, in einem heteronomen Verhältnis zu ihrem Stifter befangen zu bleiben, insofern ausschließlich dieser ihr den heilsbringenden Transzendenzbezug zu vermitteln scheint. Öffentliche Glaubwürdigkeit soll nicht mehr allein durch die freie Überzeugung, sondern gläubige religiöse Hingabe erreicht werden.

Für seine öffentlich vorgetragene Heils- und Lebenslehre entwirft Fichte in den ›Reden‹ ferner die Konzeption einer existentiell durchgreifenden Pathosrhetorik. Auch diese reagiert wieder auf die Situation eines Versagens. Die bisherige „blinde und ohnmächtige Erziehung“ konnte nämlich mit ihren intellektualistischen Überzeugungsversuchen nicht zur „Wurzel der wirklichen Lebensregung und Bewegung“ (274) durchdringen und blieb deshalb gesamtexistentiell wirkungslos. Dieser Mißerfolg beruhte auf einem anthropologischen Mißverständnis. Denn der Mensch ist – so Fichte – nicht primär ein Wesen freier und selbstbewußter Reflexion, sondern in seinem tiefenstrukturellen Grundgeschehen bestimmt durch seinen affektgeleiteten praktischen Trieb und Glauben. Der Leitaffekt, „der unfehlbare Antrieb seines Wollens und aller seiner Lebensregung“ (283) und die Grund-

an. Dazu: P. L. Oesterreich, Geschichtliche Philosophie im Übergang zu Neuer Mythologie, in: Symbol. Mythos. Sprache, 84–101.

[16] Zur Bedeutung des charismatischen Denkens im Protestantismus, Calvinismus, Deutschen Idealismus bis hin zu M. Weber siehe: J. L. Villacañas, Fichte und die charismatische Verklärung der Vernunft, in: Fichte-Studien 5 (1992), 117–148.

qualität seines Daseins ist ferner nach Fichte die Liebe eines Menschen. Als „unbekannte Wurzel seines Lebens“ (360) gestaltet sie seinen gesamten Lebensstil und bringt sich gerade auch in seinen wissenschaftlichen Ansichten zu Bewußtsein. Für die philosophisch-politische Rhetorik gilt demnach der persuasionstheoretische Grundsatz, daß die Möglichkeiten und Grenzen gemeinsamer und lebensformtragender Überzeugungen emotionalen Ursprungs sind. Nicht durch bloßes Begreifen, sondern nur durch Ergreifen vermag die Rede des Philosophen die Existenz der Hörer zu verwandeln. Damit ist die Ursache für das Scheitern der bisherigen Erziehungsrhetorik freigelegt: Sie appelliert nicht an die unbewußte Tiefendimension der Existenz, in der die unterschiedlichen Lebensformen der Menschen gründen. Fichte kritisiert dementsprechend an der bisherigen Erziehung,

> dass es ihr ... niemals gelungen, ihr Gemälde einer sittlichen Weltordung bis zu der Lebhaftigkeit zu steigern, dass ihr Zögling von der heissen Liebe und Sehnsucht dafür, und von dem glühenden Affecte, der zur Darstellung im Leben treibt, und vor welchem die Selbstsucht abfällt wie welkes Laub, ergriffen worden (275).

Eine existentiell durchgreifende Rhetorik verlangt dagegen die Mobilisierung der sinnbildlichen Kraft reindeutscher Rede, durch deren enargetische und vor allem mitreißend energetische Potenz die Liebe für das allgemeine Seinkönnen der sittlichen Weltordnung erweckt und somit der Egoismus des Individuums zerstört werden kann. Für Fichte eröffnet das ergreifende Durchgreifen solcher Pathosrhetorik endlich die Perspektive einer absoluten persuasiven Macht, die jedes Anderswollenkönnen des Menschen ausschließt. „Willst du etwas über ihn vermögen, so musst du mehr thun, als ihn bloß anreden, du musst ihn machen, ihn also machen, dass er gar nicht anders wollen könne, als du willst, dass er wolle“ (282). Der Erfolg und die Wirksamkeit solcherart politisch erziehender Rhetorik wäre durch die vollständige Abhängigkeit des Hörer- vom Rednerwillen allerdings absolut. Überzeugung verbände sich für den Hörer mit der endgültigen Negation der Möglichkeit eines Anderswollen- und -entscheidenkönnens. Denn „für ihn ist die Freiheit des Willens vernichtet und aufgegangen in der Nothwendigkeit“ (282).

### *e) Die Zweideutigkeit des politischen Lehrers Fichte*

Insgesamt beweist schon der bisherige Überblick über die unterschiedlichen Aussageebenen der ›Reden‹, daß Fichte hier als Redner keineswegs naiv handelt, sondern theoretisch wie strategisch durchdacht. Seine rhetorikaffine Sprachphilosophie, die sich ihr anschließende Polemik und die sie begleitende Selbstthematisierung seiner durch Charisma und ergreifendes Pathos gekennzeichneten rhetorischen Strategie beweisen ein differenziertes Reflexionsniveau. Dabei gelingen Fichte gerade in sprachphilosophischer Hinsicht zukunftsweisende transzendentalrhetorische Ansätze, die u.a. die geschichtliche Sprache eines Volkes als dessen geistig-kulturelle Lebensbedingung und Existenzgrundlage herausstellen. Die Thematisierung der allgemeinverbindlichen Evidenz ihres Symbolgehaltes, die der metaphorischen Tätigkeit der „Nationaleinbildungskraft" entspringt, eröffnet hier die begründete Perspektive einer rhetorisch-politischen Vermittlung von Philosophie und Lebenswelt. Fichte leistet damit in der Übergangsrhetorik der ›Reden an die deutsche Nation‹ mehr als die bloße Ausgestaltung des durch die Lehrrhetorik seiner ›Wissenschaftslehre‹ freigebliebenen Gebietes der Realgeschichte. Er fundiert hier seine Geschichtsdeutung in einer eigens für sie entworfenen rhetorikaffinen und politischen Sprachphilosophie, die die Energie der symbolsprachlichen Rede- und Rednertätigkeit als Möglichkeitsbedingung nationaler Identitätsbildung herausstellt. Die ›Reden‹ bilden deshalb keinen bloß populärwissenschaftlichen Anhang zur ›Wissenschaftslehre‹. Neben dem Geschichtsdeuter zeigen sie den politischen Philosophen Fichte, der durch die Nationalidee zu einer Sprachtheorie provoziert wurde, die anscheinend ihren Ort nicht mehr im Theorierahmen der ›Wissenschaftslehre‹ findet, aber in der Durchführung der ›Reden‹ einen Beweis im Vollzuge beansprucht.

An Fichtes ›Reden an die deutsche Nation‹ läßt sich paradigmatisch ein rhetorisch-politisches Öffentlichkeitsmodell studieren. Dieses unterscheidet sich sowohl vom Begriff der kritisch-diskursiven Öffentlichkeit, den J. Habermas am historischen Beispiel des freien Räsonnements in den frühbürgerlichen Salons, Klubs und Lesegesellschaften gewinnt, als auch vom Modell der theatralisch-expressiven Öffentlichkeit R. Sennetts, für das das urbane gesellschaftliche Rollenspiel des *ancien régime* historisch Pate gestanden hat.[17] Bezeich-

[17] R. Sennett, Verfall und Ende des öffentlichen Lebens. Die Tyrannei der

nenderweise beschreiben beide Autoren, jeweils von historischen Vorbildsituationen des 18. Jahrhunderts ausgehend, den heutigen Wandel zu neuen Formen öffentlicher Kommunikation als Verfallsgeschichte. Für Sennett werden vermeintlich vorbildliche Öffentlichkeitsstrukturen durch die 'Tyrannei der Intimität' bedroht und für Habermas u. a. durch die Verdrängung der kritischen Publizität durch die manipulative.[18]

Dagegen läßt sich der Fichtesche Begriff der rhetorisch-politischen Öffentlichkeit einerseits durchaus mit den heutigen Entwicklungen zur medialen Kommunikation, symbolischen Politikdarstellung und der Herausbildung einer „politischen Deutungskultur“[19] verbinden. Fichtes ›Reden an die deutsche Nation‹ sind ein paradigmatischer Beitrag zur politischen Geschichtsdeutung, der sich selbst ausdrücklich als symbolisches Redehandeln innerhalb einer politischen Deutungskultur versteht und philosophisch reflektiert. Die heutigen Erkenntnisse von der weitreichenden Autonomie des symbolischen Handelns, das sogar „eine eigene, politische, wirklichkeitsresistente Sphäre schaffen kann“,[20] werden durch Fichtes Theorie von der konstitutiven Leistung ursprünglich-symbolischer Redetätigkeit nicht nur vorweggenommen, sondern auch sprachphilosophisch begründet. Dabei ist „Nation“ keine Gegebenheit einer irgendwie vorhandenen Außenwelt, sondern sie bestimmt und erzeugt sich durch die Partizipation und Identifikation der Menschen an einer nationalen Sinnwelt, die durch die rhetorisch-symbolische Deutung ständig neu aufgezeigt werden muß. Nationale Selbstbestimmung gestaltet sich demnach – von Fichte her gedacht – zum Geschehen symbolischer Politik in der rhetorisch-symbolischen Öffentlichkeit eines geschichtlichen Volkes.

Damit sind der symbolischen Politik nach Fichte innerhalb der realen Kommunikationsgemeinschaft nationaler Deutungskultur eindeutige Grenzen gesetzt. Diese ist im Gegensatz zur potentiellen Unendlichkeit der reinrationalen Diskurskultur durch definitive End-

Intimität, Frankfurt a. M. 1983; J. Habermas, Strukturwandel der Öffentlichkeit.

[18] R. Sennett, Verfall und Ende des öffentlichen Lebens, 328 ff.; J. Habermas, Strukturwandel der Öffentlichkeit, 211 ff.

[19] Zur Abgrenzung des Begriffes der „politischen Deutungskultur“ von dem der „Diskurskultur“ s. K. Rohe, Politische Kultur und kulturelle Aspekte von politischer Wirklichkeit, in: Politische Kultur in Deutschland, Opladen 1987 (PVS-Sonderheft 18), 39–48, hier 42.

[20] U. Sarcinelli, Symbolische Politik und politische Kultur, 296.

lichkeiten gekennzeichnet: Erstens kann die symbolische Selbstvermittlung nur im Horizont ihrer eigenen geschichtlich gewordenen Volkssprache gelingen. Als Selbstbestimmung in enthymematischer Rede bleibt sie zweitens an situative Stimmmungslagen und die jeweiligen Perspektiven eines gemeinsamen Ethos gebunden. Drittens läßt sich die Wirksamkeit der politischen Symbolik nicht willkürlich erweitern oder steigern. Die Sinnbildlichkeit der Symbolsprache hat jeweils für ein bestimmtes Volk nur soviel Überzeugungskraft, wie es aus den ästhetischen Grunderfahrungen einer gemeinsamen Um- und Mitwelt beziehen kann. Sie kann zerstört werden, wenn die Fach- und Kunstsprachen die geschichtlich gewordenen Volkssprachen verdrängen. Durch die Versuche einer infiniten Rationalisierung der Rede und die Zerstörung der ästhetischen Qualität der Mit- und Umwelt degenerieren die sprechenden Symbole schließlich zu gleichgültigen Zeichen, die ihre bindende Kraft für die Menschen verloren haben und sie nicht mehr zur Partizipation und Identifikation auffordern. Nationale Selbstbestimmung ist nach Fichte somit nicht primär ein Problem der äußeren Souveränität, sondern eines der politischen Kultur eines geschichtlichen Volkes. Sie ist bei einem – wie er sich ausdrückt – „Volk der lebendigen Sprache" die Geschichte der fortgesetzten situativen Selbstdeutung in der Form symbolischer Politik, in der sich die Nation innerlich konstituiert. Der Rahmen dieser politischen Primärkommunikation wäre die einem Volk jeweils zugehörige rhetorisch-symbolische Öffentlichkeit.

Ergibt sich aber mit dem Hinweis auf die Sprachgrenzen symbolischer Politik nicht notwendig eine problematische Abstufung von nationaler Primär- und internationaler Sekundärkommunikation? Wird dadurch nicht eine – angesichts der weltweiten industriellen Arbeitsteilung, medialen Vernetzung und internationalen ökologischen Problematik – anachronistische Vorstellung eines 'geschlossenen Kommunikationsstaates' evoziert? Dagegen spricht, daß die freie und originelle Selbstkonstitution der Nation innerhalb ihrer eigenen politischen Deutungskultur sich auch für einen internationalen Dialog als durchaus produktiv und stimulierend erweisen kann. Als allgemeines gesprächstheoretisches Gesetz hat dies schon A. Müller formuliert: „Die ein Gespräch führen sollen, müssen einander etwas zu sagen haben, etwas Freies, Eigentümliches; die Form des Geistes in ihnen muß eine durchgängig verschiedene sein ..."[21] Ohne das Provokative

[21] A. Müller, Zwölf Reden über die Beredsamkeit und deren Verfall in Deutschland, 21.

des sichtbar Anderen und geheimnisvoll Fremden fehlt demnach überhaupt der Anreiz und die Motivation zu intensiver Kommunikation. Auch ein interkulturelles Gespräch zwischen den Nationen – so läßt sich folgern – bedarf des „Geheimnisses" ihrer jeweiligen Originalität. Ein internationaler Dialog setzt die Pluralität sich kulturell signifikant voneinander abhebender Nationen voraus. Gesprächsgefährdend wären dagegen einerseits der Abbau von Originalität durch die Tendenz zur weltweiten Uniformisierung von Mentalität und Lebensstil und andererseits ihre Übersteigerung durch die Gegentendenz des fundamentalistischen Nationalismus, der Originalität und nationale Selbstbestimmung einseitig nur sich selbst zuerkennt. Berücksichtigt man nur die Sprach- und Kulturphilosophie der ›Reden‹, so läßt sich auf ihrem Boden durchaus eine plausible Integration des nationalen Momentes mit einer weltbürgerlichen Perspektive denken: sie bestünde in der Konzeption einer gegenseitig anerkannten nationalen Selbstbestimmung, die sich einerseits im symbolischen Raum der eigenen volkssprachlichen Deutungskultur vollzieht und andererseits durch ihre deutliche Originalität den internationalen Dialog herausfordert und bereichert.

Die ›Reden‹ selbst durchkreuzen leider diese denkbaren positiven Theorieperspektiven durch ihre demagogischen und polemischen Passagen, in denen sich ein übersteigerter Nationalismus bekundet. Fichte versucht als politischer Redner, die lebensweltliche Niederlage der spekulativen Philosophie mit der politisch-militärischen des deutschen Volkes zu verbinden und in einen gemeinsamen geistigen und sprachkulturellen Sieg zu verwandeln. Real-politische Argumentation verfremdet sich zu einer nationalistischen und kulturimperialistischen Polemik, die z.B. durch die radikale topische Polarisierung – Naturgemäßheit des Deutschen und 'Unnatur' des Ausländischen – bedenkenlose Identifikation erzwingen will. Die Selbstpräsentation der Philosophie gerät dabei zur Theorieallegorie, und die des Philosophen zur neomythischen Stilisierung eines *philosophus-poeta-orator*, der als charismatischer Heilsbringer seines Volkes philosophische, dichterische und vor allem religiöse Autorität in sich konzentrieren will. In einer fragwürdigen predigtnahen und hochpathetischen Pseudorhetorik des Erhabenen, die von Fichte vielleicht im Sinne strategischer Ironie gemeint war und heute oft unfreiwillig komisch wirkt, sollte der Hörer offenbar mehr überwältigt als überzeugt werden. Eindeutig demagogisches Gedankengut ist auch Fichtes Konzeption einer existentiell ergreifend-durchgreifenden Pathosrhetorik, die im Sinne der Sicherstellung der persuasiven Macht des Redners – u.a.

durch den Appell an die unbewußten Leitaffekte – die Willensfreiheit des Publikums vernichten soll. Hier hat Fichte eindeutig den Boden einer legitimen politischen Rhetorik der Aufforderung, die den Hörern die Möglichkeit freien Reflektierens und Andersentscheidenkönnens bewahrt, verlassen. Der an Deduktionismus und apriorische Gewißheit gewöhnte Transzendentalphilosoph meint vielleicht das Kontingenzrisiko, das mit jeder Rede, die in der geschichtlichen Lebenswelt um die fremdexistentielle Freiheit anderer wirbt, verbunden ist, vermeiden zu müssen. Ob Fichte hier seinem eigenen apodiktischen Gedankenstil oder der Verführung seines Willens zur praktischen Wirksamkeit erliegt, mag dahingestellt sein. Der Versuch der idealistischen Philosophie, ihre lebensweltliche Wirksamkeit in den ›Reden an die deutsche Nation‹ rhetorisch zu erzwingen, verleiht ihr zweifellos demagogische Züge.

Es wäre wünschenswert gewesen, wenn Fichte der folgenden in seiner Jugend selbst formulierten Überzeugung treu geblieben wäre:

> Überhaupt hat kein Schriftsteller, der seine Pflicht kennt und liebt, den Zweck, den Leser zum Glauben an seine Meinungen, sondern nur zur Prüfung derselben zu bringen. Alles unser Lehren muß auf Erweckung des Selbstdenkens abzielen, oder wir bringen in unsrer schönsten Gabe der Menschheit ein sehr gefährliches Geschenk.[22]

So aber erscheinen die ›Reden an die deutsche Nation‹ auch weiterhin im zweideutigen Hell-Dunkel genialer Philosophie und unheilvoller Demagogie. Ihr Beispiel verdeutlicht prägnant sowohl die Chancen als auch die Gefahren des öffentlichen Vernunftgebrauches in der *rhetorischen Differenz*. Die äußerste Mobilisierung der Philosophie für ihr Eingreifen in die politische Welt treibt Fichte einerseits zur Entwicklung einer eigenen rhetorikaffinen Sprachphilosophie an; auf der anderen Seite erliegt er der Verführung gesteigerter öffentlicher Wirksamkeit durch rhetorische Strategien, die die Philosophie stellenweise zur Demagogie verfremden.

[22] J. G. Fichte, Gesamtausgabe, II 1, 206f.

## 4. 'Grosser Stil' – 'grosse Politik'. Der Verfall öffentlicher Vernunft in der 'Macht-Beredsamkeit' F. Nietzsches

Nietzsches Diagnose der Heraufkunft des europäischen Nihilismus benennt einen einschneidenden Bruch innerhalb der europäischen Tradition metaphysischer Vernunft, die im Deutschen Idealismus ihre vorläufig letzte Blütezeit erlebt hatte. Dabei bezeichnet der Nihilismus in erster Linie ein Ereignis innerhalb der *rhetorischen Differenz*, insofern er nicht im Zusammenbruch der metaphysischen Vernunft, sondern der öffentlichen Glaubwürdigkeit besteht. Die europäische Kultur, die seit Parmenides und Platon durch den Glauben an transzendente metaphysische Wertmaßstäbe bestimmt war, schlägt bei Nietzsche endgültig in *„den Unglauben an eine metaphysische Welt"*[1] um. Der Nihilismus beinhaltet dabei im Kern einen rhetorischen Vorgang und die europäische Kultur reagiert insgesamt wie ein durch unerfüllte Rednerversprechen enttäuschtes Publikum mit Zorn und Selbstverachtung:

> Wenn wir „Enttäuschte" sind, so sind wir es nicht in Hinsicht auf das Leben: sondern, daß uns über die „Wünschbarkeiten" aller Art die Augen aufgegangen sind. Wir sehen mit einem spöttischen Ingrimm dem zu, was „Ideal" heißt: wir verachten uns nur darum, nicht zu jeder Stunde jene absurde Regung niederhalten zu können, welche „Idealismus" heißt (III,671).

Im postmetaphysischen Denken Nietzsches verliert nicht nur der philosophische Idealismus seine dominante Stellung, sondern es verkehrt sich generell das begründungstheoretische Verhältnis von Philosophie und Lebenswelt. Die Metaphysik wird radikal auf den Boden der politischen Lebenswelt zurückgeführt und als kulturelles Phänomen aus dem ihr immanenten *Willen zur Macht* abgeleitet. Zentrale Vernunftkategorien wie 'Einheit', 'Zweck' und 'Wahrheit' werden infolgedessen lediglich als „Resultate bestimmter Perspektiven der

[1] F. Nietzsche, Werke in drei Bänden, hrsg. v. K. Schlechta, München $^{7}$1973, hier: III, 678. Band und Seitenzahl dieser Ausgabe werden im folgenden den Zitaten direkt nachgestellt.

Nützlichkeit zur Aufrechterhaltung und Steigerung menschlicher Herrschafts-Gebilde" (III,678) gedeutet. Damit kann die metaphysische Wahrheit nicht mehr glaubwürdig ihre Transzendenz zur politischen Lebenswelt behaupten und verfällt deren Immanenz, in der es keine Differenz von Philosophie und Politik geben kann: „Politik ist jetzt das Organ des Gesamtdenkens" (III,882). Innerhalb dieser neuen In-differenz von Denken und Politik entwickelt Nietzsche das Konzept seiner *großen Politik*.

### *a) 'Große Politik': Der Kampf um die 'Erd-Herrschaft'*

Das Programm einer *großen Politik* entspringt Nietzsches Kritik an der *kleinen Politik* des nationalstaatlichen Denkens in der zweiten Hälfte des 19. Jahrhunderts, zu dessen Vorgeschichte zweifellos auch Fichtes ›Reden an die deutsche Nation‹ gehören. Nietzsche sieht sich „als Augenzeugen einer Politik, die den deutschen Geist öde macht, indem sie ihn eitel macht, und *kleine* Politik außerdem ist" (II,253). Die Selbstbezüglichkeit und Selbstüberschätzung des Nationalen führt zu einer Verarmung und Verengung des deutschen Geistes, der seine eigene Abkünftigkeit und Zugehörigkeit zur gesamteuropäischen Kultur übersieht. Die kleinen nationalistischen Perspektiven führen nicht nur zur Entfremdung der Völker, sondern beinhalten eine gefährliche Selbsttäuschung, die sich durch Umdeutungen von Sachlagen oder politische Lügen ins Wahnhafte steigern können. Die Phantasmen des 'Nationalitätswahnsinns' verhindern damit die Wahrnehmung einer – für Nietzsche – unaufhaltsamen politischen Tendenz zur übernationalen Einigung Europas.

> Dank der krankhaften Entfremdung, welche der Nationalitätswahnsinn zwischen die Völker Europas gelegt hat und noch legt, dank ebenfalls den Politikern des kurzen Blicks und der raschen Hand ... werden jetzt die unzweideutigsten Anzeichen übersehn oder willkürlich und lügenhaft umgedeutet, daß *Europa eins werden will* (II,724).

Für Nietzsche ist es ausgemacht, daß die wirtschaftliche Verflechtung, der gesteigerte Informationsaustausch, die Gemeinsamkeiten der Kultur und die wachsende Mobilität der Europäer „notwendig eine Schwächung und zuletzt eine Vernichtung der Nationen" (I,685) mit sich bringen. Die *kleine* nationalistische Politik wird sich zwangsläufig in eine *große* gesamteuropäische Politik aufheben. Der europäischen Einigung werden allerdings große Kriege vorhergehen, in denen die alteuropäische Gesellschaft und ihr Nationalismus zugrunde gehen werden: „alle Machtgebilde der alten Gesellschaft sind in die Luft gesprengt – sie ruhen allesamt auf der Lüge: es wird Kriege geben, wie es noch keine auf Erden gegeben hat" (II, 1153).

Mit dem Übergang von der nationalen zur gesamteuropäischen Perspektive wird allerdings die eigentliche Reichweite *großer Politik*, die sich nach Nietzsche im 20. Jahrhundert mit Notwendigkeit durchsetzen wird, noch nicht erreicht. Hellsichtig prophezeit er die Erweiterung der europäischen zur planetarischen Politik: „Die Zeit für kleine Politik ist vorbei: schon das nächste Jahrhundert bringt den Kampf um die Erd-Herrschaft – den *Zwang* zur großen Politik" (II, 672). Erst aus dieser infiniten Erweiterung politischer Perspektiven ergibt sich schließlich der von Nietzsche erstrebte Wahrnehmungshorizont *großer Politik*, der den illusionslosen Blick freigibt für das objektive Geschehen eines geographisch unbegrenzten 'Kampfes um die Erdherrschaft'.

Das Motiv, das auch diesen neuen planetarischen Politikstil hervortreibt, bildet das Machtgefühl, das als erlebnisintensives Pathos die politische Existenz der Menschen beherrscht.

> *Von der großen Politik.* – Soviel auch der Nutzen und die Eitelkeit, von einzelnen wie von Völkern, in der *großen Politik* mitwirken mögen: das gewaltigste Wasser, das sie vorwärts treibt ist das *Bedürfnis des Machtgefühls* ... (I, 1136).

Die *große Politik* nennt allerdings den ihr zugrundeliegenden planetarischen Eroberungswillen nicht beim Namen, sondern führt die „pathetische Sprache der Tugend im Munde" (I, 1137). Diese Dissimulation zielt jedoch gar nicht in erster Linie auf die ideologische Verschleierung rücksichtsloser Machtinteressen. Sie kommt vielmehr dem Bedürfnis der politischen Massen entgegen, die von ihren politischen Führern „nur die erhobenste Sprache hören" (I, 113) wollen, um in einen erhaben-pathetischen Zustand zu geraten, der ihnen eine rhetorische Erfüllung ihres Strebens nach gesteigerten Machtgefühlen gewährt. Das Ethos der politischen Werte richtet sich dabei nach dem Pathos des durch sie jeweils verliehenen Machtgefühls: „Wenn der Mensch im Gefühle der Macht ist, so fühlt und nennt er sich *gut*: und gerade dann fühlen und nennen ihn die anderen, an denen er seine Macht *auslassen* muß, *böse*" (I, 1137). Die Sprache der *großen Politik* wird sich an erhabenen politischen Werten orientieren, durch die allein eine rhetorische Beherrschung der Massen erreicht werden kann. An dieser Stelle wird deutlich, daß das politische Denken Nietzsches versucht, moderne Phänomene – wie Massendemokratie und planetarische Politik – mit antiken Politikkonzeptionen – wie dem gorgianischen Konzept der Meisterung der Menge durch politische Pathos-Rhetorik – zu begreifen.

Auch Nietzsches Selbstverständnis als politischer Philosoph bleibt einem antiken Vorbild verhaftet. Seine gegen die moderne Massendemokratie gerichtete Zielvorstellung des Bündnisses eines Philosophen mit einer neuen politischen Herren-Kaste erscheint als ein verzerrtes Abbild des im ›siebten Platonbrief‹ vertretenen Philosophen-Königtums. Auch Nietzsche kritisiert die doxale Labilität und die Lähmung langfristiger Handlungsfähigkeit der Demokratie. Die moderne europäische Demokratie erscheint ihm lediglich als „eine Entfesselung von Faulheiten, von Müdigkeiten, von *Schwächen*" (III,845). Die Unentschiedenheit ihrer „demokratische(n) Vielwollerei" (II,672) verhindert gerade die Bildung desjenigen langfristigen und einheitlichen politischen Willens, der zur erfolgreichen Führung *großer Politik* dringend notwendig wäre. Damit erscheinen die sich selbst überlassenen demokratischen Gesellschaften den neuen, groß angelegten Aufgaben planetarischer Politik nicht mehr gewachsen.

Anstelle der demokratischen Politiker soll nach Nietzsche „eine neue, ungeheure, auf der härtesten Selbst-Gesetzgebung aufgebaute Aristokratie" (III,504f.) die Führung der anstehenden *großen Politik* übernehmen. Diese neue politische Herrenschicht, die dank ihres „Übergewicht(s) von Wollen, Wissen, Reichtum und Einfluß" (III, 505) herrschen kann, wird den demokratischen Staat gar nicht abschaffen müssen. Die zukünftigen 'Herren der Welt' werden sich im Gegenteil „des demokratischen Europas bedienen als ihres gefügigsten und beweglichsten Werkzeugs, um die Schicksale der Erde in die Hand zu bekommen . . ." (III,505).

Die Prinzipien, Werte und Gesetze dieser politischen Klasse, die die völlig neue Aufgabe planetarischer Herrschaft zu bewältigen hat, liegen aber noch völlig im Dunkeln. So entsteht das Bedürfnis nach einer neuen Philosophie, die die Lösung der von Nietzsche schlagwortartig folgendermaßen umrissenen Prinzipienkrise geben konnte: „Die große Politik, Erdregierung in der Nähe; vollständiger *Mangel* an *Prinzipien* dafür" (III,447). Die In-Differenz von Denken und Politik bestimmt auch das Selbstverständnis des Philosophen, das den alten Gedanken des eunomischen Gesetzgebers wieder aufgreift. Der neue Philosoph, als dessen erste Manifestation Nietzsche sich versteht, ist in erster Linie nicht Theoretiker oder Interpret der Welt, sondern Gesetzgeber der neuen politischen Klasse: „Grundgedanke: die neuen Werte müssen erst geschaffen werden – ... Der Philosoph muß uns ein Gesetzgeber sein" (III, 447). Dabei konstituiert sich nach Nietzsches Vorstellungen die neue Philosophie zugleich mit der durch sie bestimmten politischen Herrscherschicht. „Der neue Philosoph kann nur in Verbindung mit einer herrschenden Kaste entstehen, als deren höchste Vergeistigung" (III, 447). Da der neue Philosoph von Anfang an als Gesetzgeber der herrschenden Klasse gedacht wird, erübrigt sich zwar einerseits das Platonische Problem der nachträglichen Überredung des Machthabers zur Philosophie. Andererseits steht Nietzsche mit seiner Lehre im kommunikativen 'Nichts', da die neue politische Klasse, an die sie sich richtet, noch gar nicht existiert. So stellt insbesondere Nietzsches Spätwerk mit seiner Lehre vom *Willen zur Macht* und der *Umwertung aller Werte* den Versuch dar, im kommunikativen Niemandsland der „Heimatlosen" (II, 253) einen absoluten Anfang *großer Politik* im Medium der Literatur zu wagen.

Die Form des postmetaphysischen Vernunftgebrauches, in der sich seine Entwürfe zur *großen Politik* präsentieren, ist der *große Stil*, der – je nachdem ob die 'Sache des Denkens' oder ihre textuelle Form im Zentrum der Reflexion standen – entgegengesetzte Deutungen erfahren hat. So sieht z. B. Heidegger in Nietzsches Konzeption des *großen Stils* eine „*extremste* Ästhetik",[2] die sich metaphysikgeschichtlich bruchlos als Endgestalt einer Ontologie des *Willens zur Macht* interpretieren läßt. Dagegen betont Derrida den stilistischen Pluralismus der Nietzsche-Texte, der eine durchgängige „Nicht-Entscheidbarkeit"[3] ihres Sinnes erzeugt und somit jede ontologische Hermeneutik prinzipiell zum Scheitern verurteilt.

In der folgenden Interpretation des *großen Stils* will ich darüber hinausgehend auf die Korrelation von gedanklichem Inhalt und rhetorisch-literarischer Form hinweisen. Dabei soll der postmetaphysische Vernunftgebrauch der umstrittenen aphoristisch-fragmentarischen Spätphilosophie Nietzsches an den eigenen theoretischen Maßstäben gemessen werden. Dazu eignen sich vorzüglich die in Nietzsches ästhetischer Theorie der *Macht-Beredsamkeit* selbst entwickelten metakritischen Kategorien, deren Herkunft aus dem rhetorischen System der Antike nicht noch einmal festgestellt, deren machttheoretische Bedeutung aber herausgestellt und kritisch diskutiert werden soll.[4]

[2] M. Heidegger, Nietzsche, 2 Bde., Pfullingen $^{3}$1961, hier Bd. I, 152.

[3] J. Derrida, Sporen. Die Stile Nietzsches, 152.

[4] Zur Bestimmung der Ästhetik und Stilistik Nietzsches vor dem Hinter-

### b) *Der klassische 'große Stil'*

Nietzsches Begriff des *großen Stils* läßt sich nicht auf eine rein *strukturelle* Größe reduzieren. *Stil* als Ausdruck kultureller Lebenskräfte in ihrem geschichtlichen Wandel gehört in die Reihe *energetischer* Kategorien vitaler Kraftentfaltung. Der *große Stil* bildet jeweils den Höhepunkt in der wellenförmigen Aufstiegs- und Abstiegsbewegung der Kulturen. In ihm kommt ein äußerstes *„Mehr von Kraft"* (III, 755) zum Ausdruck. Diese Potenzierung vitaler Energie führt auf der strukturellen Ebene bezeichnenderweise nicht zu barocker Formenfülle, sondern zu klassischer Einfachheit und Klarheit, deren Rezeption wiederum das kreative Kraftpotential steigert und im *großen Stil* ihren definitiven Höhepunkt erlangt.

Die logische und geometrische Vereinfachung ist eine Folge der Krafterhöhung: umgekehrt erhöht wieder das *Wahrnehmen* solcher Vereinfachung das Kraftgefühl ... Spitze der Entwicklung: der große Stil (III, 755).

Die klassizistische Einfachheit des *großen Stils* ergibt sich für Nietzsche keineswegs nur aus einer Abneigung gegen alle Formen manieristischer Dekadenz, sondern als Konsequenz der Logik des *Willens zur Macht*. Ästhetische Strukturen bilden sich im Kampf widerstrebender Affekte heraus und gewinnen werkhafte Struktur erst in der Überwältigung und Unterwerfung der anderen realen Willensmomente durch den dann herrschenden *einen* Gestaltungswillen.[5] Kunstwerke sind 'Siegeszeichen'. Sie stehen als „Ausdruck eines *siegreichen* Willens, einer gesteigerten Koordination, einer Harmonisierung aller starken Begehrungen" (III, 755). Im ästhetischen Höchstausdruck des *großen Stils* verbindet sich die dionysische Entfesselung der Lebenskräfte mit ihrer apollinischen Beherrschung. Der lustvoll-rauschhafte Höhepunkt des Machtgefühls manifestiert sich in Werken von geometrischer Einfachheit. Nietzsche hat hier vor allem architektonische Beispiele vor Augen. Ein Beispiel aus der Blütezeit der dogmatischen Metaphysik und Religion, deren 'überirdische' Ansprüche „in Asien und Ägypten den großen Stil der Baukunst" (II, 565 f.) ermöglichen,

grund des rhetorischen Systems der Antike s. J. Goth, Nietzsche und die Rhetorik, Tübingen 1970.

[5] W. Baßler, Seelisches Geschehen als „Kampf der Affekte". Gestaltentwicklung und Geschichte als Grundbegriffe der Psychologie Friedrich Nietzsches, in: Wegbereiter der historischen Psychologie, hrsg. v. G. Jüttemann, München/Weinheim 1988, 63–69.

sind die ägyptischen Pyramiden. Innerhalb der neueuropäischen Kultur bildet für Nietzsche die Architektur der Renaissance den positiven Gegenpol zur dekadenten romantischen Musik: „... wovon ein Dekadenz-Geschmack am entferntesten ist, das ist der *große Stil*: zu dem zum Beispiel der Palazzo Pitti gehört, aber *nicht* die Neunte Symphonie" (III, 1226).

Dieser Vorzug der Architektur vor der Musik ergibt sich aus ihrer besonderen Affinität zum *Willen zur Macht*. Sie eignet sich in so vorzüglicher Weise zur Darstellung kultureller Mächtigkeit, weil sie allein schon als künstlerisches Medium den Willen zur permanenten Überwindung der Schwerkraft ausdrückt. Bereits vor jeder speziellen Darstellungsabsicht durchdringt der antigrave Machtwille die Architektur und ihre Werke: „... der Architekt war stets unter der Suggestion der Macht. Im Bauwerk soll sich der Stolz, der Sieg über die Schwere, der Wille zur Macht versichtbaren" (II,997). Derart durchdrungen vom elementaren Machtwillen entfaltet die Architektur ihre visuelle Rhetorik. Diese ist nach Nietzsche im wesentlichen *Macht-Beredsamkeit*; sie zielt mittels der architektonischen Formgebung auf die Mitteilung der schon im Architekten wirkenden Suggestion der Macht. Die unterschiedlichen Stärkegrade der *Macht-Beredsamkeit* reichen dabei von schmeichelnder Überredung bis zum bloßen Befehl.

> Architektur ist eine Art Macht-Beredsamkeit in Formen, bald überredend, selbst schmeichelnd, bald bloß befehlend. Das höchste Gefühl von Macht und Sicherheit kommt in dem zum Ausdruck, was *großen Stil* hat. Die Macht, die keinen Beweis mehr nötig hat; ... (II,997).

Die persuasiv-werbende Rhetorik wird übertroffen durch die Machtberedsamkeit des Befehls. Der befehlende Machtausdruck vermag im Gegensatz zur bloßen Überredung die stärkere persuasive Kraft zu entfalten, die jede weitere Beglaubigung oder Beweisführung überflüssig macht. Diese relative Geringschätzung der persuasiv-werbenden Rhetorik, die an die freie Zustimmung des anderen appelliert, gründet wiederum in der Logik des *Willens zur Macht.* Denn *Wille* im eigentlichen Sinne unterscheidet sich vom bloßen *Wunsch* dadurch, daß er aus eigener Kraft sein jeweils angestrebtes Ziel zu verwirklichen vermag. Bei der um Überzeugung werbenden Rhetorik dagegen, die an den anderen lediglich appelliert, ihn aber nicht zwingt, ist die Zustimmung und Einwilligung durch die Freiheit des anderen vermittelt. Aber gerade deshalb bleibt ihre Wirksamkeit kontingent und problematisch. Der persuasiv-werbende Wille kann somit sein Ziel nicht aus eigener Kraft erreichen, nähert sich dem bloßen Wunsch und stellt in seiner relativen Ohnmacht lediglich eine zweitrangige Form der *Macht-Beredsamkeit* dar. Auf ihrer Steigerungsstufe, der Rhetorik des Befehls, folgt dem gelungenen imperativen Ausdruck unmittelbar und mit Notwendigkeit der Gehorsam. Ihre Wirkung ist nicht problematisch, sondern apodiktisch. Die Willensenergie überträgt sich hier ohne Unterbrechung von einem Willen auf den anderen. Mittels Ausschaltung der Möglichkeit reflexiver Widerstände entstehen durch Befehl und Gehorsam kommunikative Gebilde mit ununterbrochenen Macht- und Willenslinien.

Die Vollstufe der *Macht-Beredsamkeit* und der Ausdruck eines vollmächtigen Willens, der *große Stil*, ergibt sich aber erst nach einer weiteren Erhöhung des persuasiven Ausdrucks: „Dieser Stil hat das mit der großen Leidenschaft gemein, daß er es verschmäht, zu gefallen; daß er es vergißt, zu überreden; daß er befiehlt; daß er *will* “ (III, 782). Die in diesem Zitat enthaltene Steigerungsreihe von Gefallen-Befehlen-Wollen zeigt eine weitere Potenzierung der Machtberedsamkeit an. Das Schöne und Gefällige, das Zustimmung und Einstimmung lediglich anmutet, stellt wiederum die schwächste Form dar. Aber auch die ausdrückliche Rhetorik des Befehls bildet noch nicht das Maximum. Der *große Stil* ergibt sich dann, wenn auch noch der Befehl als Befehl vergessen wird, so daß er als Akt der subjektiven Willkür nicht mehr ins Bewußtsein fällt. Durch diese Dissimulation des subjektiven Willens gewinnt das Werk den Charakter eines *unschuldig* schaffenden, objektiv übermächtigen Wollens, gegen das selbst die Denkmöglichkeit des Ungehorsams schwindet. An die Stelle der Rhetorik des Befehls tritt die des *übermächtigen Willens*. Was hier wie eine große Leidenschaft überwältigen soll, ist das bloße 'Daß' der unwiderstehlichen Willensbekundung selbst. Im *großen Stil* verkörpert sich somit die nicht mehr in das Bewußtsein fallende, sondern direkt auf den Willen wirkende reine Suggestion der Macht. Er ist Ausdruck eines vollmächtigen persuasiven Willens, gegen dessen suggestiv-unbewußtes Wirken selbst die Möglichkeit eines bewußten reflexiven Widerstandes nicht mehr aufkommen kann. Seine perfekten Willens- und Machtlinien wären nicht nur ununterbrochen, sondern ununterbrechbar.

### c) *Der dekadente 'große Stil'*

Vor allem Richard Wagner verkörpert für Nietzsche die negative Form des *großen Stils*. In seiner späten Streitschrift ›Der Fall Wagner‹ beschreibt Nietzsche ihn als Inbegriff der europäischen Dekadenz.

Bizets ›Carmen‹ stellt er dagegen als das positive Paradigma eines unverdorbenen klassischen Stils heraus. Mit dieser Setzung Bizet contra Wagner verfolgt Nietzsche keineswegs nur ein musikästhetisches Ziel. Beide stehen als Beispiele für zwei grundsätzlich unterschiedene Ästhetik-Typen: „es gibt eine *décadence*-Ästhetik, es gibt eine *klassische* Ästhetik (II, 936). Diese wiederum besitzen in zwei entgegengesetzten Bewegungsrichtungen des kulturellen Gesamtlebens ihre lebensphilosophische Erklärungsgrundlage. Der klassische Stil bildet eine Zeichensprache „des *aufsteigenden* Lebens, des Willens zur Macht" (II, 936); die *décadence*-Ästhetik stellt dagegen das pessimistische und morbide Produkt des niedergehenden Lebens dar.

Für Nietzsche ist kennzeichnend, daß sich seine Stilkritik nicht nur auf die elokutionäre Ebene des Kunstwerkes, sondern – wie in folgender Charakteristik der Musik Bizets – auch auf seine inventiven und dispositionellen Qualitäten bezieht. „Sie ist reich. Sie ist präzis. Sie baut, organisiert, wird fertig" (II, 905). Den klassischen Stil zeichnet hier sowohl der Reichtum *(copia)* der *inventio* aus, als auch der präzise Ausdruck *(simplicitas, perspicuitas)* einer *stilus humile-elocutio* und die Fähigkeit zu in sich geschlossener organischer *dispositio*. Diese Ausdehnung des Stilbegriffes auch auf die inventive und dispositionelle Werkebene begründet sich in Nietzsches lebensphilosophisch fundierter, diagnostischer Absicht. Das kulturelle Produkt in der Gesamtheit seiner durch die klassischen fünf rhetorischen Künste beschreibbaren Werkebenen wird als Ausdruck für die sich in ihm verwirklichenden inventiven, dispositionellen, elokutionären Lebenskräfte angesehen. Kunstwerke lassen sich als Ausdruck und Zeichen der aufsteigenden oder fallenden Vitalität einer Kultur lesen. Während sich das klassische Dreierschema des rhetorischen Stilbegriffs – *stilus humile, medium, grande* – auf die elokutionäre Werkebene und die rezipientenbezogene Angemessenheit bezieht, erfaßt die Dichotomie – klassischer versus Dekadenz-Stil – des vital-diagnostischen Stilbegriffs das Gesamtwerk als Expression des Produzenten. Stilkritik zielt nicht primär auf ein Lob oder Tadel des Werkes, sondern auf die Beurteilung – oder im ›Fall Wagner‹ Verurteilung – des Künstlers selbst.

Die Dekadenz kennzeichnet nach Nietzsche der Zerfall organischer Strukturen. Die abgeschwächte Vitalität vermag nicht mehr, das Ganze des Organismus gestaltend zu durchdringen und zieht sich aus dem Ganzen in den Teil zurück. Im Zuge dieser Partikularisierung verkehren sich die gesamten innerorganischen Verhältnisse: Das Ganze beherrscht nicht mehr die Teile, sondern umgekehrt ein Teil das

Ganze. Charakteristisch für den Stil der Dekadenz ist der Versuch, nach Verlust der lebendigen Ganzheit aus den atomaren Partikeln künstliche Einheiten zu konstruieren. Atomismus und artifizielle Konstruktion sind typische Kennzeichen von Dekadenz-Kunst, die den Verlust organisch-ganzheitlicher Vitalität durch künstliche Mittel zu ersetzen sucht: „jedesmal Anarchie der Atome ... Das Ganze lebt überhaupt nicht mehr: es ist zusammengesetzt, gerechnet, künstlich, ein Artefakt" (II, 917). Nach dem Verlust des natürlichen Lebenszusammenhanges soll die drohende Chaotisierung organischer Elemente durch künstliche Maßnahmen abgewehrt werden. Dekadenz-Künste ersetzen eben den Organismus durch Artefakte. Zu diesen rechnet Nietzsche auch die Rhetorik, wenn er von Wagner behauptet, „er blieb Rhetor als Musiker" (II, 924). Nietzsche deutet hier Wagners Leitmotiv-Technik als ein Verfahren rhetorischer Konstruktion, das den Verlust an kompositorischer Vitalität signalisiert.[6] An die Stelle des organischen Gesamtentwurfes tritt eine reihende Amplifikation, die sich aus der Repetition weniger kompositorischer Kleinsteinheiten, der Leitmotive, aufbaut. Als typischer Dekadenz-Künstler steht Wagner angeblich dabei unter dem Zwang der Substitution organischer Komposition durch rhetorische Amplifikation. „Nochmals gesagt, Wagner konnte nicht aus dem Ganzen schaffen, er hatte gar keine Wahl, er mußte Stückwerk machen, ‚Motive', Gebärden, Formeln, Verdopplungen und Verhundertfachungen ..." (II, 924).

In Nietzsches polemisch gefärbter Perspektive kann und will Wagners Verfahren der rhetorischen Amplifikation kein zweckmäßig organisiertes Kunstschönes hervorbringen. Sein Kunstschaffen gehört weder zur Ästhetik des Schönen, noch zu der des Erhabenen, sondern zur Rhetorik des Gigantischen. Die Vergrößerung kleinerer Motive durch unaufhörliche Wiederholung führt nicht zum Sublimen im Sinne des intensiv Erhabenen. Sie kann lediglich die extensive Größe des Gigantischen erreichen. Aber gerade diese Dekadenzform des Erhabenen, das Gigantische, entfaltet für die Dekadenzform des Menschen, die Masse, größte persuasive Wirksamkeit. „Wozu also Schönheit? Warum nicht lieber das Große, das Erhabne, das Gigantische, das, was die *Massen* bewegt?" (II, 914). Für das kompositorisch

[6] „Leitmotive sind, ..., musikalische Metaphern, die dadurch, daß sie ineinander übergehen, sich verschränken oder aufeinander anspielen, den Ausdruck von Zerspaltenheit oder Ambiguität möglich machen, der sonst der Musik verschlossen ist" (C. Dahlhaus, Richard Wagners Musikdramen, München ²1988, 152).

wesentlich aufwendigere Kunstschöne wäre nur eine eingeschränkte Wirkung zu erwarten. *„Pulchrum est paucorum hominum“* (II,914). Aber gerade als ästhetische Verfallsform korrespondiert die Rhetorik des Gigantischen dem massendemokratischen Zeitalter. Der musikalische Rhetor Wagner erscheint somit als der zeitgemäße und äußerst erfolgreiche Künstlertypus, gezeichnet durch den „Niedergang der organisierenden Kraft“, durch „die Falschmünzerei in der Nachbildung großer Formen“ und eine Kompositionstechnik, die den „Affekt um jeden Preis“ (II,933) sucht. Bei Verlagerung der künstlerischen Absicht vom Werk auf die Wirkung braucht der Künstler keine besondere Rücksicht mehr auf die schöne Form und den Stil des Gesamtkunstwerkes zu nehmen. Im Gegenteil kann gerade in der – an die pure Sinnlichkeit appellierenden – elementaren Auflösung der geschlossenen Kunstform die größte magisch-persuasive Wirkung entfaltet werden. „Wagner hat beinahe entdeckt, welche Magie selbst noch mit einer aufgelösten und gleichsam *elementarisch* gemachten Musik ausgeübt werden kann ... er will die Wirkung, er will nichts als die Wirkung“ (II,920). Für Nietzsche ist Wagner ein zweiter Klingsor, ein musikalischer Magier und Lügner großen Stils, der mittels rhetorischer Amplifikation alle Verhältnisse und nicht zuletzt sich selbst als groß erscheinen läßt. „Ah dieser alte Zauberer! ... Das erste, was seine Kunst uns anbietet, ist ein Vergrößerungsglas: man sieht hinein, man traut seinen Augen nicht – alles wird groß, *selbst Wagner wird groß ...*“ (II,908).

Diese Simulation von 'Größe' geht beim Dekadenz-Künstler Hand in Hand mit der Dissimulation mangelnder Erfindungsgabe und Gestaltungskraft. Im ›Fall Wagner‹ geschieht dies durch die Methode idealisierender Maskierung: die eigene Unfähigkeit gibt sich als neues stilistisches Prinzip aus. Nach Nietzsche hat Wagner „seine Unfähigkeit zum organischen Gestalten in ein Prinzip verkleidet“: seinen „dramatischen Stil“ (II,917). Insofern er nun seine „Musik als Idee“ (II,924) erscheinen läßt, kann Wagner neben seiner dissimulatorischen Absicht an den vagen Unendlichkeitscharakter des Ideellen anknüpfen, durch den schon „Hegel und Schelling die Geister verführten“ (II,924). Die Idee will nämlich das sagen, was – so Nietzsche – „allein der Deutsche ernst nimmt“: was „dunkel, ungewiß, ahnungsvoll ist“ (II,924). Durch die Erfindung des dramatischen Stils beerbt Wagner musikalisch die Philosophie des Idealismus und kommt der deutschen Mentalität entgegen, für die „Klarheit ... ein Einwand, Logik eine Widerlegung ist“ (II,924). Mit der Einführung des Ideellen gewinnt sein Werk den Schein der Tiefe, die nichts bestimmtes mehr aussagt, sondern „Unendliches *bedeutet*“ (II,924). Diese musikdramatische Eröffnung des weiten Feldes des unendlich Bedeutungsvollen und zugleich Unbestimmten schafft einen ebenso unendlichen Aktionsraum rhetorischer Täuschung im Dunkel der Mehrdeutigkeit, den Wagner als „Verführer großen Stils" (II, 930) strategisch souverän beherrscht: „Ihm eignet jede Zweideutigkeit, jeder Doppelsinn, alles überhaupt, was die Ungewissen überredet, ohne ihnen zum Bewußtsein zu bringen, *wofür* sie überredet sind" (II, 930).

Für Nietzsche lebt Wagners Dekadenzkunst – bei auf Minimalmotive geschrumpfter *inventio* und reduzierter *dispositio* – fast ganz von der *actio*. Das eigentliche Können Wagners ist die Kunst der Inszenierung. Er besitzt den Instinkt für unfehlbar wirksame „große Pathosszenen" (II, 921). Die Stärke der inventiven Kraft Wagners liegt nicht im Musikalischen, sondern im Theatralischen. Aber auch hier beherrscht der Teil das Ganze: im Wagnerschen Musikdrama geht die gesamte Handlung aus den einzelnen großen Pathoszenen hervor. „Auch im Entwerfen der Handlung ist Wagner vor allem Schauspieler. Was zuerst ihm aufgeht, ist eine Szene von unbedingt sicherer Wirkung, eine wirkliche *actio* ..., eine Szene, die *umwirft* – diese denkt er in die Tiefe, aus ihr zieht er erst die Charaktere. Der ganze Rest folgt daraus, einer technischen Ökonomik gemäß, die keine Gründe hat, subtil zu sein" (II, 921). Diese „Theater-Rhetorik" (II, 919), die ganz auf *pathos* und *actio* setzt, will weder überzeugen, noch überreden, sondern Widerstände brechen und überwältigen. „Der Schauspieler Wagner ist ein Tyrann, sein Pathos wirft jeden Geschmack, jeden Widerstand über den Haufen" (II, 919). Die persuasiv-werbende Rhetorik schlägt in eine apersuasiv-tyrannische Macht um, die kommunikative Gewalt musikdramatisch inszeniert.

### *d) Nietzsches aphoristischer Auflösungsstil als dekadente Form der 'Macht-Beredsamkeit'*

Wohlan! Ich bin so gut wie Wagner das Kind dieser Zeit, will sagen ein *décadent*: nur daß ich das begriff, nur daß ich mich dagegen wehrte (II, 903).

Die beiden bisher dargestellten Varianten des *großen Stils* bilden die Extreme des vom *Willen zur Macht* bewegten kulturellen Lebens: In seinen Blütezeiten entsteht der *klassische große Stil* als höchster Ausdruck des *Willens zur Macht* und im Verfall der *dekadente große Stil* mit seiner Simulation von Größe. Wie läßt sich in diesem von Nietzsche selbst vorgegebenen Beschreibungsrahmen der Stil seiner eigenen Philosophie bestimmen?

Nicht nur für seine dithyrambische Poesie, auch für seine philosophische Prosa hat Nietzsche *großen Stil* beansprucht.[7] „Große Dinge verlangen, daß man von ihnen schweigt oder groß redet ..." (III, 634). Die Nietzsches eigenen Intentionen wohl ungelegene These hierzu lautet, daß seine gegen Wagner gerichtete Kritik der stilistischen Dekadenz auch seine eigenen Texte trifft: Gerade seine späte aphoristisch-fragmentarische Prosa stellt zwar tatsächlich ein *genus grande* philosophischer Literatur dar, aber nicht im Sinne des *klassischen*, sondern des *dekadenten großen Stils*.

a) Nietzsches Texte, als philosophische Prosa gelesen, weisen ein Defizit systematischer Gestaltung auf. Es gelingt nicht mehr, das Wahre in der ausgebreiteten und in sich gegliederten Form der Systemphilosophie zu repräsentieren, die durch logisch konsequente Durchführung ihre Teilsätze organisiert und möglichst *more geometrica* demonstriert. Nach dem Zerfall des philosophischen Systems und seiner übergreifenden logischen Disposition werden die Bruchstücke und literarischen Kleinformen autonom und sollen jeweils die Gesamtaussage ersetzen. Das Ergebnis ist Nietzsches aphoristischer Auflösungsstil, der in syntaktischen Minimaleinheiten eine maximale semantische Konzentration mit durchschlagender Aussagekraft anstrebt. Die Aussage eines ganzen philosophischen Systems wird zusammengedrängt in einen Aphorismus.

Alle die Triebe und Mächte, welche von der Moral *gelobt* werden, ergeben sich mir essentiell *gleich* mit dem von ihr verleumdeten und abgelehnten: z. B. Gerechtigkeit als Wille zur Macht, Wille zur Wahrheit als Mittel des Willens zur Macht (III, 887 f.).

Zentrale Aussagen werden in der extremen Kurzform einer erläuterungslosen Sentenz präsentiert – „Das Kriterium der Wahrheit liegt in der Steigerung des Machtgefühls" (III, 919) – und zur Bekräftigung an anderer Stelle metaphorisch variiert: „Die Erkenntnis arbeitet als *Werkzeug* der Macht" (III, 751). Schließlich bleibt oft selbst der Aphorismus nur Fragment: „Alles Geschehen, alle Bewegung, alles Werden als ein Feststellen von Grad- und Kraftverhältnissen, als ein *Kampf* ..." (III, 542).

[7] Mit seiner dithyrambischen Poesie meinte Nietzsche durch die Kunst des „*großen* Rhythmus", d. h. eines „ungeheuren Auf und Nieder von sublimer, von übermenschlicher Leidenschaft" (II, 1104), neue Maßstäbe für den *großen Stil* im *klassischen* Sinne gesetzt zu haben: „Mit einem Dithyrambus wie dem letzten des *dritten* Zarathustra, ›Die sieben Siegel‹ überschrieben, flog ich tausend Meilen über das hinaus, was bisher Poesie hieß" (II, 1104).

Der aphoristisch-fragmentarische Auflösungsstil der Prosa Nietzsches ist gekennzeichnet durch die Synekdoche: Anstelle weitgespannter systematischer Großformen treten partikulare Kleinformen, die in semantischer Autonomie jeweils ein Sinnganzes zu repräsentieren versuchen. Damit erfüllen die Texte die von Nietzsche selbst genannte zentrale Bedingung literarischer Dekadenz:

> Das Wort wird souverän und springt aus dem Satz hinaus, der Satz greift über und verdunkelt den Sinn der Seite, die Seite gewinnt Leben auf Unkosten des Ganzen – das Ganze ist kein Ganzes mehr. Aber das ist das Gleichnis für jeden Stil der *décadence*: jedesmal Anarchie der Atome ... (II, 917).[8]

b) Die nach Auflösung der Systemphilosophie drohende 'Anarchie' der autonom gewordenen gedanklichen Elemente wendet Nietzsche durch eine kompositorische Methode ab, die als literarische Analogie zu Wagners musikdramatischer Leitmotiv-Technik angesehen werden kann. Durch eine überschaubare Anzahl von wiederkehrenden einprägsamen Formeln wie 'Nihilismus', 'Wille zur Macht', 'Dionysisch/Appollinisch', 'Umwertung aller Werte', 'Übermensch' und 'Ewige Wiederkunft' zeichnet sich trotz der Parataxe autonomer Aphorismen ein gedanklicher Gesamtzusammenhang ab. Durch die topische Kohärenz wiederkehrender Leitmotive entsteht inmitten anscheinend unzusammenhängender Aphorismen und Fragmente der dramatisch inszenierte philosophische Mythos von der Überwindung des europäischen Nihilismus durch den Übermenschen:

> Was ich erzähle ...: *Die Heraufkunft des Nihilismus* (III, 634).
>
> „*Der Wille zur Macht.* Versuch einer Umwertung aller Werte" – mit dieser Formel ist eine *Gegenbewegung* zum Ausdruck gebracht ... (III, 634).
>
> Nicht „Menschheit", sondern *Übermensch* ist das Ziel! (III, 440).

c) Im Kontext des aphoristisch-leitmotivisch komponierten philosophischen Mythos kann man unschwer die dekadente Affinität zum Gigantischen wiederfinden. So läßt Nietzsche in hymnisch-allegorischen Redewendungen das Bild eines kosmologischen Kraftungeheuers entstehen:

[8] Ein Beispiel für das verdunkelnde Übergreifen eines souveränen Satzes auf seine Textumgebung ist die oben zitierte metaphorische Sentenz: „Es handelt sich nicht um ‚Subjekt und Objekt', sondern um eine bestimmte Tierart, welche nur unter einer gewissen relativen *Richtigkeit*, vor allem *Regelmäßigkeit* ihrer Wahrnehmungen (so daß sie Erfahrung kapitalisieren kann) gedeiht ... Die Erkenntnis arbeitet als *Werkzeug* der Macht. So liegt es auf der Hand, daß sie wächst mit jedem Mehr von Macht ..." (III, 751).

Und wißt ihr auch, was mir „die Welt" ist? Soll ich sie euch in meinen Spiegel zeigen? Diese Welt: ein Ungeheuer von Kraft ... Spiel von Kräften und Kraftwellen zugleich Eins und Vieles, hier sich häufend und zugleich dort sich mindernd, ein Meer in sich selber stürmender und flutender Kräfte, ewig sich wandelnd, ewig zurücklaufend, mit ungeheuren Jahren der Wiederkehr ... (III,916).

In seinem typischen – zu recht als „superlativistisch"[9] bezeichneten – Sprachduktus enthüllt Nietzsche dann dem Leser seine Daseinsbestimmung zur heroischen Partizipation am kosmologischen Drama des *Willens zur Macht*:

Ein *Licht* auch für euch, ihr Verborgensten, Stärksten, Unerschrockensten, Mitternächtlichsten? – *Diese Welt ist der Wille zur Macht – und nichts außerdem!* Und auch ihr selber seid dieser Wille zur Macht – und nichts außerdem! (III,917).

Diese Hyperbole des Leser-*Ethos* ist allerdings nur ein Reflex der Selbstvergrößerung des Autors. Die literarische Enthüllung der 'größeren' außergewöhnlichen Leser-Bestimmung erscheint in der Nachfolge der heroischen Tat des Autors, der vorgibt, die Überwindung des Nihilismus innerlich schon geleistet zu haben. Nietzsche spielt in diesem Zusammenhang die literarische Rolle des ersten vollkommenen Nihilisten Europas, „der aber den Nihilismus selbst schon in sich zu Ende gelebt hat –, der ihn hinter sich, unter sich, außer sich hat" (III,634).

d) Wie Wagners Musikdramen, so wirken Nietzsches Texte bis heute auf das intellektuelle Publikum. Dieser persuasive 'Zauber' liegt nicht nur in der massenwirksamen Vorliebe für das Gigantische, der Faszination des Macht-Motivs oder im existentiellen Angebot des heroischen Ausstieges aus der Alltagsbanalität begründet. Neben diesen materialen Momenten wirkt vor allem der formale Zug zur Dekonstruktion der klassischen Systemphilosophie attraktiv. Ihre Auflösung in ein *corpus* von Aphorismen und Fragmenten, die eine freie Assoziation und Kombination gestattet, befreit und entlastet die interpretative Subjektivität. Mittels der topischen Variationen gedanklicher Leitmotive, die in unterschiedlicher Textumgebung und Kombination lediglich Ähnliches, aber nicht präzis Identisches repräsentieren, eröffnet sich durch „die Hand dafür, *Perspektiven umzustellen*" (II,1071) ein semantisches Reich der Ambiguität, Unent-

[9] S. Sonderegger, Friedrich Nietzsche und die Sprache. Eine sprachwissenschaftliche Skizze, in: Nietzsche-Studien 2 (1973), 1–30, hier 13.

scheidbarkeit und vieldeutigen Interpretierbarkeit. Im Hell-Dunkel dionysischer Entgrenzung und apollinischer Formgebung fasziniert eine mehrdeutige semantische Linienführung, in der die verführerische 'Tiefe' der Unausdeutbarkeit einen unendlichen hermeneutischen Prozeß verspricht. Nietzsches Texte erfüllen somit zweiffellos die von ihm selbst beschriebene *obscuritas* des dekadenten *großen Stils*: Das Faszinosum unbestimmbarer Unendlichkeit, das die logische Klarheit und Definiertheit der philosophischen Systemsprache als Trivialität erscheinen läßt. Vor diesem Hintergrund scheint Nietzsches Selbstlob nicht unberechtigt: „Es gibt durchaus keine stolzere und zugleich raffiniertere Art von Büchern –" (II, 1102).

e) Zur Raffinesse des dekadenten *großen Stils* gehört der dissimulatorische Zug, die Schwäche an systematischer Form als Stärke erscheinen zu lassen und durch eine theoretische Idee zu legitimieren. Die hat Nietzsche durch seine Theorie vom großen Stil als Höchstausdruck des *Willens zur Macht* im vermeintlich positiven Sinne geleistet. Anders als Wagner enthalten aber die Texte Nietzsches nicht nur die idealistische Maskierung, sondern auch die kategorialen Mittel zur kritischen Demaskierung. Sie entspringen dem Versuch, die Dekadenz durch eine Reflexion ihrer selbst zu meistern. Neben der vordergründig simulatorischen Selbstenthüllung – etwa in ›Ecce Homo‹ – enthält gerade der ›Fall Wagner‹ die Möglichkeit einer authentischen Selbstbeschreibung, die Nietzsche aber nicht ergreift, sondern – gefangen in der Illusion seines vermeintlich *klassischen großen Stils* – vor sich selbst verbirgt. Die implizite Reflexion von Dekadenz führt somit nicht zu ihrer Aufhebung, sondern ihrer Potenzierung: der Zementierung der Selbsttäuschung: „Wohlan, ich bin das *Gegenstück* eines *décadent*: denn ich beschrieb eben *mich*" (II, 1073).

### *e) Das postmetaphysische Ende der 'rhetorischen Differenz'*

Insgesamt führt die konsequente Anwendung der selbstgestellten Alternative des klassischen und dekadenten *großen Stils* zu einem klaren Ergebnis. Nietzsche kann trotz seiner hellsichtigen Diagnosen stilistisch der 'Schwerkraft' der Dekadenz nicht entgehen. Seine späte philosophische Prosa läßt sich selbst eindeutig dem dekadenten *großen Stil* zuordnen. Folgt man Nietzsches eigener Argumentation, so kann der für seine Texte typische Auflösungsstil auf das typische Dekadenzproblem zurückgeführt werden: die nachlassende Kraft zur geistigen Synthesis. Jenseits des ironischen Spiels seiner Aphorismen liegt der dissimulierte Ernst einer zunehmenden Ohnmacht zur systematischen Gestaltung.

Dennoch läßt sich Nietzsche trotz der auch inhaltlichen Abschwächung 'starker' ontologischer Aussagen – durch seinen erkenntnistheoretischen Perspektivismus, die Konzeption der Wahrheit als Lüge oder der Sprache als Rhetorik – nicht ohne weiteres generell als Vertreter „einer ‚schwachen' Seinskonzeption"[10] bezeichnen. Dagegen spricht, daß – wenigstens in Nietzsches Spätphilosophie – die metakritischen oder 'schwachen' Theoreme durch die 'starke' Konzeption des *Willens zur Macht* beherrscht werden, deren Konsequenz bis in die stilistische Gestaltung des philosophischen Textes reicht.

Dies entspricht genau Nietzsches Selbstverständnis als politischem Philosophen und Gesetzgeber, der in seinen Schriften die Leitperspektiven und Werte zukünftiger *großer Politik* in der Form des *großen Stils* verkündet.

Aphoristische Auflösung, Mehrdeutigkeit und Unentscheidbarkeit bedeuten keineswegs literarische Selbstwiderlegung des machttheoretischen Ansatzes, sondern ihre textuelle Bestätigung. Textstrukturelle *Differenz* und *Identität* des dynamischen Macht-Prinzips bilden gerade keinen Widerspruch: In den Texten Nietzsches strebt der Wille zur Macht in dekadenter – durch Nicht-Identität gekennzeichneter – Form zum großen Stil, der nicht durch grandiose Geschlossenheit, sondern faszinierende Auflösung wirkt.

Damit hebt sich bei Nietzsche nicht nur die *rhetorische Differenz* in einer fragwürdigen In-Differenz von Denken und *großer Politik* auf. Auch die rhetorische Form öffentlichen Vernunftgebrauches geht im *großen Stil* zugrunde. Das Motiv des imperativen Machtwillens durchdringt sowohl Nietzsches gedankliche Konzeption *großer Politik* als auch die ihr entsprechende literarische Veröffentlichungsform. Im Werk Nietzsches endet auch formal die vom Deutschen Idealismus vertretene Philosophie der Freiheit: an die Stelle der freien Überzeugung soll der kommunikative Zwang treten. Beide Typen des *großen Stils*, der klassische wie auch der dekadente, konvergieren im Moment einer *Macht-Beredsamkeit*, die prinzipiell nicht überzeugen, sondern – ausgehend von unterschiedlichen Voraussetzungen und mit unterschiedlichen Mitteln – einseitig überwältigen will. Dies gehört eindeutig nicht mehr in die von Aristoteles vertretene Tradition der

[10] G. Vattimo, Nietzsche und das Jenseits vom Subjekt, in: Jenseits vom Subjekt. Nietzsche, Heidegger und die Hermeneutik, Wien 1986, 36–64, hier 64.

überzeugungsorientierten Rhetoriktheorie, für die die Überzeugung „eine Art Beweis ist". [11] Nietzsche kann aufgrund seines kommunikative Gewalt billigenden machttheoretischen Ansatzes im *großen Stil* entweder nur eine suggestive Inszenierung, „die *umwirft*" (II, 921) oder eine imperative „Macht, die keinen Beweis mehr nötig hat" (II, 997) sehen. Stilistisch wie stiltheoretisch läßt sich Nietzsches *großer Stil* deshalb mehr dem Pseudopersuasiven als dem Rhetorischen zuordnen. [12] So erweist sich trotz rhetorikaffiner Momente Nietzsches Postmetaphysik aufgrund ihres machttheoretisch verdorbenen Rhetorikbegriffes insgesamt als rhetorikrepugnant. [13] Die im großen Auflösungsstil vorgetragene große postmetaphysische Politik Nietzsches stellt inhaltlich wie formal einen Verfallstypus öffentlicher Vernunft dar. [14] Mit ihr schließt sich vorläufig die am Anfang der Metaphysikgeschichte von Parmenides eröffnete *rhetorische Differenz*.

[11] Aristoteles, Rhetorik, 1355 a.

[12] Zu Abgrenzung des Persuasiven vom Pseudopersuasiven s. P. L. Oesterreich, Fundamentalrhetorik, 47 ff.

[13] Zu Nietzsches bemerkenswerten rhetorikaffinen Momenten gehört vor allem die – mit der Bestimmung der Rhetorik als unbewußter Kunst – versuchte fundamentale Wendung der *Rhetorik*, die die Linie der transzendentalen Sinnvertiefung der *Logik* bei Kant und der der *Grammatik* bei Humboldt fortsetzt.

[14] Trotz ihres ethisch unvertretbaren Gewaltcharakters besitzt aber gerade Nietzsches Theorie des dekadenten großen Stils in metakritischer Hinsicht ein bisher unausgeschöpftes analytisches Potential. Sie läßt den Verdacht auf kommunikative Gewalt nicht mehr allein auf der Identitätslogik der monumentalen Systeme ruhen, sondern auch auf der Differenzlogik ihrer Dekonstruktion. Vielleicht setzen gerade Texte, die bisher aufgrund von Differenz, Auflösungsstil und struktureller Pluralität unverdächtig erschienen, auf (post)moderne Weise die von Nietzsche beschriebene dekadente Variante pseudorhetorischer *Macht-Beredsamkeit* fort?

## Nachwort

Die vorangegangenen Untersuchungen haben den öffentlichen Vernunftgebrauch von Denkern, die als politische Lehrer auf je eigene Weise versuchten, Einfluß zu nehmen, an einigen Beispielen verdeutlicht. Rückblickend ergibt sich dabei eine beachtliche Reihe von Entwürfen; dazu gehören der Gedanke einer ontologisch begründeten Gesetzgebung (Parmenides), das Konzept der rhetorischen Meisterung der Politik (Gorgias), die Idee des Philosophen-Königtums (Platon), die Ausbildung des Politikers zum *orator perfectus* (Cicero, Quintilian), die Utopie absoluter Liberalität (Schlegel), die Idee einer Pluralität der Kulturnationen (Schelling), die Bestimmung der deutschen Nation als Sprachnation (Fichte) und schließlich die Vision einer planetarischen *großen Politik* (Nietzsche). Neben diesen inhaltlichen Positionen, die der *rhetorischen Differenz* oder *In-Differenz* entstammen, haben sich aber auch die Möglichkeiten und Grenzen öffentlicher Vernunft, deren Entfaltungsraum sich zwischen Wahrheit und öffentlicher Glaubwürdigkeit erstreckt, im Umriß geklärt.

Die antiken Beispiele verdeutlichten einige Grundfiguren der Konstitution öffentlicher Vernunft und ihrer Gegenform, der sophistischen Rationalität. So ließ sich die Eröffnung *der rhetorischen Differenz* exemplarisch am ›Lehrgedicht‹ des Parmenides zeigen. Mit dem Aufstieg der Metaphysik bricht hier der Unterschied lebensweltlicher *doxa* und ontologischer Wahrheit auf, der zugleich das Problem seiner Vermittlung durch einen öffentlichen Vernunftgebrauch stellt. Dabei tritt bei Parmenides sogleich auch die rhetorische Form öffentlicher Vernunft hervor: mit der peithischen Psychagogie des philosophischen Mythos versucht das ›Lehrgedicht‹, der Ontologie auch Einfluß auf die politische Lebenswelt zu gewinnen. Gegen dieses metaphysische Programm einer Gesetzgebung durch das lebenwelttranszendente Seinsdenken setzt dann die Sophistik ihr Konzept einer rein immanenten Meisterung der politischen Lebenswelt. Im ›Lobpreis der Helena‹ wirbt Gorgias dementsprechend für die Bewältigung der krisenhaften, politischen Lebenswelt durch die neue rhetorische Technik. Paradigmatisch vertritt er vor dem Hintergrund seiner Pathosanthropologie die antimetaphysische Position *rhetorischer In-Differenz*, d.h. die Identität von Wahrheit und öffentlicher Glaubwürdigkeit. Angesichts der von Thukydides geschilderten demagogischen Zerstörung der athenischen Demokratie, die das Scheitern des sophistischen Konzeptes vor Augen führt, entwickelt sich dann die antisophistische und rhetorikkritische Philosophie Platons. Mit der Orientierung der Politik an der maßgebenden Idee des Guten vertritt sie die Position der Wiederherstellung der von der Sophistik zerstörten *rhetorischen Differenz*. Der konkrete Versuch der praktischen Durchsetzung des auf philosophischer Gesetzgebung beruhenden Idealstaates scheitert allerdings. Wie der ›siebte Platonbrief‹ zeigt, mißlingt die an sich schon fragwürdige Strategie des Machterwerbs durch die Überzeugung eines Tyrannen nicht zuletzt durch die Unterlegenheit der philosophischen Dialektik auf dem Feld des politischen Machtkampfes. Ein – vielleicht unterschätztes – vermittelndes Modell zwischen dem Platonischen Idealismus und dem technischen Rhetorikverständnis der Sophistik findet sich schließlich bei Cicero und Quintilian. Das Programm der Ausbildung der politischen Führungselite am Leitbild des *orator perfectus* zielt auf die gemeinsame Einflußnahme von Philosophie und Rhetorik auf die öffentlich-staatliche Lebenswelt.

Die Beispiele aus dem Deutschen Idealismus ergänzen die antiken Grundfiguren durch eine Typologie öffentlichen Vernunftgebrauches in der bereits konstituierten *rhetorischen Differenz*. Mit der Idee einer *Mythologie der Vernunft* bekundet der Idealismus im ›Ältesten Systemprogramm‹ grundsätzlich seine über die reine Systemphilosophie hinausgehende kulturrevolutionäre Intention. Der gelungenste Typus öffentlicher Vernunft – in der Form maßvoller philosophischer Rhetorik – findet sich in Schellings ›Ideen zu einer Philosophie der Natur‹ und seiner ›Rede über das Verhältnis der bildenden Künste zu der Natur‹. Diese beiden Schelling-Beispiele demonstrieren überdies, wie die erst indirekte philosophische Politik später als Basis für die direkte gebraucht werden kann. Dagegen zeigte sich, daß 'überstarke' und 'überschwache' persuasive Strategien zur Verfremdung oder gar Zerstörung öffentlicher Vernunft neigen. Die Deformation öffentlicher Vernunft durch grenzenlose Ironie oder absoluten Ernst wurde bei Schlegel und Fichte stellenweise deutlich. In Schlegels ›Athenaeum-Fragmenten‹ wird die Gefahr der Selbstschwächung öffentlicher Vernunft sichtbar, die sich in dem infiniten Regreß ihrer eigenen Ironie zu verlieren droht. In Fichtes ›Reden an die deutsche Nation‹ bekundet sich – neben anspruchsvoller Philosophie – der entgegengesetzte Fehler eines rücksichtslosen Ernstes, der durch äußerste Mobilisierung der rhetorischen Mittel die Grenze zur Demagogie in einigen Passagen überschreitet. Neben diesen beiden Typen der ironischen und demagogischen Verfremdung dokumentiert sich schließlich in Nietzsches im 'großen Stil' verfaßten Aphorismen zum *Willen zur Macht* der Auflösungstypus öffentlicher Vernunft.

Trotz mancher kritisierbarer Aspekte bleibt der Gesamteindruck bestehen, daß es zu solcherart philosophischen Versuchen öffentlichen Vernunftgebrauches grundsätzlich keine Alternative gibt. Ohne die Perspektiven öffentlicher Vernunft wird die politische Lebenswelt der permanenten Krise ihres tendenziell grenzenlosen Streitprozesses, der sich langfristig durch sophistische Techniken nicht meistern läßt, kaum entkommen können. Bei aller Betonung der Notwendigkeit öffentlicher Vernunft eröffnen die vorliegenden Studien ihr aber keinen neuartigen Königsweg. Vor den aufgezeigten Verirrungen der ironischen und demagogischen Verfremdung oder Selbstzerstörung wird auch der zukünftige öffentliche Vernunftgebrauch niemals sicher sein können. Dennoch steht die Philosophie auch in Zukunft vor der Aufgabe, durch Vermittlung von philosophischer Wahrheit und öffentlicher Glaubwürdigkeit zum Gelingen politischer Kultur beizutragen.

# Literatur

Adorno, Th. W.: Gesammelte Schriften, 20 Bde., hrsg. v. R. Tiedemann, Frankfurt a. M. $^{2}$1977.

Apel, K. O.: Die Idee der Sprache in der Tradition des Humanismus von Dante bis Vico, in: Archiv für Begriffsgeschichte, Bd. 8, Bonn 1963.

Arendt, H.: Philosophy and Politics, in: Social Research 57 (1990), 73–103.

Aristoteles: De arte poetica liber, hrsg. v. R. Kassel, Oxford 1965.

–: Rhetorik, hrsg. u. übers. v. G. Sieveke, München 1980.

Athenaeum. Eine Zeitschrift, hrsg. v. A. W. u. F. Schlegel, 3 Bde., Berlin 1798 ff., repr. Darmstadt 1983.

Baßler, W.: Seelisches Geschehen als „Kampf der Affekte". Gestaltentwicklung und Geschichte als Grundbegriffe der Psychologie Friedrich Nietzsches, in: Wegbereiter der historischen Psychologie, hrsg. v. G. Jüttemann, München/Weinheim 1988.

Baumhauer, O. A.: Die sophistische Rhetorik. Eine Theorie sprachlicher Kommunikation, Stuttgart 1986.

Behler, E.: Klassische Ironie. Romantische Ironie. Tragische Ironie. Zum Ursprung dieser Begriffe, Darmstadt 1981.

Bergmann, E.: Fichte und der Nationalsozialismus, Breslau 1933.

Blum, H.: Die antike Mnemotechnik, Hildesheim/New York 1969.

Blumenberg, H.: Paradigmen zu einer Metaphorologie, in: Theorie der Metapher, hrsg. v. A. Haverkamp, Darmstadt 1983, 285–315.

Brinton, A.: Quintilian, Plato, and the *Vir Bonus*, in: Philosophy and Rhetoric 16 (1983), 167–184.

Buchheim, Th.: Die Sophistik als Avantgarde normalen Lebens, Hamburg 1986.

Cahn, M.: Kunst der Überlistung. Studien zur Wissenschaftsgeschichte der Rhetorik, München 1986.

Cicero, M. T.: De oratore / Über den Redner, hrsg. v. H. Merklin, Stuttgart 1976.

–: Orator, hrsg. v. B. Kytzler, München/Zürich $^{3}$1988.

–: De officiis / Von den Pflichten, lateinisch-deutsch, hrsg. v. H. Merklin, Frankfurt a. M./Leipzig 1991.

Dahlhaus, C.: Richard Wagners Musikdramen, München $^{2}$1988.

Derrida, J.: Sporen. Die Stile Nietzsches, in: Nietzsche aus Frankreich, hrsg. v. W. Hamacher, Frankfurt a. M. 1986, 131–168.

Die Fragmente der Vorsokratiker, hrsg. v. H. Diels u. W. Kranz, 3 Bde., o. O, .[16]1972, [17]1974 u. [15]1975.
Dierkes, H.: Ironie und System. Friedrich Schlegels ›Philosophische Lehrjahre‹ (1797–1799), in: Philosophisches Jahrbuch 97 (1990), 251–276.
Diogenes Laertius: Leben und Meinungen berühmter Philosophen, übers. v. O. Apelt, Hamburg [2]1967.
Dockhorn, K.: Rez. von H.-G. Gadamer: Wahrheit und Methode, in: Götting. Gel. Anz. 218 (1966), 169–206.
Ehrlich, A.: Fichte als Redner, München 1977.
Engels, E.-M.: Erkenntnistheoretischer Konstruktivismus, Minimalrealismus, empirischer Realismus – Ein Plädoyer für einige Unterscheidungen, in: Zeitschrift für philosophische Forschung 44 (1990), 28–54.
Fichte, J. G.: Gesamtausgabe der Bayerischen Akademie der Wissenschaften, 1. Abt., Werke 1–8, hrsg. v. R. Lauth u. H. Jacob, Stuttgart/Bad Cannstatt 1962 ff.
–: Werke, hrsg. v. I. H. Fichte, 11 Bde., Bonn 1834/35 u. Berlin 1845/46, repr. Berlin 1971.
Fuhrmann, M.: Die antike Rhetorik, München/Zürich 1984.
Gadamer, H.-G.: Dialektik und Sophistik im siebten platonischen Brief, Heidelberg 1964.
–: Rhetorik, Hermeneutik und Ideologiekritik. Metakritische Erörterungen zu ›Wahrheit und Methode‹, in: Kleine Schriften I, Tübingen 1967, 113–130.
–: Wahrheit und Methode. Grundzüge einer philosophischen Hermeneutik, Tübingen [4]1975.
Gawoll, H.-J.: Das Verschwinden des Originals – Apropos neuerer Forschungen zum sogenannten 'ältesten Systemprogramm' des deutschen Idealismus, in: Zeitschrift für philosophische Forschung 46 (1992), 413–428.
Girndt, H.: Fichtes Begriff der Philosophie und der philosophischen Bildung, in: Lehren und Lernen der Philosophie als philosophisches Problem, hrsg. v. H. Girndt u. L. Siep, Bd. 1, Essen 1987, 55–77.
Gomperz, H.: Sophistik und Rhetorik. Das Bildungsideal des EU LEGEIN in seinem Verhältnis zur Philosophie des V. Jahrhunderts, Leipzig 1912, repr. Stuttgart 1965.
Gorgias von Leontinoi: Reden, Fragmente und Testimonien, hrsg. u. eingel. v. Th. Buchheim, griechisch-deutsch, Hamburg 1989.
Goth, J.: Nietzsche und die Rhetorik, Tübingen 1970.
Grassi, E.: Einführung in philosophische Probleme des Humanismus, Darmstadt 1986.
Habermas, J.: Strukturwandel der Öffentlichkeit. Untersuchungen zu einer Kategorie der bürgerlichen Gesellschaft, Neuwied/Berlin 1962.
Hackett, J. M.: Moral Philosophy and Rhetoric in Roger Bacon, in: Philosophy and Rhetoric 20 (1987), 18–40.
Hadot, P.: Philosophie als Lebensform. Geistige Übungen in der Antike, Berlin 1991.

Hamann, J. G.: Metakritik über den Purismum der Vernunft, in: Schriften zur Sprache, hrsg. v. J. Simon, Frankfurt a. M. 1967.
Hegel, G. W. F.: Werke in 20 Bänden, hrsg. v. E. Moldenhauer u. K. M. Michel, Frankfurt a. M. 1969 ff.
Heidegger, M.: Nietzsche, 2 Bde., Pfullingen ³1961.
–: Zur Sache des Denkens, Tübingen 1969.
–: Sein und Zeit, Tübingen ¹²1972.
Heine, R.: Transzendentalpoesie. Studien zu Friedrich Schlegel, Novalis und E. T. A. Hoffmann, Bonn ²1985.
Held, K.: Die Zweideutigkeit der Doxa und die Verwirklichung des modernen Rechtsstaates, in: Meinungsfreiheit – Grundgedanken und Geschichte in Europa und USA, Kehl a. Rhein/Straßburg 1986, 9–29.
Hobbes, Th.: Leviathan, übers. v. J. P. Mayer, Stuttgart ²1980.
Hösle, V.: Die Krise der Gegenwart und die Verantwortung der Philosophie. Transzendentalpragmatik, Letztbegründung, Ethik, München 1990.
IJsseling, S.: Rhetorik und Philosophie. Eine historisch-systematische Einführung, Stuttgart/Bad Cannstatt 1988.
Immerwahr, R.: Die Subjektivität oder Objektivität von Friedrich Schlegels poetischer Ironie, in: Friedrich Schlegel und die Kunsttheorie seiner Zeit, hrsg. v. H. Schanze, Darmstadt 1985, 112–142.
Janke, W.: Fichte. Sein und Reflexion. Grundlagen der kritischen Vernunft, Berlin 1970.
–: Die Wörter „Sein" und „Ding" – Überlegungen zu Fichtes Philosophie der Sprache, in: Der transzendentale Gedanke. Die gegenwärtige Darstellung der Philosophie Fichtes, hrsg. v. K. Hammacher, Hamburg 1981, 49–69.
–: Von der dreifachen Vollendung des Deutschen Idealismus und der unvollendeten metaphysischen Wahrheit, in: Deutsche Zeitschrift für Philosophie 39 (1991), 304–320.
Kant, I.: Werke, Akademie-Textausgabe, 9 Bde., repr. Berlin 1968.
Kleger, H./A. Müller: Bürgerreligion und politische Verpflichtung. Rousseaus Konzept einer «religion civile», in: Archiv für Begriffsgeschichte 29 (1985), 47–98.
Kondylis, P.: Der Niedergang der bürgerlichen Denk- und Lebensform. Die liberale Moderne und massendemokratische Postmoderne, Weinheim 1991.
Kopperschmidt, J.: Rhetorica. Aufsätze zur Theorie, Geschichte und Praxis der Rhetorik, Hildesheim/Zürich/New York 1985.
Koselleck, R.: Geschichtliche Grundbegriffe, Stuttgart 1975.
Krings, H.: Reale Freiheit. Praktische Freiheit. Transzendentale Freiheit, in: Ders., System und Freiheit. Gesammelte Aufsätze, Freiburg i. Br./München 1980, 40–68.
Kuhn, H.: Aristoteles und die Methode der politischen Wissenschaft, in: Rehabilitierung der praktischen Philosophie, hrsg. v. M. Riedel, Bd. II, Freiburg i. Br. 1974, 261–290.

Lang, H. H.: Philosophy as Text and Context, in: Philosophy and Rhetoric 18 (1985), 158–170.

Lausberg, H.: Handbuch der literarischen Rhetorik. Eine Grundlegung der Literaturwissenschaft, 2 Bde., München ²1960.

Lauth, R.: Der letzte Grund von Fichtes ›Reden an die deutsche Nation‹, in: Fichte-Studien 4 (1992), 197–230.

Machiavelli, N.: Der Fürst, hrsg. v. R. Zorn, Stuttgart 1972.

Mainberger, G. K.: Rhetorica I: Reden mit Vernunft. Aristoteles, Cicero, Augustinus u.: Rhetorica II: Spiegelungen des Geistes. Sprachfiguren bei Vico und Lévi-Strauss, Stuttgart-Bad Cannstatt 1987 u. 1988.

Man, P. de: Rhetorik der Tropen (Nietzsche), in: Rhetorik, Bd. II, hrsg. v. J. Kopperschmidt, Darmstadt 1991, 170–188.

Marquard, O.: Zur Bedeutung der Theorie des Unbewußten für eine Theorie der nicht mehr schönen Künste, in: Die nicht mehr schönen Künste. Grenzphänomene des Ästhetischen, hrsg. v. H. R. Jauß, München 1968, 375–392.

Meier, Chr.: Die Entstehung des Politischen bei den Griechen, Frankfurt a. M. 1983.

Menzer, P.: Deutsche Philosophie als Ausdruck deutscher Seele, in: Kant-Studien 39 (1934), 271–285.

Müller, A.: Zwölf Reden über die Beredsamkeit und deren Verfall in Deutschland. Gehalten zu Wien im Frühlinge 1812, Stuttgart 1983.

Müller, W. G.: Ironie, Lüge, Simulation, Dissimulation und verwandte rhetorische Termini, in: Zur Terminologie der Literaturwissenschaft, hrsg. v. Ch. Wagenknecht, Stuttgart 1988, 189–208.

Mythologie der Vernunft. Hegels ‘ältestes Systemprogramm des deutschen Idealismus’, hrsg. v. Ch. Jamme u. H. Schneider, Frankfurt a. M. 1984.

Niehues-Pröbsting, H.: Überredung zur Einsicht. Der Zusammenhang von Philosophie und Rhetorik bei Platon und in der Phänomenologie, Frankfurt a. M. 1987.

Nietzsche, F.: Gesammelte Werke. Musarionausgabe, 23 Bde., München 1920–1929.

–: Werke in drei Bänden, hrsg. v. K. Schlechta, München ⁷1973.

Oesterreich, P. L.: Philosophie, Mythos und Lebenswelt. Schellings universalhistorischer Weltalter-Idealismus und die Idee eines neuen Mythos, Frankfurt a. M./Bern 1984.

–: Schellings ›Weltalter‹ und die ausstehende Vollendung des Deutschen Idealismus, in: Zeitschrift für philosophische Forschung 39 (1985), 70–85.

–: Person und Handlungsstil. Eine rhetorische Metakritik zu Gilbert Ryles ›The Concept of Mind‹, Essen 1987.

–: Universelle Philosophie der Didaktik. Schellings Methodenlehre des akademischen Studiums, in: Lehren und Lernen der Philosophie als philosophisches Problem, hrsg. v. H. Girndt u. L. Siep, Bd. 1, Essen 1987, 82–102.

–: Geschichtliche Philosophie im Übergang zu Neuer Mythologie. Zur rhetorischen Metakritik mythoaffiner Philosopheme, in: Symbol. Mythos.

Sprache. Ein Forschungsgespräch, hrsg. v. G. Larcher, Annweiler 1988, 84–101.
–: Verborgene persuasive Strategien. Zur rhetorischen Metakritik der Philosophie, in: Rhetorik und Philosophie, hrsg. v. H. Schanze u. J. Kopperschmidt, München 1989, 299–317.
–: Fundamentalrhetorik. Untersuchung zu Person und Rede in der Öffentlichkeit, Hamburg 1990.
–: Politische Philosophie oder Demagogie? Zur rhetorischen Metakritik von Fichtes ›Reden an die deutsche Nation‹, in: Fichte-Studien 2 (1990), 74–88.
–: Das Verhältnis von ästhetischer Theorie und Rhetorik in Kants Kritik der Urteilskraft, in: Kant-Studien 83 (1992), 324–335.
–: Aufforderung zur nationalen Selbstbestimmung. Fichtes ›Reden an die deutsche Nation‹, in: Zeitschrift für philosophische Forschung 46 (1992), 44–55.
–: Die Naturgeschichte des menschlichen Geistes. Schellings ›Ideen zu einer Philosophie der Natur‹ als Entwurf konnaturaler Vernunft, in: Fichte-Studien 5 (1993), 159–170.
Paulys Realencyclopädie der classischen Altertumswissenschaft, hrsg. v. W. Kroll, 24 Bde., Stuttgart 1893–1978.
Perelman, Ch./L. Olbrechts-Tyteca: Traité de l'argumentation, Paris 1958.
Platon: Werke in acht Bänden, hrsg. v. G. Eigler, Darmstadt [2]1990.
Plett, H. F.: Rhetorik der Affekte. Englische Wirkungsästhetik im Zeitalter der Renaissance, Tübingen 1975.
–: Einführung in die rhetorische Textanalyse, Hamburg [8]1991.
Pöggeler, O.: Dialektik und Topik, in: Hermeneutik und Dialektik. Aufsätze II, hrsg. v. R. Bubner, K. Cramer u. R. Wiehl, Tübingen 1970, 273–310.
Pseudo Longinos: Vom Erhabenen, griechisch-deutsch, hrsg. v. R. Brandt, Darmstadt [2]1983.
Quintilianus, M. F.: Institutionis oratoriae libri XII, Ausbildung des Redners. Zwölf Bücher, hrsg. u. übers. v. H. Rahn, 2 Bde., Darmstadt 1972 u. 1975.
Reinhardt, K.: Parmenides und die Geschichte der griechischen Philosophie, Frankfurt a. M. [2]1959.
Rhetoric and Praxis. The Contribution of Classical Rhetoric to Practical Reasoning, hrsg. v. J. D. Moss, Washington D. C. 1986.
Rohe, K.: Politische Kultur und kulturelle Aspekte von politischer Wirklichkeit, in: Politische Kultur in Deutschland, Opladen 1987 (PVS-Sonderheft 18), 39–48.
Rorty, R.: Kontingenz, Ironie und Solidarität, Frankfurt a. M. [2]1991.
Ryle, G.: Der Begriff des Geistes, übers. v. K. Baier, Stuttgart 1978.
Sarcinelli, U.: Symbolische Politik und politische Kultur. Das Kommunikationsritual als politische Wirklichkeit, in: Politische Vierteljahresschrift 2 (1989), 292–309.
Sawicki, F.: Rez. von H. Brunner: ›Die Wirtschaftsphilosophie Fichtes‹, in: Philosophisches Jahrbuch 50 (1937), 506.

Schanze, H.: Romantik und Aufklärung. Untersuchungen zu Friedrich Schlegel und Novalis, Nürnberg 1976.

Schelling, F. W. J.: Sämmtliche Werke, 1. Abteilung, 10 Bde., Stuttgart/Augsburg 1856–1861, repr. Darmstadt 1973–1976.

–: Über das Verhältnis der bildenden Künste zu der Natur, hrsg. v. L. Sziborsky, Hamburg 1983.

Schellingiana rariora, hrsg. v. L. Pareyson, Torino 1977.

Schelling Leonbergensis und Maximilian II. von Bayern. Lehrstunden der Philosophie, hrsg. v. W. E. Ehrhardt, Stuttgart-Bad Cannstatt 1989.

Schlegel, F.: Kritische Friedrich-Schlegel-Ausgabe, hrsg. v. E. Behler, Bd. 1–35, München/Paderborn/Wien 1959–1991.

Schmitt, C.: Der Begriff des Politischen, Berlin 1963.

Schottky, R.: Bemerkungen zu Fichtes Rhetorik in ›Grundzüge des gegenwärtigen Zeitalters‹, in: Transzendentalphilosophie als System. Die Auseinandersetzung zwischen 1794 und 1806, hrsg. v. A. Mues, Hamburg 1989, 415–434.

Seel, O.: Quintilian oder die Kunst des Redens und Schweigens, Stuttgart 1977.

Sennett, R.: Verfall und Ende des öffentlichen Lebens. Die Tyrannei der Intimität, Frankfurt a. M. 1983.

Sonderegger, S.: Friedrich Nietzsche und die Sprache. Eine sprachwissenschaftliche Skizze, in: Nietzsche-Studien 2 (1973), 1–30.

Strohschneider-Kohrs, I.: Die romantische Ironie in Theorie und Gestaltung, Tübingen [2]1977.

Thukydides: Der Peloponnesische Krieg, übers. v. A. Horneffer, Essen o. J.

Thurnher, R.: Der siebte Platonbrief. Versuch einer umfassenden philosophischen Interpretation, Meisenheim 1975.

Tilliette, X.: Schelling als Philosoph der Kunst, in: Philosophisches Jahrbuch 83 (1976), 30–41.

Toulmin, St.: Die Verleumdung der Rhetorik, in: Neue Hefte für Philosophie 26 (1986), 55–68.

Varwig, F. R.: Der rhetorische Naturbegriff bei Quintilian. Studien zu einem Argumentationstopos in der rhetorischen Bildung der Antike, Heidelberg 1976.

Vattimo, G.: Jenseits vom Subjekt. Nietzsche, Heidegger und die Hermeneutik, Wien 1986, 36–64.

Vico, G. B.: Die neue Wissenschaft von der gemeinschaftlichen Natur der Nationen, hrsg. v. F. Fellmann, Frankfurt a. M. 1981.

–: De nostri temporis studiorum ratione / Vom Wesen und Weg der geistigen Bildung, lateinisch-deutsch., hrsg. v. W. F. Otto, Darmstadt [3]1984.

Villacañas, J. L.: Fichte und die charismatische Verklärung der Vernunft, in: Fichte-Studien 5 (1992), 117–148.

Vollmers, G.: Eine Kopernikanische Wende? Zur Kritik an der Evolutionären Erkenntnistheorie, in: Transzendentale oder evolutionäre Erkenntnistheorie?, hrsg. v. W. Lütterfelds, Darmstadt 1987, 81–113.

Vollrath, E.: Grundlegung einer philosophischen Theorie des Politischen, Würzburg 1987.

Weber, M.: Politik als Beruf, Berlin [9]1991.

Wege aus der Moderne. Schlüsseltexte der Postmoderne-Diskussion, hrsg. v. W. Welsch, Weinheim 1988.

Willms, B.: Die totale Freiheit. Fichtes politische Philosophie, Köln/Opladen 1967.

Windelband, W.: Lehrbuch der Geschichte der Philosophie, hrsg. v. H. Heimsoeth, Tübingen [15]1957.

Wohlfahrt, G.: Sprachkritik und Sprachmetakritik. Bemerkungen zur Sprachphilosophie Wittgensteins, in: Allgemeine Zeitschrift für Philosophie 3 (1984), 21–39.

Zielinski, Th.: Cicero im Wandel der Jahrhunderte, Darmstadt [5]1967.

Zundel, E.: Clavis Quintilianea. Quintilians ›Institutio oratoria‹ aufgeschlüsselt nach rhetorischen Begriffen, Darmstadt 1989.

# Register

## *1. Sachen*

(Das Zeichen * verweist auf Eintragungen im Register rhetorischer Fachtermini.)

## *2. Rhetorische Fachtermini*